『十三五』国家重点图书出版规划项目

西夏学文库 第三辑

译著卷

史金波 杜建录 主编

西夏语研究新论

〔日〕西田龙雄 著

那楚格 译

国家出版基金项目
NATIONAL PUBLICATION FOUNDATION

甘肃文化出版社

图书在版编目（CIP）数据

西夏语研究新论 / （日）西田龙雄著 ； 那楚格译
. -- 兰州 : 甘肃文化出版社, 2022.12
（西夏学文库 / 史金波, 杜建录主编. 第三辑）
ISBN 978-7-5490-2580-0

Ⅰ. ①西… Ⅱ. ①西… ②那… Ⅲ. ①西夏语一研究
Ⅳ. ①H211.7

中国版本图书馆CIP数据核字(2022)第190912号

西夏语研究新论
〔日〕西田龙雄 | 著　那楚格 | 译

策　　划 | 郧军涛
项目统筹 | 甄惠娟
责任编辑 | 史春燕
封面设计 | 苏金虎

出版发行 | 甘肃文化出版社
网　　址 | http://www.gswenhua.cn
投稿邮箱 | gswenhuapress@163.com
地　　址 | 兰州市城关区曹家巷 1 号 | 730030（邮编）

营销中心 | 贾　莉　王　俊
电　　话 | 0931-2131306

印　　刷 | 西安国彩印刷有限公司
开　　本 | 787 毫米 ×1092 毫米　1/16
字　　数 | 270 千
印　　张 | 18
版　　次 | 2022 年 12 月第 1 版
印　　次 | 2022 年 12 月第 1 次
书　　号 | ISBN 978-7-5490-2580-0
定　　价 | 82.00 元

西夏学文库
编委会

中国社会科学院西夏文化研究中心
宁夏大学西夏学研究院
编

百年风雨　一路走来

——《西夏学文库》总序

一

经过几年的酝酿、规划和编纂，《西夏学文库》(以下简称《文库》）终于和读者见面了。2016年，这一学术出版项目被列入“十三五”国家重点图书出版规划，2017年入选国家出版基金项目，并在“十三五”开局的第二年即开始陆续出书，这是西夏学界和出版社共同努力的硕果。

自1908、1909年黑水城西夏文献发现起，近代意义上的西夏学走过了百年历程，大体经历了两个阶段：

20世纪20年代至80年代为第一阶段，该时期的西夏学有如下特点：

一是苏联学者“近水楼台”，首先对黑水城西夏文献进行整理研究，涌现出伊凤阁、聂历山、龙果夫、克恰诺夫、索弗罗诺夫、克平等一批西夏学名家，出版了大量论著，成为国际西夏学的“老大哥”。

二是中国学者筚路蓝缕，在西夏文文献资料有限的情况下，结合汉文文献和文物考古资料，开展西夏语言文献、社会历史、文物考古研究。20世纪30年代，王静如出版三辑《西夏研究》，内容涉及西夏佛经、历史、语言、国名、官印等。1979年，蔡美彪《中国通史》第六册专列西夏史，和辽金史并列，首次在中国通史中确立了西夏史的地位。

三是日本、欧美的西夏研究也有不俗表现，特别是日本学者在西夏语言文献和党项古代史研究方面有着重要贡献。

四是经过国内外学界的不懈努力，至20世纪80年代，中国西夏学界推出《西夏史稿》《文海研究》《同音研究》《西夏文物研究》《西夏佛教史略》《西夏文物》等一系列标志性成果，发表了一批论文。西夏学从早期的黑水城文献整理与西夏文字释读，拓展成对党项民族及西夏王朝的政治、历史、经济、军事、地理、宗教、考古、文物、文献、语言文字、文化艺术、社会风俗等全方位研究，完整意义上的西夏学已经形成。

20世纪90年代迄今为第二阶段，这一时期的西夏学呈现出三大新特点：

一是《俄藏黑水城文献》《英藏黑水城文献》《日本藏西夏文文献》《法藏敦煌西夏文文献》《斯坦因第三次中亚考古所获汉文文献（非佛经部分）》《党项与西夏资料汇编》《中国藏西夏文献》《中国藏黑水城汉文文献》《中国藏黑水城民族文字文献》《俄藏黑水城艺术品》《西夏文物》（多卷本）等大型文献文物著作相继整理出版，这是西夏学的一大盛事。

二是随着文献文物资料的整理出版，国内外西夏学专家们，无论是俯首耕耘的老一辈学者，还是风华正茂的中青年学者，都积极参与西夏文献文物的诠释和研究，潜心探索，精心培育新的科研成果，特别是在西夏文文献的译释方面，取得了卓越成就，激活了死亡的西夏文字，就连解读难度很大的西夏文草书文献也有了突破性进展，对西夏历史文化深度开掘做出了实质性贡献。举凡西夏社会、政治、经济、军事、文化、法律、宗教、风俗、科技、建筑、医学、语言、文字、文物等，都有新作问世，发表了数以千计的论文，出版了数以百计的著作，宁夏人民出版社、上海古籍出版社、中国社会科学出版社、社科文献出版社、甘肃文化出版社成为这一时期西夏研究成果出版的重镇。宁夏大学西夏学研究院编纂的《西夏研究丛书》《西夏文献研究丛刊》，中国社会科学院西夏文化研究中心联合宁夏大学西夏学研究院等单位编纂的《西夏文献文物研究丛书》是上述成果的重要载体。西夏研究由冷渐热，丰富的西夏文献资料已悄然影响着同时代宋、辽、金史的研究。反之，宋、辽、金史学界对西夏学的关注和研究，也促使西夏研究开阔视野，提高水平。

三是学科建设得到国家的高度重视，宁夏大学西夏学研究中心（后更名为西夏学研究院）被教育部批准为高校人文社科重点研究基地，中国社会科学院将西夏学作为“绝学”，予以重点支持，宁夏社会科学院和北方民族大学也将西夏研究列为重点。西夏研究专家遍布全国几十个高校、科研院所和文物考古部门，主持完成和正在开展近百项国家和省部级科研课题，包括国家社科基金特别委托项目“西夏文献文物研究”，重大项目“黑水城西夏文献研究”“西夏通志”“黑水城出土医药文献整理研究”，教育部重大委托项目“西夏文大词典”“西夏多元文化及其历史地位研究”。

研究院按照教育部基地评估专家的意见，计划在文献整理研究的基础上，以国家社科基金重大项目和教育部重大委托项目为抓手，加大西夏历史文化研究力度，推出重大成果，同时系统整理出版百年来的研究成果。中国社会科学院西夏文化研究中心也在继承传统、总结经验的基础上，制订加强西夏学学科建设、深化西夏研究、推出创新成果的计划。这与甘肃文化出版社着力打造西夏研究成果出版平台的设想不谋而合。于是三方达成共同编纂出版《文库》的协议，由史金波、杜建录共同担纲主编，一方面将过去专家们发表的优秀论文结集出版，另一方面重点推出一批新的研究著作，以期反映西夏研究的最新进展，推动西夏学迈上一个新的台阶。

二

作为百年西夏研究成果的集大成者，作为新时期标志性的精品学术工程，《文库》不是涵盖个别单位或部分专家的成果，而是要立足整个西夏学科建设的需求，面向海内外西夏学界征稿，以全方位展现新时期西夏研究的新成果和新气象。《文库》分为著作卷、论集卷和译著卷三大板块。其中，史金波侧重主编论集卷和译著卷，杜建录侧重于主编著作卷。论集卷主要是尚未结集出版的代表性学术论文，因为已公开发表，由编委会审核，不再匿名评审。著作卷由各类研究项目（含自选项目）成果、较大幅度修订的已出著作以及公认的传世名著三部分组成。所有稿件由编委会审核，达到出版水平的予以出版，达不到出版水平的，则提出明确修改意见，退回作者修改补正后再次送审，确保《文库》的学术水准。宁夏大学西夏学研究院设立了专门的基金，用于不同类型著作的评审。

西夏研究是一门新兴的学科，原来人员构成比较单一，学术领域比较狭窄，研究方法和学术水准均有待提高。从学科发展的角度看，加强西夏学与其他学科的学术交流，是提高西夏研究水平的有效途径。我国现有的西夏研究队伍，有的一开始即从事西夏研究，有的原是语言学、历史学、藏传佛教、唐宋文书等领域的专家，后来由于深化或扩充原学术领域而涉足西夏研究，这些不同学术背景的专家们给西夏研究带来了新的学术视角和新的科研气象，为充实西夏研究队伍、提高西夏研究水平、打造西夏学学科集群做出了重要的贡献。在资料搜集、研究方法和学术规范等方面，俄罗斯、日本、美国、英国和法国的西夏研究者值得我们借鉴学习，《文库》尽量把他们的研究成果翻译出版。值得一提的是，我们还特别请作者，特别是老专家在各自的著述中撰写“前言”，深入讲述个人从事西夏研究的历程，使大家深切感受各位专家倾心参与西夏研究的经历、砥砺钻研的刻苦精神，以及个中深刻的体会和所做出的突出成绩。

《文库》既重视老专家的新成果，也青睐青年学者的著作。中青年学者是创新研究的主力，有着巨大的学术潜力，代表着西夏学的未来。也许他们的著作难免会有这样那样的不足，但这是他们为西夏学殿堂增光添彩的新篇章，演奏着西夏研究创新的主旋律。《文库》的编纂出版，既是建设学术品牌、展示研究成果的需要，也是锻造打磨精品、提升作者水平的过程。从这个意义上讲，《文库》是中青年学者凝练观点、自我升华的绝佳平台。

入选《文库》的著作，严格按照学术图书的规范和要求逐一核对修订，务求体例统一，严谨缜密。为此，甘肃文化出版社成立了《文库》项目组，按照国家精品出版项目的要求，精心组织，精编精校，严格规范，统一标准，力争将这套图书打造成内容质量俱佳的精品。

三

西夏是中国历史的重要组成部分，西夏文化是中华民族文化不可或缺的组成部分。西夏王朝活跃于历史舞台，促进了我国西北地区的发展繁荣。源远流长、底蕴厚重的西夏文明，是中华各民族兼容并蓄、互融互补、同脉同源的见证。深入研究西夏有利于完善中国历史发展的链条，对传承优秀民族文化、促进各民族团结繁荣有着重要意义。西夏研究工作者有责任更精准地阐释西夏文明在中华文明中的地位、特色、贡献和影响，把相关研究成果展示出来。《文库》正是针对西夏学这一特殊学科的建设规律，瞄准西夏学学术发展前沿，提高学术原创能力，出版高质量、标志性的西夏研究成果，打造具有时代特色的学术品牌，增强西夏学话语体系建设，对西夏研究起到新的推动作用，对弘扬中华优秀传统文化做出新的贡献。

甘肃是华夏文明的重要发祥地之一，也是中华民族多元文化的资源宝库。在甘肃厚重的地域文明中，西夏文化是仅次于敦煌文化的另一张名片。西夏主体民族党项羌自西南地区北上发展时，最初的落脚点就在现在的甘肃庆阳一带。党项族历经唐、五代、宋初的壮大，直到占领了河西走廊后，才打下了立国称霸的基础。在整个西夏时期，甘肃地区作为西夏的重要一翼，起着压舱石的作用。今甘肃武威市是西夏时期的一流大城市西凉府所在地，张掖市是镇夷郡所在地，酒泉市是番和郡所在地，都是当时闻名遐迩的重镇。今瓜州县锁阳城遗址为西夏瓜州监军所在地。敦煌莫高窟当时被誉为神山。甘肃保存、出土的西夏文物和文献宏富而精彩，凸显了西夏文明的厚重底蕴，为复原西夏社会历史提供了珍贵的历史资料。甘肃是西夏文化的重要根脉，是西夏文明繁盛的一方沃土。

甘肃文化出版社作为甘肃本土出版社，以传承弘扬民族文化为己任，早在20多年前就与宁夏大学西夏学研究中心（西夏学研究院前身）合作，编纂出版了《西夏研究丛书》。近年来，该社精耕于此，先后和史金波、杜建录等学者多次沟通，锐意联合编纂出版《文库》，全力申报“十三五”国家图书出版项目和国家出版基金项目，践行着出版人守望、传承优秀传统文化的历史使命。我们衷心希望这方新开辟的西夏学园地，成为西夏学专家们耕耘的沃土，结出丰硕的科研成果。

史金波　杜建录

2017年3月

前　言

我们俗称的唐古特，即西夏。提及西夏就会令人产生一种神秘的感觉。它像一只翱翔高空的雄鹰降落于祖国的西部，政权存续凡一百九十年，创建了灿烂的文明，为中国古代历史增添了光辉的一页，之后慢慢消失在了历史的星河中。

西夏（1038—1227年）是以我国古代党项羌为主体建立的割据政权，国号大夏。其地域“东尽黄河，西界玉门，南界萧关，北控大漠”，长期和宋、辽，后来又和宋、金鼎足而立，享国两个世纪。有广袤而稳固的领土，有完备的典章制度，保存至今的西夏文文献种类繁多，汗牛充栋。

西夏文字是西夏文化的重要表象。作为记录党项族语言的文字，虽借鉴了汉字，但无一字和汉字相同。它是一种实用文字，存世四百多年，形成了大批文献。西夏文献虽经数百年战乱破坏和自然朽毁，但最终还是呈现在了世人的眼前，它比同时期的契丹文和女真文文献要丰富得多，其中有多种可与汉文相媲美的韵书、字典和内涵丰富、题材新颖的大型法典。另外还有西夏自己的谚语、诗歌、社会文书、历书和医方，以及译自中原的经书、政书和兵书等。数量最大的是佛教著作，有四百多种，数千卷（册）。

勤劳、智慧的西夏人在建立政权之初创制了西夏文字，从1036年颁布始至明清这一文字仍在留存。

1990年，我有幸在北京接触到著名的西夏学专家史金波先生。他素来助人为乐，猜透我的兴趣，借给我几本西夏史著作，并赠了一份日本学者西田龙雄先生编撰的长篇论文《西夏语》，我得到这份资料如获珍宝，欣喜万分，从此隔三差五缜读它，这是我读西夏学著作的开端。同时对作者西田龙雄先生有了初步的了解，佩服至极。历时五年于银川召开的首届国际西夏学研讨会期间邂逅西田先生，西田先生赠给我一本他早年的著作《西夏文字解读方法》。之后，经先生同意，我和宁夏的陈建玲同志合译这本书，由宁夏人民出版社出版，西田先生得到该书的中文版后给我来信表示：

> 那楚格先生：拝復。8月15日付
>
> 貴信拝見しました。抽著「西夏文字」の中文訳が発刊された。大変嬉しく思っています。いろいろどこ面倒をおがけしました。有難く感謝しています……

此事并不值得致谢，我做的还是不甚理想，便在复信中表达了歉意，并写了一首诗点赞先生的卓越贡献，赠西田龙雄先生：

> 天南地北抖春风，设帐东瀛探夏宫。
> 亶淡清明宁静志，雍容大度蔼和衷。
> 著书自有宗师乐，立论独具造化功。
> 东海扬波难涉足，为君举杯祝高松。

西田龙雄在20世纪50年代发表的有关西夏语言文字的著作甚多，成就斐然。20世纪60年代，西田龙雄出版了《西夏语研究》(上、下卷)，书中对西夏的语言、语法和文字结构都做了系统而详尽的探讨，构拟了西夏语语音体系。另外还出版了《西夏文字解读程序》一书（我和陈建玲女士曾经合译此书），这部书通俗地介绍了西夏语言、文字的特征。20世纪70年代他还陆续出版了《西夏文华严经》三卷。后来又将日本所藏11卷《大方广佛华严经》进行了对照翻译并加注释，书中还介绍了不少未公开过的西夏文佛教经典。20世纪80年代，又出版了《西夏语韵图〈五音切韵〉》，第一次对极为重要的西夏语音著作《五音切韵》做了全面的介绍和系统的研究。

2012年底，惊悉西田龙雄先生于当年9月26日因心脏病故去的噩耗。先生的与世长辞，使人悲痛，令人沉哀：明时正展鸿猷，讵料赍志以去。每当回忆起1995年在银川曾经与这位才学不凡、蜚声国际的语言大师晤面的情景，不时在脑海里涌动一首挽词：博文强知，学海腾波，每恨相逢之日短；时光飞逝，陨星如雨，常思痛哭为才难。

2018年，史金波先生推荐我为《西夏学文库》翻译西田先生生前的一些论文。能够接受如此重托，无疑是译者的莫大欣慰。在译稿过程中史先生多次来电询问进度等情况，还提供了许多西夏学方面的参考资料。另外内蒙古大学蒙古学学院蒙古历史学系周太平教授在百忙中拨冗襄助，给我推荐了两位他的在读硕士——苏叶和郭万里，他们的日语基础较高，因此承担了大部分译稿和排版校对工作，苏叶在短短几天内掌握了电脑输入西夏文的技巧。看到他们如此有效地辛勤作业，我感到望尘莫及，十分汗颜。

虽然竭尽全力，但是由于参考资料不够完备，以及译者的水平不够，谬误之处一定不少，恳切希望专家、读者批评指正。

谨向史金波先生、周太平教授、苏叶和郭万里等同学在此一并致以谢忱。

那楚格

2019年6月

目录

西夏语佛典目录编纂上的诸问题

一、黑水城出土的西夏语佛典的意义

1. 黑水城出土的西夏语佛典，无论是对研究西夏语的学者，还是对研究佛教的专家们来说，都提供了一个有丰富密藏文献且从未涉及的宝库。尤其是对研究藏传佛教文献与禅籍的学者来说更是如此，定会成为一个不辜负我们期待的研究对象。若不仔细看，其与在敦煌出土的藏语佛典情况相似，虽然同为出土资料，但二者仍有截然不同之处。

藏传佛教在各地寺院、各个宗派的佛事活动至今存在，僧侣们依然吟诵多种佛经，践行各自的教义，相对而言，西夏佛教现已然不复存在，那么西夏佛教是用何种形式传承下来的呢，8—13 世纪佛教在河西地区传播的详情现在还不甚清楚。

2. 黑水城出土的佛经具有重要的研究价值。众所周知，1908 年、1909 年，由俄罗斯探险家科兹洛夫带领的探险队在中国边疆地区进行发掘，沉睡地下七百余年的文献得以重见天日，如今这批文献又沉睡于圣彼得堡亚洲博物馆东方学研究所之一隅。

这部文献的一部分已由俄罗斯学者进行研究，且取得了巨大的成果①，对此研究应给予高度评价。遗憾的是，其中尚未涉及以往没有进行研究的佛教典籍与文献。1963 年，戈尔芭切娃与克恰诺夫曾经出版过包含佛典资料目录的《唐古特语抄本与刊本》。1973 年，格林斯塔德编写的《西夏大藏经》公布了佛典的主要内容，实为学术界做出了重大贡献，但是佛典的全貌仍在朦胧之中。

---

① 关于俄罗斯学者的研究，主要有涅夫斯基《西夏文献学》（1960 年），克恰诺夫、克平《文海》（1969 年），克恰诺夫《新集锦合道理》（1974 年），克平《孙子》（1979 年），克平《类林》（1983 年），克恰诺夫《天盛改旧新定律令》（1987 年）等。

近年来出版的《俄藏黑水城文献》(上海古籍出版社，至1999年已出版7册)方始公开其全貌，使人们开阔了视野，这对学界来说显然是个重大的贡献[①]，也是克恰诺夫教授长年累月、不懈努力的结果。

这些书的出版传递了众多重要的信息，意义重大，为我们的研究阵容增添了光彩，对此笔者感到无比喜悦。

挚友克恰诺夫教授当时让笔者为《西夏佛典概论》写一篇序文，但因种种原因未能接受这一重托，笔者曾经想找适当的机会再为其撰写一篇文章，直到几年后笔者在圣彼得堡继续做有关西夏文献的调查研究，这与笔者今后的工作一致，以及笔者也想在若干部佛典的注解方面提出个人的一些见解，于是便写了此论述，祈祷笔者的浅学中能少一点错误。

当初克恰诺夫教授希望笔者为他的《西夏佛典概论》补充一些内容，并以合著的名义出版，但因知识所限，加之笔者当时确实没有充分的时间给予确切的答复，故而，这一提议未能落实。坦率来说，如果将来条件允许的话，笔者一定尽绵薄之力进行必要的补充，为了今后西夏语佛典的研究能有效地进展下去，从现在开始，笔者将在已有的基础上更加奋发努力，愿这一目标早日实现于国际西夏学界。

3. 书的特点简约介绍如下：

（1）比1963年出版的《唐古特语写本与刊本》增加了不少佛经品目，但是并没有收入科兹洛夫收集品的全部目录。

（2）详细介绍了每一部佛典封面上记录体裁的原有目录编号。

Ⅰ佛经题名：西夏语原题、汉文翻译译题

Ⅱ对应的汉藏佛经的卷数：大正《大藏经》、藏文《大藏经》(东北大学)、西田目录《西夏文华严经Ⅲ》、格林斯塔德《西夏文大藏经》参照编号

Ⅲ科兹洛夫收集品的整理编号

Ⅳ写本或刊本

Ⅴ体裁：卷子本、折装本、册子装、蝴蝶装本、贝叶装本

Ⅵ有无寸法和封面

Ⅶ分号

---

① 俄藏黑水城文献至1999年为止已出版①②③ 1996 ④ 1997 ⑤ 1998（以上为汉文部分）⑥ 1997 ⑦ 1998（西夏文部分）等7册。

Ⅷ现存状况

Ⅸ行数、字的排列

Ⅹ书体

Ⅺ跋、后记、识语、纪年、发愿者名、写经者名、施经者名

（3）每部经书按照下列三大项的次序排列：

Ⅰ大正《大藏经》的对照原文

Ⅱ伪经

Ⅲ藏文《大藏经》、藏经目录的对照原文

紧接者为陀罗尼（[illegible]）、论1（本母）、论2、颂、赞注、疏（[illegible]）、补注（[illegible]）、解说（[illegible]）等细分 。在此细分里笔者认为应该再次进行考察，陀罗尼被使用于总持（[illegible][illegible]），并且保有意、颂、赞、品等，与佛典有很多对应之处。

西夏人历经二百年的时间，从汉文或藏文翻译了大量的佛典，其中也会有西夏人自己撰述的部分，可是同时期的佛典目录却一点都未见到，也没有发现出土佛典目录①。根据残存的资料追溯编撰佛经目录的话，应该使用何种体裁还是个大课题。

二、西夏语佛典目录编纂的一些问题

关于西夏语佛典的再分类，我们仍未找到合适的方案，在此举出伪经这一项，《佛顶心观世音菩萨陀罗尼经》和《佛说延寿经》还有《佛说生经》《十王经》等，为什么没有把《佛说父母恩重经》收入其中，笔者觉得很是奇怪。

笔者认为西夏文佛典目录是整个西夏文献目录的一部分，这是确切无疑的，若把整部目录都仿照中国古典文献所用的经、史、子、集四大类去做的话，将会怎样呢？黑水城出土的西夏文文献数量很是庞大，就佛经来说，只能

① 在《天盛律令》第十一卷的《为僧道修寺庙门》里载有“若无障，诵得以下11种经典，便能得到作为出家僧人的奏上”。并列举11种经典：《仁王护国》《文殊真实名》《普贤行愿品》《三十五佛》《圣佛母》《守护国吉祥颂》《观世音普门品》《羯陀般若》《佛顶尊胜总持》《无垢净光》《金刚般若与颂全》，上述这些并非佛典体系的附加成分，连称其为佛教目录都很难。史金波等译：《中国珍稀法律典籍集成》甲编第五册，北京：科学出版社1994年，第280页。

翻译题目，想要读懂内容是非常困难的，对此几乎没有进行过详细的调查[①]。

西夏文佛经中有首题尾题皆缺失的，还有连头绪都找不到的断片，把这些归入此项目的话其数量也不少，确认了内容之后给它拟定一个题目，再加进目录也是可以的。在圣彼得堡研究所内保存着数十个大木箱，整理编号时有许多内容不详的佛经断片、残卷，其中也会有比较容易释读的资料。

给佛经内容定名是今后的一件大课题。仅凭一页数行的文字，便能把它当作证明曾经存在过的佛经也加进目录之内。如果将来能够整理斯坦因收集的黑水城文献的话，就会发现微小片段的内容也会起到巨大的作用，总之把不可小觑任何一个残片这一方针必须坚持下去。

在汉藏翻译的译本中，能从残存的西夏文片断中判断究竟是哪一部佛经中的，对佛经的研究也非常重要，如果这个目录中大部分的佛经能依据上述原则进行研究的话，将会有重要的收获，如《大智度本母（大智度论）》的残存卷数未予标识（TG353 No.563），原因可能是没有与汉文进行对照[②]。

笔者认为西夏文资料的残存状况有必要稍做详细的论述，现将关于几部经典的调查结果举例如下：

1.《佛说长阿含经》TG65 No.150 楷书写本，册子装

大正 1 同名经（22 卷）汉文为佛陀耶舍、竺佛念译

西夏文，卷十二，佛陀耶舍、佛念共译。从大正卷一 第 72 页下段开始，至第 75 页下段左面幸存 13 行，后面的则缺失，在此目录中虽然加了 TG429 No.3966（写本 · 册子装），但是没有显示卷数。

2.《佛说齐经》TG163 No.4446 楷书写本，卷子本

---

① 西夏人译为“到贤”的文本，1963 年目录 38，此处应读为“普贤”的四十华严的最后一卷《入不思议解脱境界普贤行愿品》之译早已为作者所辨明《西夏文华严经》1975 年，第 26 页，但是仍介绍为“到贤”。

除佛典以外另有不少阅读错误，例如在 No.5875 中读为《太祖继迁文》，由此被认为是有关太祖李继迁之事。例如周谷城主编，田继周等著《少数民族与中国文化》（上海人民出版社，1996 年）中的《太祖继迁文》便是叙述西夏的建立者李继迁活动的历史著作，但是实际内容并非如此。以“口燕王虽有人德，但其左右并无如同手足之人物，以致失去国土，汉之高祖虽舍弃礼仪，但其因中外世界有忠臣佐之，从而为王道乐土”为首，记述着各种各样的故事。笔者想将标题译为《太祖要选文》。内容是否是西夏人之原始著作呢，汉译虽不明，但意味深长，由于用行书所书写且破损处尤多，因而读起来甚为不便，后半部分用草书体附入其他文书中。

在西夏文里仍有很多内容不详之处。

②《大智度论》卷四的断片在格林斯塔德编的《西夏大藏经》里。参见拙著《西夏文华严经》Ⅱ后记《西夏译经来记》1976 年，第 28 页，除此之外，科兹洛夫收集品里的 No.563 与卷五十《大事起品》、卷五十一《譬喻品》、卷五十二《善知识品》相对应。

大正 87 同名经（1 卷）支谦译

西夏文，经首缺失，尾题残存，后半部分残存 25 行，从大正卷一 第 911 页下段左 第 11 行不如……开始，一直接到第 912 页上段为止。

3.《佛说四人出现世间经》TG146 No.4603 楷、行书写本，卷子本（分为四片）

大正 127 同名经（1 卷）求那跋陀罗译

西夏文，首尾完结，惠宗及母后昭简文穆皇后（？）的译文尚在，尾题之后载有“《大宝积经》第七十二卷菩萨在见实会中劝说”。

4.《佛说行集经》TG135 No.718 楷书写本，折装本

大正 190 同名经（60 卷）阇那崛多译

西夏文，卷二十六，经首残存，末尾缺失。从大正卷三第 772 页中段开始至第 766 页下段左面第 8 行残存，余卷缺失。

5.《佛说诸佛经》TG151 No.359 楷书写本，折装本

大正 439 同名经（1 卷）施呼译

西夏文，经首残存，末尾缺失。从大正卷十四 第 112 页下段开始至第 113 页左面第 6 行残存。

6.《佛说大人八觉经》TG152 No.569 楷书写本，折装本

大正 779 同名经（1 卷）安世高译

西夏文，10 折，首尾完结，祈愿者名字模糊不清不能识别。书写者注有“宫住和尚、慧明禅师”，末尾写有“塔的烩”与“佛说大人，成一院显义”，大正卷十七，从第 715 页中段开始一直连接到下段第三行。

7.《佛说帝释般若波罗蜜多经》TG143 No.807 行书写本（与其他经书连写），册子装

大正 249 同名经（1 卷）施护译

西夏文，经首残存，末尾缺失。从大正卷八第 846 页开始，至“梦幻及泡露如电亦如云”为止残存，以下缺失。

这里所用的厤 wị（平 69）“幻”字与 豩 wị（平 69）、豩 wị（平 69）被认为是相同形态的音素，在《同音》里属于小类（轻唇音类小类 20 与 21），另外虽然“泡”在《同音》（新、旧）里没有，因为是鬲 phuɦ（平 27）的派生自字，所以䰛 phuɦ（上 25）“乳首”、纑 phuɦ（上 25）“钵”与 phuɦ（平？上？）能够组合在一起。纑在《法华经》中也有同样的使用例子。

8.《七佛八菩萨诸说大陀罗尼神咒经》[1] TG220 No.69 楷书写本，折装本（86 折残）

大正 1332 同名经（4 卷）失译

西夏文，卷一，经首数行缺失，其余残存。从大正卷二十一第 536 页中段第 5 行开始，一直到第 543 页上段第 7 行。卷二、卷三、卷四缺失。

9.《华严金狮子章》TG323 No.739 刊本蝴蝶装，34 页残存，虽首尾缺失但主体仍在

大正 1880《华严金狮子章云问类解》（1 卷）晋水沙门净源述

西夏文，序言部分第 1、第 2 页（右）遗失，由序言部分第 2 页（左）的后半部开始，以及第 3 页本文至涅槃入顺第七（入涅槃第十）残存，以下则缺失。但是第 6（左）、第 7（右）页和第 20 页（左）以后的遗失。从大正卷四十五第 663 页上段开始至第 666 页下段最后一行结束，与大正 1881《大方广佛华严经金狮章同云问类解》更为吻合，但是在大正 1880 里有西夏文里没有的部分。

在经题《华严金狮子章》之后有两行注释，接着在写有[illegible]“长安大崇福寺沙门法藏造”的译文中，长安两字的字音是 tshoɦ（平 48）ˀɑn（平 24），[illegible]字没有收入《同音》（新、旧）中，应该是“崇”的意思。其中一部分在文中有以下注释：“长安乃汉高祖王城也，大崇福寺乃唐中宗皇帝所建之精舍也，所谓沙门乃是随和尚的盛善减灭之名也，法藏则为法师之号也，谓义训为造也。”

西夏文序言残存 6 行如下：“……念时，常使心中疑惑，编之后晋代所译华严二记与唐代所译华严二疏时，文中繁琐部分则删，义之缺失部分则补充，语句过长则减，教义错误之处则改正，期间将法句深文师资并分明的遵守之处在各处之下注释。庚申岁四月日（用汉文写有元礼三年岁次庚申四月八日序）。”

10.《妙法圣念住经》TG216 No.6039 楷书写本，折装本

大正 722《妙法圣念处经》（8 卷）宋法天译

西夏文卷一的后半部分。从大正卷十七第 421 页上段开头的一切诸惑不能伏除开始至下段尾题得以保留。从第 1 折至第 18 折为其他经书（可能混入两三种经书），与《妙法圣念处经》不相吻合（一部分记入亚洲博物馆的图章和西夏

---

① 在此之中《佛本行集经》《佛说诸佛经》《七佛八菩萨诸说大陀罗尼神咒经》等均为相同执笔，因而是以同一种体裁书写的。

No.2233 中)。

三、河西版汉文佛典与西夏文佛典的一致性

在西夏时期，无论是仁宗还是崇宗都大量雕版西夏文佛经和汉文佛经。关于此事在若干经书的施经发愿文中都有所记载，实际上有相当多的汉文佛典是在黑水城出土的。其中有用的目录被孟列夫教授编纂成书，其汉译本也在刊发，因此使用起来比较便利①。

黑水城出土的汉文佛经应与西夏文佛经内容相吻合方为合理，因此在确定与西夏文内容相同的情况下，有必要将汉文佛经与西夏文佛经进行对照。接下来笔者想举几个例子(孟列夫教授目录番号以 TKxxx 来表示)。

1.《摩诃般若波罗蜜多心经》TG253 No.581 刊本，册子装

首尾缺失。从第 1 页(右 5 行缺失)至第 15 页残存，序言部分约有 5 行现存，其余缺失，无册数。大正 223 同名经，鸠摩罗什译，虽与文本契合，但同名汉文佛经里并无译注，西夏文在经名之后，详细注释着像第一摩诃、第二般若、第三菠萝、第四密多、第五心经这样的注释形式，用西夏语注释着“……也……”等，“心经乃己之大道也……”附以详尽的说明，以下本文各句仍采用相同的形式。

黑水城出土的汉文《摩诃般若波罗蜜多心经》(TK116)也因原标题缺失仍采用相同的体例来表示。根据孟列夫教授的观点，此经是玄奘所译，补充修改了密宗经典风格的结尾，并添加大量注释而成。所谓蝴蝶装样式是指每张 4 面，印刷成两面一对，将面数定为 2 张，并将各张贴合在一起的折装本。

上述西夏文 TG253 No.581 的内容与黑水城出土文本高度吻合，应是出自西夏人的注释，但是残存的序言中西夏文部分与汉文部分内容不符。

2.《佛说圣大乘三归依经》TG141 No.4940 楷书体写本，卷子本

文本残存 26 行，其余只剩 No.7577、6542、5585，西夏文 No.4940 是个仅剩 26 行的卷子本残本，《大正藏》里虽大部分经文缺失，但其内容与黑水城出土汉文《佛说圣大乘三归依经》(TK179—181)相吻合。西夏文汉文均有“兰山智昭国师沙门德慧 奉诏译”等字，奉天显道，耀武宣文里首次附有仁宗尊号，而在汉文里有“……写有皇帝详定”，译成西夏文“[illegible]”二字。因与汉文佛经同

①[俄]孟列夫著，王克孝译:《黑城出土汉文遗书叙录》，银川：宁夏人民出版社，1994 年。

样都是由崇宗印施，或许应该是乾祐十五年（1184 年）刊发的。No.4940 的西夏文部分与 TK121（1184 年）8–1 至 8–2 的部分内容相当。

No.4940 里将“瞻部州平治如掌”用西夏文译为[illegible]，šĭaphu 河院译为“治理如手掌般平坦”，“瞻部”是汉字之音写，而“州”则是河院的意译（以前笔者误认为此经是从藏文译过来的）。

3.《仁王护国般若波罗蜜多经》

TG104 No.683 刊本折装本 护国品五 88 折残

TG318 No.592 刊本折装本 奉持品七 10 折残 首尾缺失

大正 246 同名经（2 卷），与不空译的卷下部分内容相同。黑水城出土汉文经书中仍有同名经（TK141），孟列夫教授认为，观音如来品二、菩萨行品三、二谛品四也与不空所译相对应，可惜的是西夏文里并没有与其相对应之处。但是西夏文卷首写有“特进试鸿胪卿大善盛众宫三藏沙门大广智不空奉诏汉译”等字样。之后有明确记载：“德政国主 福政民主，明大皇帝 汉本贤译。”为惠宗尊号。

另外附以 No.683 的跋，虽在别处被翻译且已经介绍过，但是对了解当时的佛教活动仍具有很高的价值①。

经书标题“仁王”的译法在 No.592 与 No.683 中虽有不同，但是不能将其视为同一个原文所分割出来的。No.592 里将“仁王”译为[illegible] ^{n}džĭu（平 2）neɦ（上 33），而 No.683 里却将“仁王”译为[illegible] ^{n}dži（平 69）neɦ（上 33）。前者为西夏固有语，而后者则是汉语“仁”字的借用形式。No.592 里有“天庆元年（1194 年）岁次甲寅九月二十日 皇太后梁氏 谨施”的纪年。

4.《观弥勒菩萨上生兜率天经》TG320 No.617 刊本，折装本

现在虽然存有很多，但是其中的相互关系如何并不是很明确。笔者手中仅有 No.？和 No.617 的复印品，接下来叙述笔者手中两件复印品与黑水城出土汉文《观弥勒菩萨上生兜率天经》之间的关系。

No.？与本文 TK58 中的 16–6 第 10 行开始至 16–11 第 4 行的内容相当。如“度诸天子 · 阎浮提岁五十六亿万岁，而乃下生于阎浮提……”，与此相对应的西夏文有“……五十七六亿万年……”，此外，其他内容两者仍高度吻合。No.617 虽正文缺失，但是有弥勒真言、生内院真言，最后存有施经发愿文 17

---

①参见拙著《西夏的语言与文化》，第 433 页。

行（并没有完整结束，最后部分仍散失），而那部分在大正 452 同名经书中没有。TK58 末尾的慈氏真言、生内宫真言与施经发愿文内容高度吻合。在 TK58 “奉天显道 耀武宣文”里首次记载有西夏仁宗的尊号，并写有“皇帝谨施”的字样，毫无疑问在其他西夏文佛经里仍有同样的文字。此施经发愿文甚是重要，克恰诺夫教授在此目录中用俄语进行了翻译，笔者作为日本读者也想用日语翻译西夏文，译文如下：

朕闻，莲华秘藏吸收万法，设救迷金口 传语设三乘，授凡世而行大法不为遮民益。今观弥勒菩萨上生经施以统义玄渊，而明道通理。由初始之忧波离之问而兴起，显之后阿逸多之先因，解读上生之善因并广泛劝说兜率之胜境，十方天部之想在此生之物，行十善持八齐，另外严守五戒而修行六法则命终之时，如力士伸屈手掌般，便能在宝华莲中生，届时弥勒亲自来迎，在未低头之时，便能听到妙法之音，心生无上不退坚固之心，若听九十亿劫生死灭罪之名号，则不会坠入幽冥边地之间，若要皈依既能预知成道授记，语佛后生之众生，如是之修行者必能成为授道于弥勒之人，由见到佛之密理功而雕之经卷印版，谨 乾佑己酉二十（1189 年）年九月十五日，请宗律国师，净劫国师，大乘玄密国师，禅师，法师，和尚于大度民寺，求修需生于兜率宫中，设弥勒广大法会，作护摩道道场之广大供养，施无量之饮食，诵佛名与咒，读夏藏汉之藏经书之外的大乘经，诵法而大乘忏悔（以下缺失）。

另外将弥勒“蕤𗹙”音写为 miɦ（平 11）ɫɪ（上 7），兜率在西夏语里是“十分清楚，知足”的意思。兜率有“𗏁𗊴𗡶”或者“𗏁𗊴𗢳”两种写法。

5.《佛说父母恩重经》No.6570 写本，卷子本，经书标题之后残存 10 行

虽然中国学者认为是伪经书的一种，但是在克恰诺夫教授目录 TG181 中将其分为以下 5 类：

No.6570 写本，卷子本，经书标题之后残存 10 行

No.5048 写本，卷子本

No.6670 写本，蝴蝶装，22 页（册子装正确？）

No.759 刊本，蝴蝶装，24 页

No.6876 刊本，折装本，26 折 +2 折（仅残存一片，之后是佛书）

笔者仅调查了 No.6570 和 No.6670 两本，No.6670 为仅存 10 行的残卷，有

“《佛说父母重经》法显 山门”字样，将说法处置于王舍城耆阇山中，中间与No.6670重复，至末尾有“佛说父母恩重经 竟”等字样，若将两本合在一起利用则为上策。No.6670末尾的上侧写有“西方佛念业门”字样，下方左右两侧虽分别有7字11字，但右侧的11字由于用草书书写，因此尚不能辨别，左侧7字经识别应为“四月十朔日写完”，除在列举父母十种恩德之处采用七言一句的形式外，其余皆采用四言句，其主次几乎没有区别，形成如诉说之类的文体形式。

《佛说父母恩重经》中的内容已被得知，接下来举出以牧田谛亮教授所编《伪经研究》里“一、倮、哈”为代表的文本。

（一）与敦煌文本P2285、S2084、S1907一起校订的文本，作为大正684而收入。

（倮）高丽刊本《佛说恩重胎骨经》。

（哈）《佛说父母恩难报经》（北京图书馆藏）。

将其与西夏文No.6570、No.6670相对照，虽然部分内容吻合，但是全文之脉络则不甚相同，因此认为不是出于同一系统，至此还没有考虑黑水城出土的汉文经书。据孟列夫教授的研究，在西夏时期，河西雕版的经书与残存的写本《佛说父母恩重经》有以下三本。

TK119《佛说报父母恩重经》（刊本，折装本）完（孟列夫Cat.213）

TK120《佛说父母恩重经》（写本，折装本）完（孟列夫Cat.214）

TK139《佛说父母恩重经》（刊本，蝴蝶装）残存（孟列夫Cat.215）

上述西夏文文本与No.6570、No.6670相比较便能得出TK139与西夏文内容极其相似的结论，标题均写有“法显国师 山门”字样，但是TK139并不完整，仅残存第1（右）、第3（左）、第4（右）、第5（左）、第6（右）、第9（左）、第10（右）页，其余则缺失，与西夏文对照时，《俄藏黑水城文献》第三册，第200页下段第6（左）、第9（左）页为误，从第6（左）页开始到西夏文第6页为止大部分缺失，并将第7（右）页敲定为第10（右）页方为正确。TK119与TK120同西夏文No.6570、No.6670的内容完全不同，西夏文里有与上述高丽本《佛说恩重胎骨经》之后半部分内容相同之处，同样，也有与北京图书馆本之后半部分内容相同之处。

接下来将对西夏文No.6570、No.6670的大致内容进行叙述：

（1）前言

（2）阿难对如来询问自己父母之恩德

（3）如来告诉其父母之恩德有十种，十种列举如下（将西夏文译文与汉文对照）：

第一种：[illegible] 有胎看护之恩，怀胎守护之恩

第二种：[illegible] 临产受苦之恩，临产受苦之恩

第三种：[illegible] 产子忧虑之恩，生子亡忧之恩

第四种：[illegible] 咽厌吐甘之恩，咽苦吐甘之恩

第五种：[illegible] 易湿就干之恩，蛔干就湿之恩

第六种：[illegible] 乳养育之恩，乳哺养育之恩

第七种：[illegible] 不净浴沐之恩，洗涤不净之恩

第八种：[illegible] 远行忧念之恩，远行忆念之恩

第九种：[illegible] 恶行造缘之恩，伪造恶业之恩

第十种：[illegible] 究竟慈悯之恩，究竟怜悯之恩

（4）关于十种之恩进行详细的说明，从母亲怀胎十月妊娠之苦开始，生育十男五女是难以用语言表述的痛苦，三年间，吮吸母亲之白血，若以世俗之衡量，足有二十一石，受尽酸楚而养育之，而成年之时，便无孝，行尽恶而舍其母，又指出恶事与这等不幸之结果分别有男子之情况和女子之情况。

（5）听到此话的众生悟到大恩之理，而向世尊求慈悲救济，并询问报恩之方法。

（6）世尊曰报答父母之恩并非易事，即便将父母扛在肩而越须弥山历经千百劫难，骨折而至髓，流血至膝也报答不完；即便用利刃戳己之双眼而取也报答不完；即便吞食灼热之铁丸入腹而灼焦己之身体也报答不完。

（7）下面将叙述对于十种大恩之各种具体报恩之法：

Ⅰ激起行孝之心，为父母而出家修道——报以有胎看护之恩

Ⅱ为父母，修建精舍（伽蓝），修功德——报以临产受苦之恩

Ⅲ放平心而施行，深情而予之利益——报以产子忧虑之恩

Ⅳ既善待亲友而又亲近，进而闻听大乘经——报以咽苦吐甘之恩

Ⅴ书写此报恩经而又背诵——报以蛔甘就湿之恩

Ⅵ既要修行也要行十善——乳哺养育之恩

Ⅶ忏悔罪过的同时坚持齐戒——洗涤不净之恩

Ⅷ救助贫，病之人，既建桥也要挖井——报以恶行造缘之恩

Ⅸ取自身之血而书写此报恩经——报以究竟慈悯之恩

（8）告佛，如是之修行者乃真孝顺之男女也，倘若不是则与禽兽无异。

（9）阿难与大众一起俱听佛曰之真谛，竖自身毛发而悲痛哽咽，从即日起至未来即便将身体碎至如微尘般也不舍弃佛之圣教，即便拔掉舌头，即便扶铁犁耕地出血变成江河大海也要誓死牢记如来之圣言。

（10）阿难问世尊此经书之名。

（11）佛予之经名为父母恩重经，众生皆欢喜而奉行。

各段落与各汉文本一致的地方全为自身的地方，笔者由于未调查西夏文No.5048、No.6876、No.759，所以想系统考察并修改《父母恩重经》的内容，仅限于上述No.6570、No.6670号文书并没有包含所谓中国孝子谭的内容，可见在西夏社会对教导孝顺、慈顺的孩子向父母报恩也是很重要的，此伪经对于教化大众庶民多有益处，在当时应该比较流行。另外，在此西夏文里有其他资料中未曾见到的文字的使用例子，这无论是对西夏文字字意的解读还是对含糊不清之字意的确认均有很多益处，现试举以下几个例子：

□ khaw（平 22）忧（担心 危险）；□ R？咽（吞进）□□□□（吞进厌而吐出甘），最后的文字 thɨ（平 30）的意思很复杂，除了此经书之外还有“剜”的意思；□ miɦ$_2$（上 10）吞；□ khɨ（上 61）咽下；□ ŋšɪɦ（平 14）褴褛（湿布）；□ mɪĕɦ（上 11）使躺下；□□ neɦ$_2$（平 36）哽咽；□□ tĭ^{e}w（上 41）切肉；tšĭəw □（上 40）焦；□[1]□[2]□[3]□[4]热（wĭu 平 2）[2]铁[1]丸（坚固）kĭɯr（上 79）[3]吞 ^{n}džeɦ（平 36）[4]；□□ tẹ（上 54）(上 68）抱持；□□ ^{n}dzu（平 1）nɪɦ 娶；□ t^{w}ɪ（平 8）收集白骨。

6.《观无量寿经》医药疏第二 TG321No.903 写本，卷子本

同样的疏有 3 本，除 No.903 之外还有 No.894 与 No.506。根据孟列夫之目录得知，貌似 No.894 第三章与 No.506 第四章都缺，有卷首，尾题均在（笔者未见），正文无第一集，仅有第二集、第三集、第四集。No.903 缺少卷首，末尾载有医药疏第二集，也就是说，《观无量寿经》之注释本所引用的文本与畺量耶舍所译之《佛说观无量寿经》相吻合（大正 365），本文所存此西夏译本的去向尚且不知，注释西夏语的形式占很大比重，全部来源于汉文翻译还是西夏人附以注释，已难以判断，因为卷首的残存部分有汉译者畺量耶舍的传记，因此极有可能是散失之汉文文本的译文，卷首缺失，内容虽与经书卷首重合，但是从医药疏第二集开始中间有缺失，缺失部分应为医药疏第一集与第二集，虽说现在研究所保存的顺序有些许错误，且大多不能连续，但是为什么仍称之为医药疏，笔者百思不得其解。

试译序言的第一节如下：

宋口西天三藏、亹量耶舍之译 德初求（？）文集曰："所谓亹量耶舍在西夏语乃与时契合之意，西天之人也，性忠德，爱欲寡，能诵 phitha，能广纳律部，而又熟读诸经书而大悟，总三藏而施以明悟，专多禅门而每日入观一回，经时七日而不起圣受三昧而传习诸国事，赴亘始之遥途红河，次至王城，太祖文帝□大为称赞，首次入住长慧之道林精舍中，沙门宝□□对法之敬而深，由沙门僧侣之愿，译药上与观无良寿经书等，用僧舍之笔，是之二经书乃□译之要法也，为净土之深因，即叹赞法味，从宋国之传行而逃，引 mbǐɛ 受于经加深敬意又须悉知供膳而不假思索，元始十九年，游行于中西岷蜀而施，道乃荣之禅之学林所成，之后 入（江陵）ŋgǐʊɦ lǐeɦ 处而覆，岁六十。"

接下来一节将叙述有关文本之构造：

是以下经书与实释（[illegible]）同时共三部之别，序文与宝本顺行也，三里各有二，序文之二为信证（[illegible]）与兴起（[illegible]）也，实本之二为净业（[illegible]）与妙观（[illegible]）也，顺行之二为王宫（[illegible]）与掘山（[illegible]）也，从二□□"如是我闻"开始，"写上首也"为止乃信证也，"从尔时王舍大城"开始，至"教我观于清净业处"为止为兴起也，始之信诚为与诸经书同询问阿难，使悬于佛为缘也，随智度经干为六，文少舍□□□□闻一信时主"如是我闻，一时佛"此为我与我闻同译，传法之处所悟也，纂集者如是之语，将法置于佛处即由我闻之，即谓之如是我闻。

最后附有关于"如是我闻，一时佛"的 15 行注释。

四、从西夏语佛经之内容来看其特征

作为西夏语佛经研究的第 3 个课题，接下来就以西夏文经书内容的特征进行说明，还是围绕着教义来进行，那么就将其作为第 1 个研究对象介绍几个简单的例子。

1.《施水食放顺要论》TG288 No.6503 写本行书，册子装 16 页

此经书汉文曰《佛说救拨焰口饿鬼陀罗尼经》一卷（大正 1313 ）不空译，

《佛说救面然饿鬼陀罗尼神咒经》一卷（大正 1314）宝叉陀译，《施请饿鬼饮食及水法》一卷（大正 1315）不空译，诸经书与同系统的西夏语译本没有错误，但是其经书与内容却大有不同，在西夏文里，先是叙述了阿难的高慢之心，根据七种事缘进行说明，将全文的前半部分作为重点进行试译如下：

将施水食之两种义意曰为以下，先为因缘，后为自体。这里所说之因缘乃施水放食之四利之一，四利即自身无疾病、变为富有、消除旧罪而受福、为拥有慈心殊胜，即刻成为真诚圣者。因为此施水食经乃释迦如来为阿难之利益而说，为的是使阿难弃高慢之心而生谦让之心（[illegible]）。

所谓阿难起高慢之心有七种事缘：第一，我是因他而胜之的佛兄之王族也。第二，我之相好之美。第三，我本智慧超群。第四，我在 pranasi 国中说法最为优。第五，我把如来所说八万四千执法悉数不忘而记。第六，在欲界，色界，无色界之佛能达到之处我也达到了。第七，我与三界中天龙八部口口人非人齐将愿为同而见之友。

佛虽入涅槃而予，与阿难同样为佛之四部弟子，起慢而圣果之半分或全部而既得者虽在，但由阿难独身为将四慢舍弃，因此，四果中一果业没有得到，而坠恶趣中，阿难虽为在山中坐而修行，但没有舍弃慢心，圣果也丝毫没有修成，在那时，由于佛之威神力而现身鬼怪矣，身体犹如天般巨大，口中喷出火舌，膝关节如雷鸣般腐臭弥漫，从毛孔处燃烧出火焰，阿难昏死过去了。

阿难苏醒之后对鬼神曰："尔等是谁？"鬼神答道："是为拯救你性命，汝在七日之内便会死去。"阿难在此昏死过去，而在此苏醒之时，阿难曰："有从死亡中逃离之方法呼？"鬼神曰："若在一日三时中一时里施三遍食，又在三界中之六趣里施予饮食的话，便可摆脱死亡。"说完鬼神便消失于空气中。

阿难恐之，随向佛而去，哭泣而顶礼佛足焉，如可描写般不吉之像而现，"唯有向佛祈求如来救我"，佛为救阿难而诵此施水食。

阿难未敢违抗如来之旨意，而施之饮食，随即寿命延长而修成正果。

此施水放食顺序有上、次、中、下四品，上品须摄持大水，次品须放入各百碗，中品须在默有时而放，下品须一日一时而放，至此，有关施水食经出现的因缘全部叙说完毕。

接下来叙说具体的顺序：

所谓“施水放食自体顺”乃默有者在施以饮食之时，先于净器中，多时在放入食物种类之上以净水而填满，宝器与铁器不允许施过法，须置于瓦器与木器中，之后在三宝诵里，须诵三回皈依，之后发愿，为法界有识之一切利益，愿我佛而祈，……为六趣有识之一切利益，须谓我为施予职，本人念观音菩萨一面双手身，将右手为上施之益，将左手椎而连放置心之上，诵七遍施食摄受之咒，在眼前合掌而顶礼，须诵四如来之名号，向南无离怖畏如来顶礼，各自饱满，曰如得苦离安乐而念之，诸法由缘而生，诸法又由缘而灭，我师沙门曰此为生灭两种之法。

虽然从全文来看有可能是从藏文翻译过来的，但是并没有出现带有藏语译语特征的译文出现，而在以上所述阿难与鬼神之问答中，笔者所说之行为者视点文却在广泛使用。

昏厥而又苏醒的阿难提问到

[illegible] 汝是谁乎？汝主语对应

[illegible] 鬼神回答道

[illegible]

使汝延长寿命者，我让汝七日之内死去，谓之汝（主语对应）

[illegible]

布施水食，汝，不然死去 汝是谓语（主语对应）

此佛经记述阿难的七种高慢心增长的原因，施以饮食的净器里仅制作瓦、碗类的记述或许是西夏佛经所特有的吧。

2.《佛顶心观世音菩萨经》（上卷、中卷、下卷）TG130、No.105、No.908、No.2827、No.2900、No.5478、No.5963、No.3820、No.7786、No.908 卷子本楷书体（上卷、中卷、下卷）；No.3820刊本，上卷少数与中卷 TG130、TG131 内容相同，与汉译大正 1171《佛说观自在菩萨母陀罗尼经》（一卷 法贤译）之内容相当，虽然未调查各文本之间的相互关系，但是观之 No.980 便得知中卷与下卷的经题之处附加了解说之类的语句。

中卷 佛顶心观世音菩萨治病休生法经

下卷 佛顶心观世音菩萨救难前步经

No.3820 上卷的最后部分有少量残存，以中间所对应部分为主体，附有上述之经题，因此是一个含有 No.3820 与 No.908 所有部分的文本。

与此对应，TG132 No.116 与 No.2827 持有《佛顶心观世音菩萨陀罗尼经》之标题，有上、中、下三卷，为敦煌本同名经内容相当的西夏语译经书，叙述了同经之功德，并将其分为三部分进行叙述，被中国学者认为是伪经书，与 No.130、No.131 完全没有关系。

3.《圣观自主大悲心总时功德经随集》《顶尊相胜总持功德经随集》

《圣观自主大悲心总时功德经随集》TG83 No.6881 刊本 经折装 佛书 2 折＋10 折残 经首缺失

《顶尊相胜总持功德经随集》TG109 No.6796 刊本蝴蝶装 活字体 前半部分缺失

从第 12 页开始至最后第 23 页残存，首先将《圣观自主大悲心总时功德经随集》对应的部分放置在第 2 页与第 3 页，省略标题为“大悲”的克恰诺夫教授之目录里，虽然列举了此例之外的数个例子，但由于笔者并未见到实物，因此接下来要以这两本为中心进行论述。这两本经书为连写，后者作为前者的一部分而述之，各自题有梵文经题。

《圣观自主大悲心总时功德经随集》梵语 avalokitesvara dhāraṇī

《顶尊相胜总持功德经随集》梵语 uṣṇiṣa vijaya nama dhāraṇī

无论是在《圣观自主大悲心总时功德经随集》的经题之后还是《顶尊相胜总持功德经随集》的经题之后，都与克恰诺夫教授所举例子一样附有传者之名与西夏语译者之名，如下所示：

西天大 pandit 五明国师功德司正受安式沙门 ^{n}dza^{ʔ}yaɦ^{ʔ}ananda 传

密显法师功德司副持益利沙门 周慧海 奉诏 译

无论是从卷首的体裁来说还是有使用“世尊”“坏有出”等译语来说，都有可能是从藏文翻译过来的。

在与之对应的汉文经书《大正藏》里虽然没有放入此经书名，但是在黑水城出土的汉文经书里却有与之对应的部分。《圣观自在大悲心惣持功能经录》《胜相顶尊惣持功能依录》（TK164、TK165）的传者在汉文经书里为“天竺大般弥怛五明显密 国师在家功德司正坏乃将沙门拶也阿难捺”，画线部分则是西夏语的

[illegible] $^{?}$ĭɛ$_{2}$ ndɛ̩ ^{n}dzĭɔɦ 与[illegible] ^{n}dza$^{?}$yaɦ$^{?}$ananda 的音写形式。

《圣观自主大悲心总时功德经随集》和《顶尊相胜总持功德经随集》的标题之后，敬礼文与本文之首部分以以下形式示之：

《圣观自主大悲心总时功德经随集》No.6881　敬礼于圣观自在大悲心有者

如是我闻，在一时世尊波怛喇山之圣观自在宫中，集有无量无数只菩提勇识。

《顶尊相胜总持功德经随集》No.6796　向一切明满敬礼

如是我闻，在集有一时世尊三十三诸天的处善法堂内。

No.6976 的末尾如上述汉文经书一样，附有发愿文，这是因为有西夏雕版印刷的实体，因此笔者想试译其主要部分。

以贤造（与汉文之御制相对应）为伊始

……如可描述之功德甚有之，朕视此圣功而信之，诏工匠而雕印，夏汉共施经一万五千卷，国内之臣民皈依之 读诵 敬信 须受顶礼，朕另外身有衣双，一心诵持而祈愿胜因满愿，为众修善，须说法真之大乘而设立护摩密场，读诵之音从未停止，开大藏金文，将国内之圣像全部用金而筑之，在宫舍中布以施食，在精舍佛前施以法事……（天盛己巳元年月日 1149 仁宗皇帝之尊号）奉天显道……中略……惇睦懿恭 皇帝 谨施。

汉文经书无日期，孟列夫推测应在 1141—1197 年，因此与西夏文对应的 1149 年应该也与汉文经书相对应。

4.《大悲心陀罗尼》TG329 No.619 楷书写本　册子装（15 页残 末尾缺失）

该经与克恰诺夫目录中 TG328《大悲心总经持》（No.4763、770、6760、6796、6821 未见上述中任何一个）之间的关系不详，虽说并不是大正 1060《千手千眼观世音菩萨广大圆满无凝大悲心陀罗尼经》（伽梵达磨译）和 1064《千手千眼观世音菩萨大悲心陀罗》（不空译）的完美译文，但是内容大体一致，从中间开始与 1064 对应，后半部分与 1064 完全一致，另外还须考虑是否还有与西夏文经书相对应的汉文经书。

首先将开头部分与大正 1060 和西夏文进行对照（括弧里的内容在西夏文里

缺失）。

大正 1060	西夏文 No.619
如是我闻，一时释迦牟尼佛	在那时，释迦如来
在补陀落迦山观世音宫殿	在补陀落迦山观世音宫殿，
（宝庄严道场中）坐宝狮子坐，	坐宝狮子坐，与无量菩萨具在，其名曰
（其坐……）与无央数菩萨	俱，其名
（摩诃萨）	
曰总持王菩萨，宝王菩萨，	总持王菩萨，药王
药王菩萨，药上菩萨，	菩萨，药上菩萨，观世音菩萨……
观世音菩萨，……文殊师利菩萨	……文殊师利菩萨也，
（如是等菩萨摩诃萨，皆是灌顶	亦无数的大声闻僧，
大法王子），又于无量无数大声	阿罗汉无量百亿
闻僧，（皆行）阿罗汉，（十地	皆来集会。
摩诃迦叶而为首……）皆来集会。	

如若诵持此大悲心咒，则修成十五种善生，有不受十五种恶死（[illegible]）之伴，并列有十五种恶死，在西夏文与大正 1064 里表述如下：

	西夏文 No.619	大正 1064
第一：[illegible]	饥瘦苦罚	饥饿困苦（死）
第二：[illegible]	牢狱囚枷杖	枷禁杖禁
第三：[illegible]	怨主手	怨家仇对
第四：[illegible]	军敌相杀	军阵相杀
第五：[illegible]	恶兽伤害	虎狼恶兽残害
第六：[illegible]	蛆毒刺咬	毒蛇蚖蝎所中
第七：[illegible]	水火漂焚	水火漂焚
第八：[illegible]	毒	毒药所
第九：[illegible]	虫 tšĭuɦ（平 3）毒	虫毒
第十：[illegible]	狂乱心忘弃	狂乱失念
第十一：[illegible]	树崖领上落	山树崖岸坠落
第十二：[illegible]	人恶咒	恶人厌魅
第十三：[illegible]	邪神恶鬼便得	邪鬼恶神得便
第十四：[illegible]	病恶罗	恶病缠身

第十五：[illegible]　　不理恶害　　非分自害

从上面相互对照的例子来看，虽然不能说是一篇好的译文，但是从行为者视点文中经常使用的动词B形式的出现来看，仍可以确认若干新颖的B形式。

A形式	B形式	
[illegible] ^{n}dzẹ（上54）	[illegible] ^{n}dzị（平67）	越
[illegible] hlǐụ（上52）	[illegible] hlǐọɴ（上64）	获得
[illegible] hl^{w}iɦ（平11）	[illegible] lẹ（上54）	取

五、确认西夏语佛经文本之间的重复

人们认为作为独立拥有一个标题的佛经，其实是其他佛经的一部分的例子不在少数，即使是在西夏文译经书中也有不少这样的例子，下面将举几个这样的例子，这些例子无论哪一个都是笔者在调查中详细推敲过的。

1. 或许是看到某些特殊的内容了吧，TG28 与 No.4358 被定名为[illegible]《忍教搜颂》（忍指求颂），此写本里的七言颂句仅残存两枚，一枚存4行8句，另一枚存8行16句，最后附有“天庆十二年丑年十二月二十二日（1205）竟”发愿者与笔录者之名，以为首的偈标题作为伪标题，其实TG212、No.5062的写本只是《诏奉广大三宝供养作顺》[illegible]的一种颂而已。

圆满如来不动尊　以舍弃广大愿事而

有情不作供 ši$^{(?)}$竟　归于各净土而求忍

2. TG311 No.6746 是写本卷子本残片中的一片，虽然仅有第14行和第2行，但仍将其标题译为“人佛为自道长”，因其借用文本末尾处某句，因此应读为“此上根人之成佛道也 竟”。

TG371 No.2543 的写本（楷书体）为《六法自题要论》（纳洛帕师道次 沙门慧明夏译），与上示之No.6746中某一部分吻合。

No.6746 的正文与《据纳洛帕师之言所传风密□与心须入光明顺要论》的第7页左第3行开始至第9页右第1行吻合，上示“成佛道也 竟”之后第2行与以“须如亦内火定燃漂顺前而修之”为首的第2行与第4行吻合。

3. 在 TG372 No.6373 写本册子装《六法共园道次》里还有如以下1至8行的要论：

（1）四时默有要论

（2）双人要论

（3）修道时自摄持次（第）（自摄持次）

（4）园融与识逝顺要论

（5）大师纳洛帕之灭时光明要论（纳洛帕师之意于持要论）

（6）（习依止识逝顺）（识逝十二种要论）

（7）四种光明之义

（8）最尊十八种方法

TG206、No.7153《共圆道次》是与“修道时自摄持次”至“最尊十八种方法”内容相当的密教佛经。

4. TG306、No.4876 里附有所谓《逝顺名数》的伪标题，已是 TG371 No.2524 的一部分（No.4876 之第 39 页左后处开始至 第 2 行）。

此类文本之间关系的发现，对佛教研究来说是及其重要的，笔者接下来再举几个具有代表性的例子。

（1）将行书体或草书体这样难读的文本与楷书体文本相互对照时，不仅使文本的解读变得简单，对其他文本的解读也有很大的用处，如上示 TG206 No.7153《共圆道次》为行书体，解读比较困难，但是 TG372 No.6373 为与之内容相同的楷书体，因此解读起来就变得很方便了。

另外在《近住八斋文》的西夏文里有草书写本（卷子本）与楷书刊本（蝴蝶装），楷书刊本虽缺失第 1 页的右半部分，但后续部分残存，版心部分载有简略的标题《八戒》，与之相比，草书体便显得分量少了。楷书刊本从第 10 页末尾部分开始至第 11 页末尾处，以及从第 15 页的最后一行开始至完结处（第 21 页右）的内容残存。草书写本字体潦草，笔误、修改之处甚多，因此草书体文本的解读甚为困难，几乎不可能，但是与楷书刊本相对照的话还是可以解读的，如在比对中可以看出如以下异同：

楷书  琉璃光王

草书 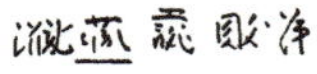 琉璃光王

可见，草书体里多出 1 个字，此字相当于 ˀiəw（上 80）玉字。

（2）特定文本的前后关系可以通过其他文本来确认，上示 TG206 No.7153（楷书）与 TG372 No.6373（行书）均为册子装，将 No.7153 与 No.6373 进行比较，得知现在的缀连前后关系紊乱，正确顺序应为第 1 页缺失，第 2 页之后应改为 10→4→2→9→3→8→6→7→5→1（此非蝴蝶装，因此称之为第 1 页第 2 页不合时宜，另外又因在第 2 页之后附以编号，这样不仅便利，还可以按其而数之）。

另外，No.6373 的第 43 页之后文字字体较大，连书体也变了，笔者无法确

定是否与第42页接续，但是可以通过与No.7153对照，得知有2处书体不同的地方与内容并无关系，但却与之有接续的情况。

（3）除此之外，还可通过其他文本来补充此文本缺失的部分，有时可以得知正确的标题或译者的名号，如现已确认的上述No.7153的正确标题为《修道自摄持次（第）》，而附在最后的《共圆道次》是整体的标题《六法共圆道次》的省略形式。

六、西夏文宗义书《三乘共断惑图》的发现

至此虽然没有全部介绍完毕，但是以问答形式而叙述“佛教（显教之纲要（宗义）”的书却有残存，接下来就介绍几个具有代表性的书物。

TG302《三乘共断惑图》No.4897（载为No.4895a当为误，4897当为正确）楷书体写本卷子本；No.5181《三乘之断惑顺》楷书体写本卷子本残卷，虽分割为三部分，但是以现有之顺序来看，No.4897与No.5181内容相同，No.4897的前半部分虽有缺失，但是比起No.5151还是保存了大部分内容。No.5181的开头部分约10行，上半部分缺失，从“八涅槃入相、三十七菩提五位中有顺说”开始至后续部分残存，最后部分因有重合而不能解读，但载有“……以功德为体，竟，三乘之断惑图竟”字样，与No.4897的“……以功德为体，三乘共断惑图竟”对应，在No.4897的上述部分后附有以“三乘共地为”为首的4行，因此可以通过No.4897来代表此文本，但是这两个写本对应的刊本是否存在，此文本是西夏人的著作还是其译书现已不得而知，总之，本书很好地反映了11—13世纪西夏人所理解的佛教教义之体系。

首先将内容之大概进行翻译[①]：

问：“如何顺而得之三身之名义？”

所谓法，“乃为有为无为，功德法一切之法”，所谓身，“从身而集”有三义，“所谓真实为自体也，从报，化二之所也，谓随之缘，积蓄有根四德之所也，故谓之集”，所谓如来“显现常乐我净之功德故谓之为如来”，所谓报“因业之所报故谓之报”，所谓身“随体而集成实流无，而五蕴乃体也，故谓之体，

---

① 以下西夏文文本有难解之处，尽量忠实地去翻译，但笔者才疏学浅，因此有错误之处是不可避免的，以后打算更正，另外汉译用语并没有提示。

西夏人貌似是没有作成类如《翻译名义大集》之类的佛教用语对译语法集，如笔者以前所叙述的一样，从汉文所译的与从藏文所译的有很大的差别，从各文本之实际使用例子开始，后续研究者必须编纂用语集。

从报化二之所也，故谓之随，积蓄起而成之名德所也，故谓之集”，所谓如来化身有三义，（如与来在三义附以注释）……所谓法身之有根四德“□常……生而无灭即为常，乐……无苦恼即为乐，□我……自主自性之即为我，净……断二苦恼即为净”。

五种般若：□□□□□ 一实相般若，□□□□□二观照般若，□□□□□ 三随顺般若，□□□□□ 四朋友般若，□□□□□五文字般若（附有各种解说，例如在第五里，有“声名句文也，能显之般若里取之名也”）。

问：“是之般若是以何为根何为体？”

答：“五种般若之中，所谓实相般若是以真空（□□）为根，以文字般若为体。”

问：“根与体有何不同？”

答：“所谓体为随所之义也，是为显之也，所谓根乃能敬（□□）之义也，须敬之经书与根而显而谓之。”

问：“小乘之五位（□□）之中如何？”

答：“在小乘之资量位，（□□□）五传心观，异相念观，所谓共相，念观将乱业而修之，将善根而资量之将食量而供膳之，经加行位（□□□）由定又通过三界而分离之将一切烦恼而伏之也，经见道位（□□□）位由十六心而分离之将一切烦恼断而终结之……通过修道位（□□□）将烦恼障之等生断而修行也，由学无位（□□□）而须学之行无也。”

问：“所谓闻思修慧（□□□□）为何物？”

答：“所谓闻慧乃是种粒之薰，所谓思慧乃是，义之悟也，所谓修慧乃是利之掌管也。”

问：“谓之佛而或有为（□□），或无为（□□），若无为而谓之即亦报化也为无为之事，若有为而谓之即亦法身也为有为之事。”

答：“法身乃无为也，故不可以造作（□□）而成也，报化二身为有为，故以造作而成也。”

问：“所谓佛有所诚（□□）乎，或能诚（□□）乎，若为所诚而谓之亦为法身也须为所诚而得之焉，若为能诚而谓之报化也须为能诚而得之焉。”

答：“若法身为能诚，己之持境（□ wi（平 10））与所诚，能诚均不可，者则为所诚，报化二身。”

问：“八觉传是为四智乎，或八智乎随着各种的问答之后便是在略五位（□□□）之项的十信，叙述为十佳，十行，十回向（□□□），曰所谓资为佑助，量为食，位为依据所之义也，简短解说有加行位，见道位，并在修道位之十地之中，以欢喜地为首（[illegible]）依次附有……2）离垢地（[illegible]）3）发光地（[illegible]）……4）焰慧地（[illegible]）……5）最难胜地（[illegible]）……6）现前地（[illegible]）……7）远行地（[illegible]）……8）不动地（[illegible]）……9）善慧地（[illegible]）……10）法云地（[illegible]）……最后以佛地（[illegible]）结束，无学位 谓有法身得显之时之根有真实也……，接下来有发闻之五位（[illegible]）之项，如以下而示之。”

声闻五位：

- 资量位
  - 五传心观……
  - 子粮 别相念观……
  - 共相念观……

- 加行位
  - 热（[illegible]）
  - 顶（[illegible]）
  - 忍（[illegible]）
  - 世第一（[illegible]）
    - 苦（[illegible]）
    - 集（[illegible]）苦无常苦 空无我 集因 起缘
    - 灭（[illegible]）灭 净妙 离道 随道 远行
    - 道（[illegible]）

是位，十六刹那相观以三界有八十八使（[illegible]）谓也。

见道位

下界	苦	贪（[illegible]）	瞋（[illegible]）	痴（[illegible]）	慢（[illegible]）	疑（[illegible]）	
		身见	边见	见取	邪见	持戒见取	……
	集	〃	〃	〃	〃		……
	灭	〃	〃	〃	〃		……
	道	〃	〃	〃	〃		……
上界	苦	贪	痴	慢	疑		
		身见	边见	见取	邪见	持戒见取	……
	集	〃	〃	〃	〃		……
	灭	〃	〃	〃	〃		……
	道	〃	〃	〃	〃		……

烦恼障（[illegible]）

修道位
- 欲界 一，五趣杂垢地也
- 色界 二，涩离喜乐地 三，定喜乐生地 四，喜离妙乐地
- 无色界 六，空边无定处 七，识边无定处 八，所有无定处 九，思无思不无定处

在欲界九品中，若断之为首五品则谓之一向来（[illegible]），若断第六品则谓之一来果（[illegible]），若断第九品则谓之不还果（[illegible]），上八地之中，若断八与九之二等生则谓之阿罗汉向（[illegible]），皆断而终变为无学之时谓之阿罗汉果。

关于无学位，到底如何才能获得四向四果而进行了较长的问答，在那之后，变为无为之积蓄，在蕴苦中不摄，或为显，即在色行二蕴中而摄之。

五蕴（[illegible]）
- 色蕴……十一色在色蕴中而摄之
- 受蕴……五遍行中，独一中而摄之
- 想蕴……五遍行中，思独一中而摄之
- 行蕴……不随四十九心而摄二十四等七十三法也
- 识蕴……谓八识心王也

问："在十二处中如何摄取百种法？"

答："六寡？所（[illegible]），五处，十处，由已之名，在八识意处将八十二总法而摄之。"

眼处 耳处 鼻处 舌处 身处 意处……［在八识具意处而摄之］

色处 声处 香处 味处 触处 法处……［五十一心之不随顺二十四，六无为，在法处摄取之时色］

问："在十八界中，如何摄取百种法？"

答："根寡所（[illegible]）五界，十界，随自在摄取［于八十二总法八觉七心摄。"

眼界　耳界　鼻界　舌界　身界　意界［于七与八二者之摄取也］

眼识界　耳识界　鼻识界　舌识界　身识界　意识界［于始之六识摄取也］

色界　声界　香界　味界　触界　法界［五十一心，不随顺二十四,六无为，须于法处而摄取之色也］

五蕴图：

色 罣碍之义也		三世比（[illegible]）过去色 未来色 现在色
受 取持之义也		中外比 自身色 中他色 外色
想 像取之义也	蕴 集积义也	近远比 自身色，近他色，远色也
行 作造之义也		粗细比 低色界，粗上界，细色也
识 观察义也		优劣比 无流色，优流有，劣色也

问：“六彼岸（[illegible]）(波罗蜜）之名义为何物?”

答：“第一，所谓布施乃于心生广宽即为布，舍之己之财而予之变为施；第二，所谓持戒乃将罪置为障将恶而止之即为戒，持取而不舍去之即为持；第三，忍辱……第四，精进……第五，禅定……第六，智慧……（关于各语进行说明）。”

问：“所谓六彼岸以何为体乎?”

答：“……（有各种各样问答)?”

问：“一佛身与多佛身相互之间能看见否，或不能看见乎，若能见而谓之即同法身也亦能将报化二身见之乎，若不能见而谓之即佛能将佛之智眼无而得之乎?”

答：“若由一佛身而叙则报化二身于法身而看不见矣，谓之何乎，即观察智无故也，报化二身见法身也，若由多佛而叙则法身一切互相看不见矣，报化二身一切则相互而见也。”

报身有五种相：第一，说法相。第二，见许有相。第三，思休止相。第四，隐没相。第五，体相也。化身有八相：第一，分住相（由天上来）。第二，婴儿相（出生后），八年之内去之幼儿之相。第三，欲乐受相。第四，苦行相。

第五，魔伏相。第六，道成相。第七，法轮转相。第八，涅槃入相。

将三十七菩提置于五位而叙其顺。

资粮位	四念处	一，身念不净　二，受念诸苦， 三，心念不常　四，法念无我	
	四正断	一，将善根即生繁荣之　二，不将善根未生而生焉 三，止不善法即生焉　四，不将不善法未生而起焉	
	四神足	一至四	

加行位	热	五根：信根 精进根 念根 定根 慧根
	顶	所谓是之五根未善种之根也，
	忍	五力：信力 精进力 念力 定力 慧力
	世第一	由上之五力而变大之自主力气

见道位 七等觉因	一，念等觉因　真见不念
	二，择利等觉因
	三，精进等觉因 勤作也
	四，喜等觉因 真见欢喜生也
	五，安等觉因
	六，拾等觉因不著也
	七，定等觉因 不错乱也

修道位 八正道因	一，正见真见也
	二，正义思真义思
	三，正语真义力也
	四，正业真于入顺皆行业
	五，正悟慧以命为
	六，正勤真义于勤也
	七，正功念义不念也
	八，正定真义于不错乱之意

无学位　三十七菩提修行而得无学果也

三乘共十地：

声闻乘
第一，转慧地三乘之资粮位也
第二，地三乘之加行位也
第三，第八地苦性知一心也　彼此皆是第八人
第四，见障地三乘之见道位也
第五，簿慧地一来果也

独觉乘
第六，欲离地不远果也 五下顺分断也 身见持戒疑贪慎也
第七，已得地阿罗汉果也 五顺分断也 色爱动高慢痴也

菩萨乘
第八，独觉地缘受独悟者也
第九，菩萨地 先之九地也
第十，佛地为第十地也 由胜果而取名也

三身所三图：

法身
法身　无罣碍之法为法身也
报身　根有正智旧益为报身也
化身　根有之化为化身也

报身
法身　因起垢离为法身也
报身　缘起正智满足为报身也
化身　由缘起智而化身则为化身也

化身
法身　随化身处之体性为化身也
报身　所谓缘起身为报身也
化身　亦各种化著（䟗瓾）即为化身也

下面是关于成（藹）、住（㚇）、坏（䑧）、空之劫（蕍）、与减劫（䏬蕍）增劫（豯蕍）的简短问答，紧跟因八识与果八识的解说。

因八识：
- 而先三十四心之……
  - 遍行五境处，五善十一也
  - 三根本八大缘（[illegible]）中缘二也
- 第六总俱………………五十一心之报也
- 第七十八………………遍行五境处，五间慧，四根大缘
- 第八五心之……………遍行五

果八识：
- 先五……遍行五境处，五善十一 造作成得智
- 第六……二十一妙观察智
- 第七……二十一正等法智
- 第八……二十一大圆镜智

问："第八因位心之中全无是为何？"问："八识变之后是为八智乎，或为四智乎？"有围绕各种的问答，下面举"以二十七种之行为法（[illegible]）将五位而习顺之"的例子。

资粮位：
- 一，断根缘烦恼而叙因缘果之法
- 二，由布施语和利以同四摄法而治有情
- 三，以闻思修慧而治不随顺比继而叙顺焉
- 四，得人天道之顺，叙慈悲喜舍
- 五，叙随自利三轮六渡之习顺

加行位：
- 一，叙自他利缘，佛道所诫之十善
- 二，弃自他利缘，法一切一多而习空焉，叙顺矣

见道位：
- 一，满始地之位而叙顺
- 二，满第二地之缘而叙顺
- 三，将第三地之忍
- 四，将第四地之勤
- 五，将第五地之静虑
- 六，将第六 地之慧

修道位：
- 七，将第七地之方便彼岸
- 八，将第八地之愿彼岸
- 九，叙著于九亦地染净而舍弃一切供养于佛处等之口顺说
- 十，叙满九地之力彼岸之顺
- 十一，叙满下法分人之智彼岸之顺
- 十二，叙中分人，得一生补处（挨毯蓭糜）人天利益之顺与佛之一切之目前供养顺

十二支图：惑，死生之缘。业，死生之因。苦，死生之微果与十二支（无明支、行支、识支、名色支、六处支、触支、受支、爱支、取支、有支、生支、老死支。

惑与无明、行、爱、取，业与、识、名色，苦与六处、触、有、生、老死挂钩（在No.5181里有些许不同之意）。

下面则列举法所处摄色之例，并就相关问题进行问答，法所处摄色（𗋕𗖚𗗙𗋽𗡞）有五种：第一，极细色（𗡞𗏵𗡞）（极略色）无根，无境四大实果，由十五法多分而至于微分时，则谓之极彩色。第二，由皆略作色（𗖵𗗙𗗙𗡞）明暗光影多分而不至于微分之时，皆略作色。第三，受随引色（𗂸𗗂𗖵𗡞）（受色引色）……。第四，遍计持色独起（𗗙𗗙𗗙𗡞𗗙𗗙）（遍计所起色）……。第五，定境色乳糜幻（𗗙𗗙𗡞𗗙𗗙𗗙）（自在所生色）。

问："所谓随法三藏与随人三藏之名义为何乎，以何为体乎？"

答："随法三藏是以摄持为义，以声名句文为体焉……。"

问："所谓随法五法与随人五法之名义为何乎，以何为体乎？"

答："随法五法是以能显为义，以声名句文为体焉……。"

三乘共惑断图（三乘共断惑图）竟

在No.4897之末尾处附有竟三乘共十地如下：

第一，乾慧地 以定水而至今未得润泽之资粮位也。第二，种性地 三乘种成性也。第三，第八地 智法智忍一心也，于先后计第一之一也。第四，见地 见道位也。第五，薄地 一来果也。第六，离欲地 不还果也。第七，已得地 阿罗汉果也。第八，独觉地 独觉果也。第九，菩萨地 三神十圣也。第十，如来地也 竟。

此文本对研究西夏语佛经的翻译用语有着极其重要的参考价值。

七、藏传佛教之坦特拉经书中的西夏语译文

藏传佛教中归属于坦特拉的经书典籍被大规模地翻译成西夏语，接下来笔者想叙述此事并对其内容进行分析，此事至今并没有完全被外界熟知，但是笔者认为此事对了解西夏佛教的实际情况有着极其重要的作用，虽然现阶段对其全貌进行介绍不太可能，但是笔者想对自己关注范围内的部分进行介绍①。

1. No.2885 是楷书体写本（册子装），也是首尾缺失 10 页的残本（没有收录在克恰诺夫的目录里），虽然标题已缺失，但附有[illegible] tɨ（平 30）rïẹ（上 68）lɔɦ（平 49）pa（平 20）"特里罗帕师"的要论之名，特里罗帕师 = Tilopa（AD988–1069）②。

残存之文本以"（缺）我得佛性之，一切诸法悉数于心，断疑一切皆为妄想也，妄想即神境也，谓曰一切随心而起……"为开头，是否从藏文翻译过来并没有去证实，虽不明其真伪，但是在此之后出现了印度密教师资相承的内容：

> ……略…… 谓曰在我梦中得一金箱和漆笼，告之眷属而又检（[illegible]）之谓曰在是之中有 Dīpaṃkarɑ（[illegible]）师之骨舍利和奉诏顺要论并通过求检分时而开口……逗留于 nǐurǐurmba（[illegible]）师之处一个月，逗留于 ˀyar–ˀǐonda（[illegible]）师之处三年并得 šïa（藏语：zhwa 帽冠？），时而在 kɔkïa（[illegible]）师之处逗留两个月……时而在特里罗帕（[illegible] mižịlararsɨpa=Milraspa）师之处十四（月，年？），随意逗留而见我师焉，

---

① 山口瑞凤监修：《西藏的佛教与社会》，春秋社，1986 年。《西藏的佛教》，载《东洋思想》第 2 卷，岩波书店，1989 年。田中公明：《西藏密教》，春秋社，1993 年。王森：《西夏佛教发展史略》，北京：中国社会科学出版社，1987 年。

② 在这里有很有意思的现象，书写此文本的西夏人接受了藏语第一音节的特定之初子音在某种条件下又将其复子音化，此便是西夏文字音写的反应。

Tilopa：[illegible] tɨrïẹlɔɦpaɦ=trɨilopa

Milaraspa：[illegible] miɦžịlaɦrarsɨpaɦ

= [illegible] mɨlɑrɑapa

将 –ras 写成 –rarsɨ → ras 这点上尤为值得注意，ras 并没有变成 rɑ̈ɑ̈。或许是 12—13 世纪的阿木度方言中的特点之一吧。

一般来说，西夏人或许是将印度或西藏的尊者、行者名以阿木度方言的形式而书写的吧。

以下固有名之转写里音节末的 -ɦ 被省略了。

不曾寄予我，昔即刻要论然悉数传授于我，下一 个彼之弟子 ˀyalĭɔnsɨpa（[illegible]）①师也，是之师生长之处谓 ˀyalĭɔn 国也，部姓谓曰 ˀyar（[illegible]）也，幼时父母双亡而往 lĭamału̥（[illegible]）师之处时八年而侍之随闻受众多如般若之法，继而起修心往 tsɑr（[illegible]）国菩提勇识月幢（[illegible]）之处而去，由于道中发愿问止而未能至因而中间往 lĭa–ma–pe（[illegible]）师之处而去……。

接着再［[illegible]（[illegible]）mar–pa= Mar–pa］师处手印实盛而引用之，继而兴起定相……亦起大手印热，接下来便去往 lĭamaraⁿdže □（[illegible]）之处闻要论之指示……所谓想起师之处通过大于（[illegible]）rurkʉsɨ 语之即为最上特殊之定相也，凡不知是之师之功用量与微小中说即为根性柔能、我慢、嫉妒、无偵慧等即为大乘种也，有大悲心，智慧深广，定心特殊，为觉悟特达而多有之三藏之义解要论，为不著于名利一心修业且众多众生（[illegible]）而依止之处不可思议之师也。

凡得特里罗帕之要论之时的源即为四种也。阳宗相承师(1)龙树师(2) matankahɑ 特里罗帕（[illegible]）(3) non mɪxa rĭurkĭaVinɑ vajra（[illegible]）(4) ˀɔži（？）malĭavɑpa 特里罗帕（[illegible]）阴师相承师顺(1) sĭumatinɨm ɪĕšĭəwlɔpa（[illegible]）(2) thɑnlɔ–pa（[illegible]）(3) kĭanarirpa 特里罗帕（[illegible]）(4) phɔlɔpamən（[illegible]）(5) sararxa=Saraha（[illegible]）(6) luipa=Luipa（[illegible]）(7) ndĭeɦkiɦpaɦ 特里罗帕（[illegible]）。

特里罗帕之要论之相呈虽被分为阴阳两派列举，除去若干著名人物，在现阶段并没有与印度行者、西藏行者的具体名称进行认定，但是其宗师的名号却在与“那－罗－巴之六法”相关的文本中出现，西夏译语本中与噶举派的“那－罗－巴师”有关的文献中有如下部分现存，其保存状态甚是良好。

2. TG371 No.2542《六法自体要论》楷书写本（册子装）

纳洛帕师道次 沙门慧明 夏译

TG492 No.7280 所谓《本身》是否是此文本标题之省略形式（没有见到）。

3. TG354 No.6373《六法共圆道次》楷书写本（册子本，40 页）

① ˀyalĭɔnsɨpa 或许与 yar-lɔng 雅隆相对应。

ˀyalĭɔnsɨpa 集 沙门慧照 夏译

4. TG354 No.2734《六法共圆次道》楷书写本（卷子本），一枚（本文 7 行，行间残留 2 行）

ˀyalĭɔnsɨpa 集 沙门慧照 夏译

5. TG206 No.7153《共圆道次》楷书写本（册子装），首页缺失

6. TG325 No.5116《欲乐圆融使顺要论》楷书体写本（卷子本），薄纸 12 枚，残有 326 行

大师纳洛帕 传 沙门慧照 夏译

7. TG325 No.2546《欲乐圆融使顺要论》楷书写本（册子装），残存 24 页，整合前后便可以得到一本完美的楷书定本

纳洛帕师道次 沙门慧照 夏译

最后附有年份，但因模糊不清而不能识别，□□□未年九月九朔日……

这与 TG325 No.7164《欲乐圆融使顺要论》中（第四）《睡眠与光明》和《圆融意顺要论》的一部分内容吻合，册子装楷书写本，须补修，从末尾"……将休则身如摄而使其安立之运识风之要论随乐……下半病与背四病，二六病治要论 竟 风欲治顺要论"的记载来看，或许是在同一体裁中混入了其他的要论。

8. No.5116（以 No.2546 而校定之）《欲乐圆融使顺要论》首页载有"向诸上师而敬礼"等七言句式如下：

一切智与成就者	向上师敬礼
而拜吉有纳洛帕师之	有圆融要论三种
贪真愚痴之三毒未	得成就之所至三道也
是之有言方便勇气者之处	即为烦恼菩提之因支
彼之譬处有三种	口蛇毒猪兽也

《共圆道次》叙述有与之类似的内容：

《欲乐圆融使顺要论》 第一

《使内火与大乐而圆融之要论》第二

《使梦境与幻身而圆融之要论》第三

《使睡眠与光明而圆融之要论》第四

诸如此，在第三的末尾处附有如下 3 行：

谓曰："是之要论实为 lǐavapa=Lwa bapa（𗦵𗰗𘂜）师之成就，彼之师传于特里罗帕（𗫡𗦵𘃡𘂜）师传于马尔帕（𗼈𗿴𘂜），彼之师传于纳洛帕，彼之师传于 metshonpɔ=Mes ston tsonpo？（𗫔𗩼𗥤），亦于自然而成就焉。"

第四之后，附有 a 和 b：

a. 于无明而照之

b. 于体性而照之

a 和 b 都载有所集字样，𘃸𗰗𗧓𗌽𗗚𘂜𗦵𗹦（行书），只是在 b 里记录此人名时混入了不同的文字，通过与 No.2546 对比得知实为同一人。

9.《六法共圆道次》No.6373 与 No.273 的卷子本残卷内容相同，以"向无比之诸上师敬礼"为开头：

随金刚王乘之道次之撮略即为二合焉，继而为一成熟道二解脱道，所谓成熟道即为由随顺有自性之师之自性弟子而喜悦之时，将四主具受指教之并由师而使器袋之未成熟而成熟之道也。

与大手印相关的文本也叙述了有关密教之传承。

10. TG345 No.824《大印究竟要集》慧 集

因为文本中并没有"德慧 蓝山沙门 德 集"等字样，因此不确定是否为西夏人的撰述，楷书体写本，册子装 20 页，前后比较完备，仅最后的 2 页缺失，与之相同的内容在 No.2876（BOX 229）的背面可以找到，两者之间的差异并不是很大，No.824 的楷书里有笔注，虽位于行间，但幸运的是通过与 No.2876 对照，可以进行释读。

此文本以意味深长的论述来弘扬《维摩大士之真要》，并附有其在印度传承的体系，现将其释读如下：

今闻是之究竟要集为凡根师释迦将五浊之世而照之，六种之暗场而晴除之，三毒器而洗之，满盈八德香水，并由根而立法之继与三根道而和焉，由此开始解说为境觉双有，次之曰则为境觉两空，随后即显忘境而留觉，乃发自宗而还至源，入大寂定之时，时而相传维摩大士之真要。

第一宗师为西天国北印度（[illegible]）之长者也，聪明智慧之才于显赫之千日之内无所能及者焉，言语辩才之能与滔滔万河而相竞之，十大弟子隐各自直言而敬畏之，与三十二圣共一同喜戏于同一经颂，十地之怯云有九，载迷众之一乘甘露为永久使十方佛刹而降雨之，之后即为萨拉赫之宗师亦时而传授真要。

第二宗师为西天国东印度之婆罗门也……后，为龙树师之宗师，时而传授真要。

第三宗师为西天国印度至王族也，幼时出家而学五明随休止己之念，壮年之时入山随于三圣道而将心照之……后（[illegible]）为山墓（隐士藏语：ri–khyod）之宗师，时而传授真要。

第四宗师为西天国南印度至婆罗门也……想住于商场而见爱之，于庶家而学，即而为隐士将粗恶之鬼神而降伏之……后，随后为慈师之宗师，时而传授真要。

第五宗师为西天国中印度之王族也……拾无常无乐世间之富势，以己修身敬万物，以己之功而与历然明示之，与凡和而与圣同顿凡之间之千卷论师悄然烧经文而入山矣，背驰于万部之道者皆其恶而从善改邪而归正矣……后，即为知称（[illegible]）之宗师，时而传授真要。

第六宗师为西天国东印度之王族也，摄受于文殊其秀名亦响彻于天下，受普贤之佑助，德业于国中行而渡焉，日中以教堂而解说因乘三学，入夜由墓中而指教四印……后，后为语主说（[illegible]）之宗师，时而传授真要。

第七宗师为帕波（paɦpɔɦ）国人也，部姓无且远，供六字智而持五明之慧眼而除翳……后，为妙口之宗师，时而传授真要。

第八宗师为藏国之人也，姓为 sing 三藏……将六集中道真与妄二谛分离之，叙经论律，日复一日翻译梵本，修戒定慧，夜以继日收集藏文，心心觉合，觉道之而集资粮，念背麇，调伏染麇烦恼，后，为德慧之宗师，时而传真要。

其时，师语曰："凡动与寂、源同，清与，浊、体相同，无念功为显之波境使像而现之，继为颂言焉。

念念寂寂之心妙妙寂寂妙妙不为无念

心心妙妙之念寂寂不成心心念念之正觉

时而由闻胎弱之弟子之印而身心润泽，欢喜踊跃，于槛芦金乌譬虽难，但可由捕坎心之玉兔而超越之，以护宗师之足而趣之，即而投头肉且斩之通于血，折骨拔髓而研顶亡足之而思念报恩焉。”

问之曰：“由今时因果二乘二修道者，由一切之念无修行是乎？”答之曰：“凡由因果二乘而修行者，分离人与修顺之道即为九品，其中唯第八品之人是由念无而修也。”又问之曰：“若真如其在因乘而信爱者之九品之根性又为何乎？”即答而颂言之。

第一，药树根性人

第二，莲华根性人

第三，隐藏根性人

第四，香山根性人

第五，净月根性人

第六，明日根性人

第七，舟筏根性人

第八，大海根性人

第九，虚空根性人 是修九之因之人名也

问之曰：“于果乘而不信爱者之九品根性为何乎？”答而颂言之。

第一，鋐铁根性人

第二，鍮铜根性人

第三，银根性人

第四，真金根性人

第五，玉艳根性人

第六，琉璃根性人

第七，金刚根性人

第八，摩根性人

第九，山王根性人 是修九至果之人名也。

问：“于因乘而信爱者之九品道为何乎？”

载有关于各品道之问答。

问：“于因乘而信爱者之九品道为何乎？”

第一，观前佛身道……（列举从第一至第九，在其之后附以说明）。

问：“于先因乘道而信爱者之九品之中，第一，三业竞治道。第二，观境微尘道。第三，观识无常道。第四，观境无我道。第五，观身无我道。

第六，观识无我道。第七，观法真空道。第八，观源无念道。第九，并没有列举无知解脱道，而是以各自顺序进行说明。”

问：“后果乘而信爱者之九品道中，第一，所谓观前佛身道为何乎？”以下，第二，观自身佛道。第三，观他身佛道。第四，内火喜乐道。第五，斑瑰明乐道。第六 汝所寂乐道。第七，最终空乐道。第八，无念戏乐道。第九，解说有关无知大乐道。

并且载有“无知大乐道为于先因乘而信爱者九品道之无知解脱道一起修顺也相同也”等句。

接下来有“先无念悟见宗趣门为何乎，后一真显示师要门为何乎？”之类的问答，在“第一诸相虚假变幻门为何乎？”之后列有如下七言八句之颂言：

诸相之虚假犹如影像般　　即刻灭毁犹如电光般
卒疾兴起犹如玄云般以　　搜求而得之犹如阳气般
常于内而非于外而勿非且犹如发月　　见执实犹如灯焰般
起喜愁犹如梦境般　　以念为体犹如忧愁矣

关于其他各句进行解说，“第二 所谓诸念幻想妄想门为何乎？”另外有七言八句之颂言，其中，至以四句之解说而分之（以下缺失）。

11. 叙述师资传承之文本中也有一本《大手印要论师资》，此为 [illegible]□。

《大手印定导（要论）》（总题目）（TG346 No.7216）包含3种文本：

（1）题目不详首头部分缺失

（2）《大手印直入要论》（[illegible]）

（3）《大手印要论师资》，该种文本的后半部遗失，因而只能读其后续部分。

此《大手印要论师承》为将真实究竟（[illegible]）明满而菩提勇识别且传于大识，彼之师传于 sararxɑa，彼之师传于 sararpa，彼之师传于 phɔva tʊtipa，彼之师传于 lĭamapa，彼之师传于 mižɨlararsarpa（Milaraspa），彼之师传于 liamara^{n}dže，彼之师为 ŋ^{w}ɪr（缺）传于谁谁……（以下缺失）。

与上述 No.2885 部分内容吻合，但由于后半部分已缺失，是否能完整吻合尚且不明。

12. TG345 No.2851《大手印究竟要集论》为楷书体写本（册子装），文字并非用毛笔而是用竹笔所写，开头部分仅遗失第1页、第2页，全部加起来共残存52页，此标题是基于尾题而附加上去的，下面想对其内容进行叙述。

> 四门显义说十分：入净定道门、出定迹合门、思念无常门、观照根趣门、忏悔罪苦门、增长善根门、治四大病门、远离灾门、救济愿心门、法行体空门。

上述对“治四大病门”有着及其详尽的解释，且内容非常清晰明了，因此笔者仅对其要点进行介绍。

所谓阴阳不和，乃阴为寒，阳即热，由阴阳之力而起四大缘随也，阴阳随四季之顺而异继而身体之情况也随之不同，春之三月间，阴力渐盛而阳气减弱随之出现痰病（𗼃𗹙），若食之冷食而寒气贯穿于身出汗则以着上衣为上。

夏之三月间，阳力弱而阴力渐盛，随之出现寒病（𗾆𗹙）又陷于热病。

秋之三月间，阳力渐盛而阴力渐退，随之引起风病（𘃞𗹙），与xǐɔn（𗤁）相随继而变为阴阳不和。

冬之三月间，阳力最盛而阴力极弱，随之引起集病（𗀔𗹙），犹如此，顺应四季阳力与阴力时而盛之时而弱之，另有与余缘相合而引起四大不和矣，色退而衰之，于春开花盛艳之时，遇冰雪则色退而衰之同也。

顺应四季而须以四种饮食与四种衣服来医治己身，春季若出现痰病，则以食醋、盐淡味之饮食与着厚实之衣服方可痊愈，夏季若出现瞻病则食以醋、辛之食物与着能与酷暑相融之薄软衣服方可痊愈，秋季若出现风病则以食以有润之辛之食物与着厚重之衣服方可痊愈，冬季若出现集病，则食以与力相等之食物与着轻盈且厚之底服方可痊愈。

此便是通过与四季相顺应的饮食与衣服来治疗疾病的内容，与之相对应的五脏为心、肺、肝、肾、脾，心之病多由舌而出，肺之病多为气之咽（𗾆𗥤）与息之喘（𗫶𗿿），肝之病多为眼病继而在眼中出疮，肾之病多为鼻茸（𘃜𘂤）继而在鼻中出疮，脾之病为色变即为恶化，五脏虽引起五病，但五病却须以各种药物而治疗焉。

在之后所指示的四病顺和（𗍫𗹙𗗙𗇋）应对应四季，当陷于痰、瞻、风、集病之时，须以四食四衣而治之，于五脏而起五病之时，须以各种药物而治之，若不以日间而治疗，从而引起四大不和与五脏之病之时，便不能修道矣。

另曰有人间之病分为两种，而日间之养生对于修道者来说是极为重要的。

在此文本中，对阴力与阳力即“由盛而去”或为“由衰而去”两种相对立的状态，附以相同的动词表示外，还以前缀之差异来表现，举例如下：

□□　ˀa–wɛɦ　由盛而去

□□　kɨ–wɛɦ　渐衰而去

此两种前缀的功能（ˀa– 向上，kɨ– 接近说话人）在此文本所创之时（12 世纪前半叶？）应该及其活跃，在《同音》旧版与新版中同为此动词附加了 1 个前缀 rɨr– □，表示向外侧。

另外在此文本中，笔者想论述几处没有使用语法的地方，关于四大不调和的论述如下所示：

13. TG252 No.3823《道之间休障顺要论》（大智度众宫中觉明国师 法狮子传 出家功德司承旨 沙门德妙 译）

只有为数不多的文本，无论怎样内容都不尽相同，对此笔者将在其他时间进行尝试比较。

八、结尾

关于藏传佛教之瑜伽、无上瑜伽的文本也被译成了西夏语，除上述噶举派纳洛帕之六法外，作为萨迦派基本经典之一的《ヘーヴアジユラタントラ》的西夏语译本所幸残存。

1. TG326 No.2820、No.2831《呼金刚王本统记》第七，TG327 No.2817《呼金刚王九佛中绕取顺续》

另外关于全修行之阶梯道果的教说之译本尚且残存。

2. TG251 No.913 etc.《道果语录金刚句之解具记》

关于此文本是否被雕版至今仍不明确，但是 12 —13 世纪所撰写的写本貌似还保留着。

另外，笔者对 Lu<u>h</u>i–pa 论“西夏语译本所具有的价值”很是期待，认为此这两种文本应是从藏文翻译过来的。

3. TG282 No.874 新译 Lu<u>h</u>i–pa《现前悟之难所释记》（上卷本）卷子本（开头缺失）残存 271 行

4. TG504 No.4589《Lu<u>h</u>i–pa 之条义》写本卷子本 残存 446 行

此文本与藏文（北京版）2225，lū–yi–pa<u>h</u>i mngon–par rtogs–pa<u>h</u>i–<u>h</u>grel–pa<u>h</u>i tī–kākhyad–par gsal–byed ces–bya–ces–bya–ba《留伊波现观释广释胜明》，以及

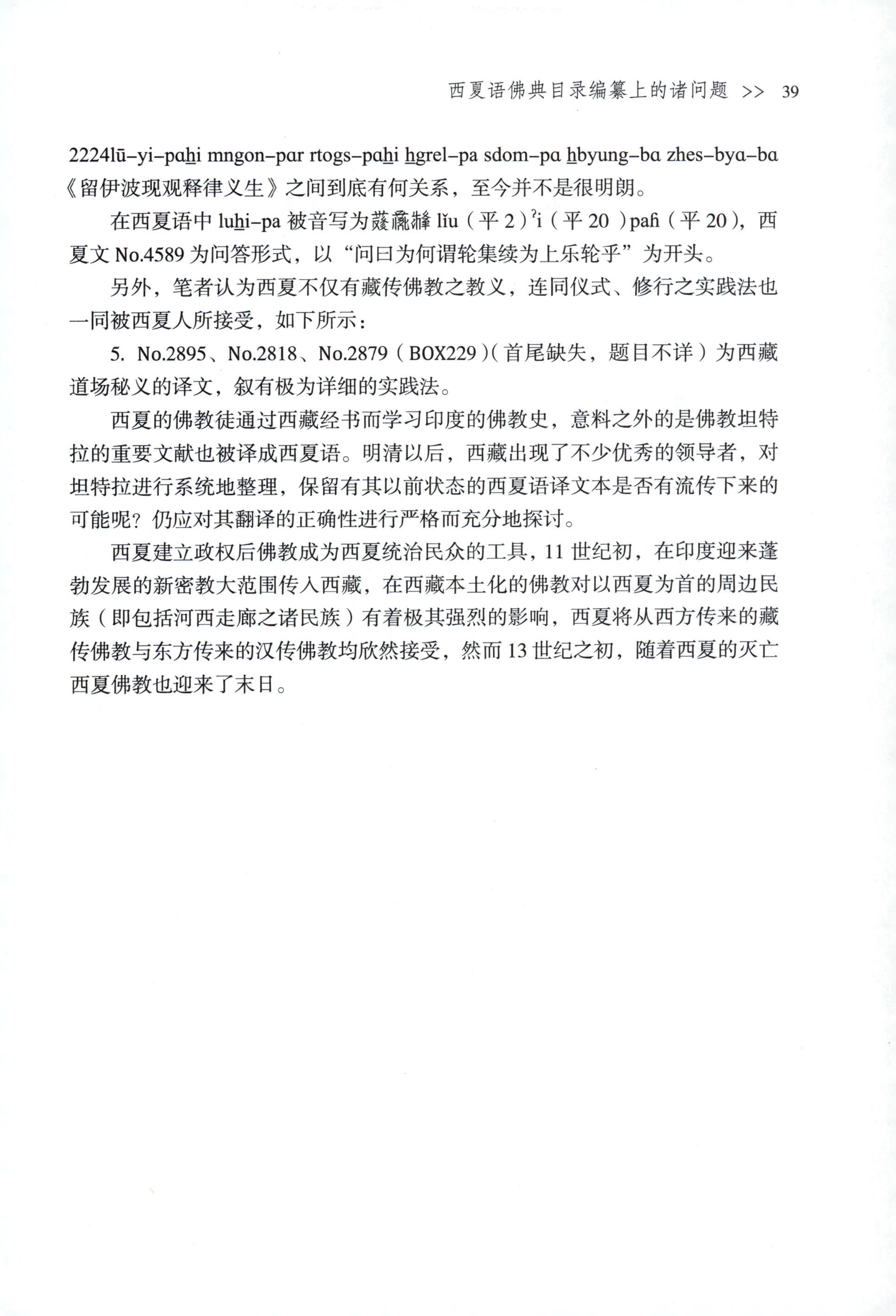

2224lū–yi–pah̲i mngon–par rtogs–pah̲i h̲grel–pa sdom–pa h̲byung–ba zhes–bya–ba《留伊波现观释律义生》之间到底有何关系，至今并不是很明朗。

在西夏语中 luh̲i–pa 被音写为[illegible] lĭu（平 2）ˀi（平 20 ）paɦ（平 20），西夏文 No.4589 为问答形式，以“问曰为何谓轮集续为上乐轮乎”为开头。

另外，笔者认为西夏不仅有藏传佛教之教义，连同仪式、修行之实践法也一同被西夏人所接受，如下所示：

5. No.2895、No.2818、No.2879（BOX229）（首尾缺失，题目不详）为西藏道场秘义的译文，叙有极为详细的实践法。

西夏的佛教徒通过西藏经书而学习印度的佛教史，意料之外的是佛教坦特拉的重要文献也被译成西夏语。明清以后，西藏出现了不少优秀的领导者，对坦特拉进行系统地整理，保留有其以前状态的西夏语译文本是否有流传下来的可能呢？仍应对其翻译的正确性进行严格而充分地探讨。

西夏建立政权后佛教成为西夏统治民众的工具，11 世纪初，在印度迎来蓬勃发展的新密教大范围传入西藏，在西藏本土化的佛教对以西夏为首的周边民族（即包括河西走廊之诸民族）有着极其强烈的影响，西夏将从西方传来的藏传佛教与东方传来的汉传佛教均欣然接受，然而 13 世纪之初，随着西夏的灭亡西夏佛教也迎来了末日。

关于西夏语译《法华经》[①]

一、西夏语研究和《法华经》

众所周知，毛里瑟对西夏文《法华经》的研究《对西夏的文字和语言研究的初步的寄兴》(Contribution préliminaire a l étude de l' écrture et de la langue Si-hia paris 1904）对20世纪初西夏语研究做出了巨大贡献。毛里瑟在北京得到了三卷锡纸金泥书写的《法华经》写本，他见到的近代人整理的西夏文资料是居庸关石刻，最初接触到完整的西夏文经典就是这个《法华经》。这部经是科兹洛夫在黑水城挖掘出的，从这个意义上来说，《法华经》在西夏语研究的历史中有着值得纪念的意义。西夏语《法华经》的研究，虽然有罗福成的《西夏译莲华经考释》，但是从那以后就再没有新的突破了，这也是值得注意的。这部经的西夏文与汉译本相比有许多地方难以解读。如同一句话，跟其他的经典相比，《法华经》的西夏文更加难懂，有很多不容易分析的语法。幸运的是，现在这个困难逐渐消除，可以重新对这份资料进行研究。另外，毛里瑟旧藏本《法华经》现分别收藏德国的柏林（卷一、卷三、卷四、卷五、卷七）和法国的巴黎（卷二、卷六、卷八）。

二、西夏文字的创作与西夏书面语的设定

众所周知，1036年西夏文字公布于世，并且第一次在正史《宋史・夏国传》中有所记载。笔者认为西夏文公布是值得一提的大事，与此同时，把西夏语设定为书面语的事情更引人注目。

1036年以前，西夏将汉语和汉字作为官方语言和文字来使用，1036年以

---

① 本稿于2001年9月18日圣彼得堡东方研究所口头发表之后修改而成。非常感谢东方研究所所长E.I.kychanoV，J.A.Petrosjan，E.Rezvan，M.I.Vorobjova-Desjatovskaja诸位先生，并且对日本东洋哲学研究所所长长川田洋一、宫川美法、佐藤裕子等表示衷心的感谢。

后公开使用的西夏文字来写西夏语，并将其作为西夏的官方语言。西夏创造了代替汉字的西夏文字，这是一个重要的视觉移动，与其说是新文字的诞生，不如说是新书面语的诞生。

那书面语是以什么为基础创作的呢？又是以什么为标准体呢？这是一个不容易得出结论的课题。西夏文字很有可能把记录在《同音》（或其原型）系统中的字形作为标准体。笔者当初认为西夏是多民族政权，有多种民族居住在西夏境内，所以创造了超越这些民族语言的表意文字，推测是否可以把它拼写成一个书面语，等真正懂得西夏语之后才发现这种想法是错误的。西夏的主要构成民族为米（Mi）族（有时写成密纳克族），笔者想西夏语一定是以密纳克（Minyak）族的口语形为基础而制造的书面语。

最有力的证据是平声字和上声字的区别使用。声调的对立关系对这个书面语的发音起着很大的作用，因而不得不设想西夏语是以口语为基础创造的。

简短地叙述一下平声字和上声字在各种条件下分别使用的情况。

[illegible] s^wɨ（平）[illegible] s^wɨ（上）　疑问代名词　谁　藏语 su

[illegible] thaɦ（平）[illegible] thaɦ（上）　指示代名词　这个　藏语 de

这两个词的平假名字是主格，上部汉字是斜格，这和藏缅语中可以看到的功能完全对应（如缅甸语[1]），笔者将像这样具有与某种语法功能相异而字形相似的文字命名为双生字。1997 年，笔者在沈阳召开的中日联合文字研讨会上所发表的一篇文章中提到了这一观点[2]。西夏文字中有许多根据意义和功能上有密切关联而创造的双生字。后来复双生字（四个子字）也被创造了出来（得到，讨厌），也有区分声调的名词和动词功能的双生字。

[illegible] ˀyɨ（平）谓　[illegible] ˀyɨ（上）谓

[illegible] ʁi̤（平）鞋　[illegible] ʁi̤（上）穿鞋

[illegible] ndʉr（平）敌　[illegible] ndʉr（上）竞

[illegible] žu（平）枷　[illegible] žu（上）戴枷锁

与专用词和借用词有关系的夏汉双生字也不计其数。

[illegible] ndwʉɦ（平）知道　[illegible] tši（上）知

声调的对立，如[illegible] ndɔɦ（平）“蛇毒”和[illegible] ndɔɦ（上）“草毒”，在《法华

---

[1] 拙论《西夏文字新考》，载《东方学论集》，东方学会，1997 年。

[2] 拙论《西夏文字的特性——其文字组织的研究》，载《中日合同文字文化研讨会发表论文集》，文字文化研究所，1998 年。

经》里使用了后者。

三、佛典的翻译——单一文体和复杂文体

在公布西夏文字时，就可以想到西夏的书面语。不久，李元昊便让人开始翻译佛典。虽然这个书面语只发展了二百年左右，但是它对佛典和中国古籍的翻译的贡献是很大的。从今天留下的西夏文来看，文体各不相同，很难判断哪个是标准体。笔者大致将其分为两类，为了方便起见，称之为单一文体和复杂文体，《华严经》是前者的代表，《法华经》是后者的代表。

四、西夏语译《法华经》的序文

西夏译《法华经》现存有两种序文，其一是毛里瑟的《妙法莲华经》弘传序，这虽然不是宋版汉文序的直译，但大体上是照着翻译的。其二是科兹洛夫本《法华经》(汉文）的序，这个没有西夏语译本。

从科兹洛夫书的序言中得知：风角城皇帝（李元昊）时期创造了西夏文字，并翻译了大量的经典。最初的经典翻译中不包括《法华经》。此阶段的工作是译经，如从“今圣母子（皇帝、皇太后）继承王位，信奉佛法，乞求佛法”可以看出是谁翻译了这个经典。不久一部分印刷品便在国内刊行，这个已在序文中有所叙述。

“今的圣母子”大概是惠宗及其生母皇太后梁氏。科兹洛夫刊本（卷一至卷八）与开头的译者名相符。由于皇太后梁氏于1085年逝世，笔者认为这个《法华经》大概于11世纪中期（1068—1085年）被翻译为西夏语[①]。科兹洛夫本（卷六）是在仁宗时校订的，所以那本书比这本译为西夏语的时间晚，大概在12世纪中期。

毛里瑟本和科兹洛夫本均来自鸠摩罗什的汉译《妙法莲华经》的重译本，不是《添品妙法莲华经》的译本[②]。

---

① 中国西夏学者史金波教授认为《法华经》的成书年代是1049—1069年，即第二代统治者毅宗时期(《西夏佛教史略》1988年)，但是笔者觉得现存的版本中明示的（卷二至卷六)“大明皇帝”是惠宗，应为第三代统治者惠宗时期，粗略地说是1068—1085年。

② 参照西夏语佛典的拙文《西夏语佛典目编纂上的诸问题》进行辨照。

五、文本对照校对和毛里瑟本的特征

在今后的西夏佛典研究中，首先需要做的是文本的对照校对工作。对照《法华经》时，应该详细核对科兹洛夫本和毛里瑟本。虽然毛里瑟本很明显是后期版本，但仍然有重要的参考价值，只是由于手头没有复制品，因而不得不放弃这个工作。幸运的是从笔者以前调查的笔记可以看出，至少陀罗尼的音写方法有相当大的差异。

毛里瑟本在反映了西夏语音变化的同时，还试图靠近梵语发音（或许参照吐蕃僧侣的读音），在音写方法上下了很大的功夫。

1. Skt.dhārainī 陀罗尼	科兹洛夫本	[illegible]	thonlɔɦn̥i
	毛里瑟本	[illegible]	ndaɦ 长 rarniɦ

虽然科兹洛夫本的形状在很多经典中都是定语，但是毛里瑟本的形状表现了长母音的指示。

2. Skt.dharma 达摩	科斯罗夫本	[illegible]	thaɦ mɔ ɦ
	毛里瑟本	[illegible]	ndaɦ rɨ rmaɦ

科兹洛夫本的形状在禅籍的翻译中是定语，在毛里瑟本中表示 r 插入了一个字。

3. 在毛里瑟本中，梵语末尾的辅音 –ŋ、–n、–k 用一个西夏字表示。当时的西夏语的音节全部是以元音结尾的末尾辅音消失或者由于先行元音被鼻元音化，特别添上 1 个字表示末尾的辅音。

	科兹洛夫本	毛里瑟本
羶 shan	[illegible] šĭan	[illegible] šĭa–nɨ
僧 saṃ（gha）	[illegible] sən	[illegible] saɦ–ŋʷʉɦ
目 muk	[illegible] mbɔw	[illegible] mu–kɨ

4. 表示梵语的两个字重音 khṣ- 时，汉字的音写用一个字 tsh – 或者 kh- 表示，科兹洛夫本也使用了这个方法。但是毛里瑟本使用了更加接近原音的两个字。

	科兹洛夫本	毛里瑟本
khṣa 叉	[illegible] tšha	[illegible] khɨ–šĭa
Khṣi 耆	[illegible] khi	[illegible] khɨ–ši

即使在梵语 tr- 上，同样在毛里瑟本中使用西夏语字体[illegible] dtɨrar。毛里瑟本的音写法与《金光明最胜王经》、元代居庸关石刻的音写法基本一致。在某

个时期，在西夏语的译经工作中，为了更准确地标记梵语读音，西夏人进行了一次改进。

值得一提的是，虽然汉译者鸠摩罗什的名字在科兹洛夫本、毛里瑟本都写为[illegible] kĭəwmɔɦilɔɦšɨr，但在毛里瑟书序、《妙法莲华经》弘传序（唐终南山译道宣述）中有“[illegible]变成龟兹沙门”kĭaɦmaɦilĭašilĭa 的字样。

六、西夏语译《法华经》的译文

西夏文的《法华经》虽然是对汉译本的翻译本，但不是直接的翻译，而是对内容非常了解的基础上的意译。详细看的话，汉文和译文之间有很大差异。如在卷六的《如来寿量品》中，汉文仅为 4 个字“导利众生”(引导众生)，而西夏文却有 12 字：

[illegible] B [illegible]

诸众生道教利益造，我是。

“道”和“利”被译为 2 个音节的词语“道教”和“利益”，主动词“构造”是 B 词干形式，是与行者相呼应的第一人称代词相接的行者视文（后述）。因为复杂文体的缘故，经常使用这种文体。虽然是在动词词干上，但有 2 种先行的前缀，其中之一可能是衍生字①。

另外，在卷二《譬喻品》(3）当中有：

[illegible] [illegible]

把生受楚毒 死被瓦石（活着受到楚毒，死后盖瓦石）

翻译为“活着时受苦，死里亦有他人害”，共四言两句，西夏文则与原文相去甚远，但是西夏文比较容易理解。同卷二中“或时致死”(有时致死）[illegible]（或死）除了直接翻译，[illegible]（或到头）的翻译则有深思熟虑的表现。

七、西夏语译佛教用语

西夏佛教用语的研究还不充分，可以说刚刚开始。《翻译名义集》之类的书还没有被研究过。汉语的直译语和意译语占主流，藏语的直译、意译作为补充，即使设有官方翻译所，好像也未曾尝试过统一译语。因此在社会上有从汉

---

① 由于这个使用例并不少，所以认为这并非衍生字，而是新延方向指示前缀，拙论《西夏语研究的新领域》，《东方学》2002 年；《西夏语研究的新领域》，《宁夏大学学报》2007 年第 6 期。

译本来的重译本使用兪瓻，从藏语来的重译本则使用豯痲瓻（怀有度 bcom-ldan-$\underline{h}$das），以及比丘毭罳 phiɦkǐəw 对应使用綯礻 nǐew-šoɦ（善起 dge-slong）的例子。观察其译语，就可以分明其原语言（汉语还是藏语）了。但是即使从汉文来的译本，也绝不会使用统一的译语。关于刚才列举的比丘也是将《佛本行集经》等的话使用毭罳 phiɦšǐu$_2$ 来译，这反映了汉语比丘语法构造的差异。一方面夜叉 Skt.yakṣa 在《法华经》是綝婌 ʔyeɦkaɦ，但在《华严经》中却使用了犭媭 ʔǐatsha（《佛本行集经》中变成犭婌 ʔǐakaɦ，另外 Skt.rākṣasa 在如来《佛本行集经》中被写成祇婌 rarkhaɦ，《法华经》中却变成了麓媭 lɔɦtšha）；另一方面，按綘牖的样子从藏语直译一般作为固定译语，汉译的重译本中也时常有使用的现象，这是替换了藏语旧译 yang dag gsheg-pa 的形式。关于这个问题，还有必要进行详尽的研究，但我们能把这个《法华经》的译语看作是标准体之一吗？

八、一般词汇和佛教用语的辨别

即使内容是很难的教义，只要其表达方式是可以让一般人也能充分理解的释译就能称之为经典的翻译。《法华经》当中多少也有这样的口语形式，问题在于如何识别它，笔者认为特别是在《番汉合时掌中珠》中使用的词汇基本上都是口头语，而在《同音》中的形式可以看作是一般通用语，我们想将它们作为一个标准来参考。如懈怠（Skt.kausīdya）这个词在《法华经》卷四（8）里有“虽小欲懈怠”（小欲、懈怠的东西 虽）的例子。这个句子在西夏文中被翻译成“即使稍微疏忽了”，最后的两个字 lon-łẹ 就是懈怠的意思。在其他地方，如《序品》中也使用相同的词语，在《七佛八菩萨陀罗尼经》中也出现了同样的语形。但是《大宝积经》中却与这个不同，使用了膩綴 lon-1^{w}ị。同为汉语“懈怠”的翻译，从《番汉合时掌中珠》和《同音》来看的话，膩綴 lon-1^{w}ị 记录了一般通用的口语形。因此可以判定 lon-łẹ 是佛教用语（藏语：snyom-las，le-lo）。

从事物的名称来看，如经常出现的琴瑟、箜篌、箫笛等与《番汉合时掌中珠》的字形不同，也就是说与口语形不一致。

	琴瑟	箜篌	箫	笛
《法华经》	瓻蕤	緃魹	蕿瓻	蕿胣
《掌中珠》	皶瓻（琴）	皶瓻（鹤琴）	蕿瓻（管）	蕿胣

可见《法华经》中的箜篌在《番汉合时掌中珠》中用汉语“六铉”来表

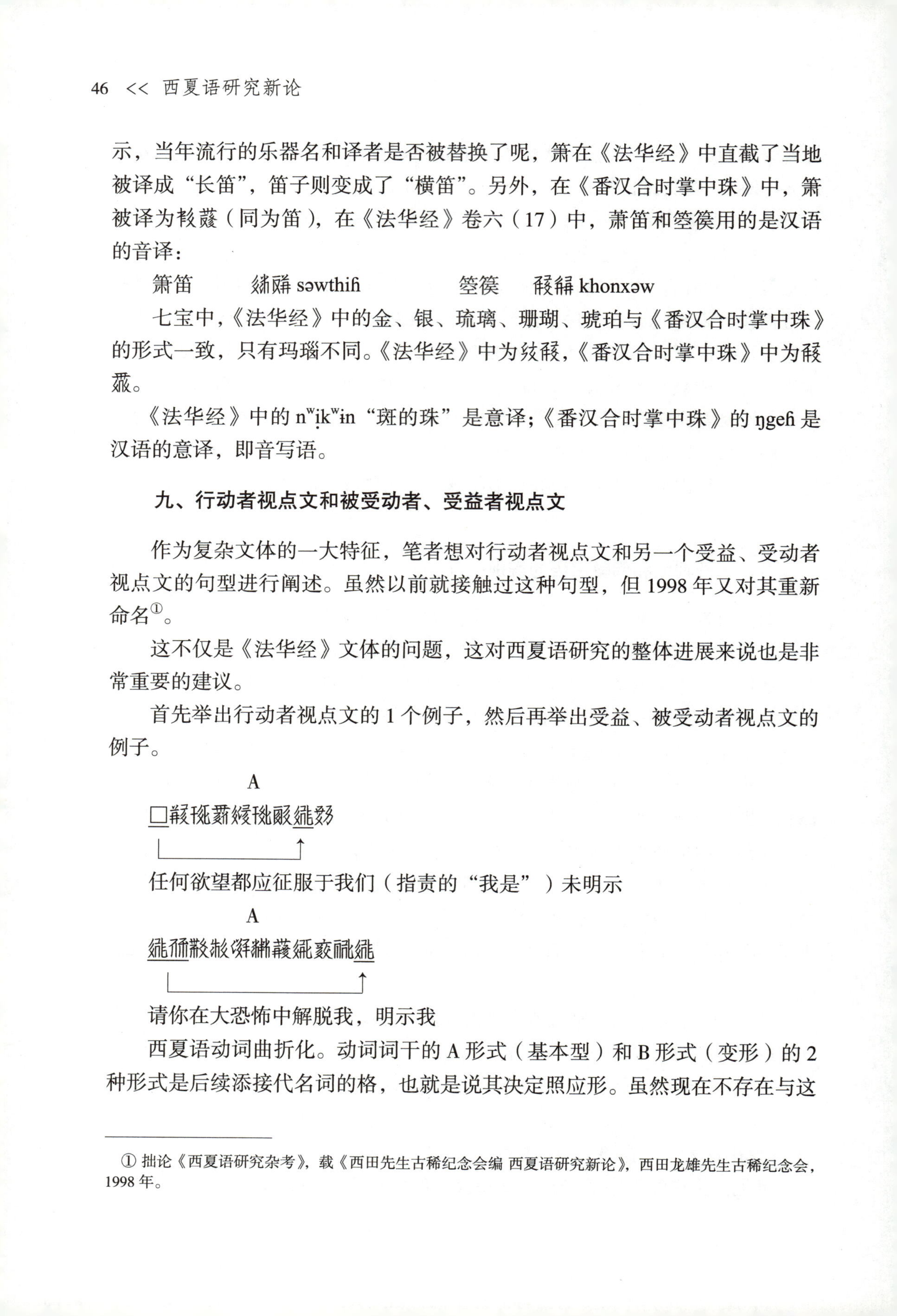

示，当年流行的乐器名和译者是否被替换了呢，箫在《法华经》中直截了当地被译成“长笛”，笛子则变成了“横笛”。另外，在《番汉合时掌中珠》中，箫被译为[illegible]（同为笛），在《法华经》卷六（17）中，萧笛和箜篌用的是汉语的音译：

箫笛　[illegible] səwthiɦ　　箜篌　[illegible] khonxəw

七宝中，《法华经》中的金、银、琉璃、珊瑚、琥珀与《番汉合时掌中珠》的形式一致，只有玛瑙不同。《法华经》中为[illegible]，《番汉合时掌中珠》中为[illegible]。

《法华经》中的nʷi̤kʷɨn“斑的珠”是意译；《番汉合时掌中珠》的ŋgeɦ是汉语的意译，即音写语。

九、行动者视点文和被受动者、受益者视点文

作为复杂文体的一大特征，笔者想对行动者视点文和另一个受益、受动者视点文的句型进行阐述。虽然以前就接触过这种句型，但1998年又对其重新命名①。

这不仅是《法华经》文体的问题，这对西夏语研究的整体进展来说也是非常重要的建议。

首先举出行动者视点文的1个例子，然后再举出受益、被受动者视点文的例子。

A

□[illegible]

任何欲望都应征服于我们（指责的“我是”）未明示

A

[illegible]

请你在大恐怖中解脱我，明示我

西夏语动词曲折化。动词词干的A形式（基本型）和B形式（变形）的2种形式是后续添接代名词的格，也就是说其决定照应形。虽然现在不存在与这

① 拙论《西夏语研究杂考》，载《西田先生古稀纪念会编 西夏语研究新论》，西田龙雄先生古稀纪念会，1998年。

个形态完全相同的对应关系的藏缅语言，但是最近认为极其相近的是藏语叶隆方言，其中：

［1］$e^{55}ji^{55}ai^{55}$–ti^{33}ɣd0–$ŋ^{55}$　我打了他我是

［2］$ni^{55}ji^{55}$$ŋo^{55}$ɣd0–$ŋ^{33}$　他打了我 把我

例［1］是行为者视点句，例［2］是受益、被动者视点句。例［1］是宾语加上 –ti33，例［2］是 0 点的，针对例［1］的添接代名词的声调是 55 型，例［2］的声调是 33 型的，用来辨别例［1］和例［2］。虽然例［1］和例［2］的动词词干现在是同一形式的 ɣdo–（藏语的 rdung–pa 和“打”同源），但以前笔者都把它看作是西夏语的变形①。

业隆方言确实是失去了词干 A、B 形式区别的形态，记录其区别的西夏语保持着藏缅语言发展的一个阶段。

十、西夏语动词的形态

虽然西夏语的动词在 11 世纪以前具有像藏语一样的活用形，但是到了 11 世纪初，其除了保持上述 A、B 形式的动词（推测为全体的约 20%）以外，各词干形式变成了零散的状态，是否有可能还原到最初的形态呢？如“洗掉的”[illegible] žʉ 和[illegible] žʉr、“偷盗”的[illegible] kʷɨr 和[illegible] kɪə̣r、“扔掉”的[illegible] phɨ 和[illegible] phiɦ、“死”的[illegible] sɨ 和[illegible] siɦ 等，这些都是活用形式的一员②。

十一、西夏文字中隐藏的西夏语的秘密

西夏语被西夏文字所支配，西夏文字的背后隐藏了其语言的形态。一直以来，虽然知道从确切的根据可以复原语音形式，但其实这种语言是种多变的语言，其形态难以掌握。如“疲惫”[illegible] ndɨ̣ˀyar 和“倦怠”[illegible] ndʉrˀyar，无论哪一个字形都在《法华经》中使用过，不过，其第一个音节所对应的西夏字很可能是个变体。

另外，像“余国”[illegible] ndzeɦ 和“他国”[illegible] tsɛɦ 这样的词，早期的辅音应为有声，无声是不对的，但是也出现过不同的例子。如像《法华经》这样的

---

① 笔者认为这个语言是在四川省金川县周山区使用（450 人）的藏语方言。业隆方言的形式参见尹蔚彬《业隆话概况》，《民族语文》2000 年 6 期。

② 虽然这种例子很多，但其规则是在另一方面反映了部族语间的崛起（这与《文海》《文海杂类》的平声 97 韵、上声 86 韵细致韵类对立中也包含部族语间的对立关系的可能性有密切相关）。今后有必要进一步探讨。

书，对西夏语的研究来说，还有很多应该开拓的问题。

附记

1. 虽然笔者最初认为《华严经》是一种单一文体，但是其不仅是单纯的伪汉文体，而且还代表了与初期的汉文相近的译文。《法华经》的复杂文体是那个全盛时期备受推崇的文体，这充分反映了西夏语的口语形式，是充分包含行者视点文等的文体。自西夏文字公布（1036 年）以来，经过 30 年的传播，西夏书面语取得了惊人的发展。

2. 西夏文字被公布，将西夏语创造之前的各部族口语总结起来称为唐古特语（党项羌语，西番语），西夏文字被认为是能够完全代表这些部族语的字形（参照拙著《亚洲古代文字的解读》中公文库 B7–20，2002 附记）。

西夏语研究的新领域

一、西夏人和韵书的编纂

西夏语是以音节为基础构造的语言，其语法结构虽然与汉语不同，但其性质却与汉语相同。因此，以字为单位的语言意识成立，西夏人模仿《广韵》创作出《文海宝韵》《文海杂类》等韵书，以这种方式来贯彻自己的语言①。不幸的是，200多年后由于政权灭亡，这种意识的根基就消失了。假若政权再延续一百年的话，韵书之类的必将不断被编纂，且反映各个时期西夏语音韵的组织，可以为后世所传。现存的韵书残卷是今天了解西夏具有综合性韵书的残片②。在这个地球上存在很多的语言，只有汉语和西夏语诞生了韵书这种形态的辞书，并为后世所传。在以多音节语为主的欧洲语言中，这种韵书的构思是不存在的，但在与西夏语同样以单音节语为基础的语言中，即所谓的藏缅语群当中并不少见。如彝语和纳西语就是那样的语言，其语言表现还是采用表意文字，不过与韵书类似的辞书终究没有出现，更不用说那些文字本身没有出现的西番语群的语言，如羌语、普米语等，即使是藏语和缅甸语等大文学语言，到近代虽然有把同音节的单语归拢起来的《同音》辞典，但仍没有编纂韵书③。在采

---

① 关于西夏语的韵书，请看拙著《西夏王国的语言与文化》，1997年，岩波书店，第47—110页，虽然西夏的文献中有《切韵》之名，却出现《广韵》。但是从其成立年代来看，直接参照了《广韵》，这一点是显而易见的。

② 关于被称为“韵书残卷A”的资料，参照拙文《死语言的复原和表意文字》第25页的解读。该文被西田龙雄先生古稀纪念会编《西夏语研究新论》所收，1998年这份资料虽然有难以活用的形态，但对西夏语研究来说极为重要，此外还有一些在科兹洛夫收藏品中编纂方法不同的韵书小残片。

③关于藏语的小型本有泽旺郎嘉（tshe dbang）的dag-vig ma-nor lam bzang《藏文同音字典》，北京：民族出版社，1958年。缅甸语中有Un：hiwei，i.Sat puni abhidhan，Mit-lang-cum《缅甸语拼字字典》1956年，Knowledge Press，Rangoon是一部好书，十分详细。《语言学大丛书》第三卷，缅甸语项（数司郎执笔）参照1992年。

用表音文字的语言中，只有汉人和西夏人对音节的声、韵、调的分析采用了反切的表示方法。这种方法由汉族知识分子设计而成，西夏人只不过是模仿了而已，幸运的是现在仍有反切，并且有可能在此基础上复原当时的发音①。

目前西夏语的系统还没有确定②。笔者认为，虽然羌语、普米语、纳木依语、木雅语等西番语群的语言和西夏语的词汇是否有共通之处目前还不确定③，但西夏语在词汇方面还是与彝语、纳西语很相近。西洛莫语群说是在还不清楚羌语和西番语群时提出的意见④，在这些语言群的形态变得相当明确时，很难直接进行这样的讨论。的确，西夏语在语法方面保存了前缀（西夏语中有2个系列的前缀），动词后置的人称接辞等现象与西番语群的语言形式相近。尽管如此，以词汇形式为中心考察整体时，西夏语还是应该属于缅彝语群。

笔者想象的缅彝语群（包括独龙语）当中，有保存前缀和人称接辞的语言群和那些全部消失的语言群⑤，从一方面变成另一方面，笔者想把这样的变化称为蜕变。脱去语法现象的外层，留下的部分是由缅甸语和彝语组成的缅彝语群的核心部分。如今笔者仍认为保存下来的周边部分是怒语、怒苏语、独龙语，如从其语法结构来看，可以说西夏语的形态的确与怒语、独龙语相近。

这个问题并不是本文的论题，这是西夏语研究的最终阶段。西夏语的研究，首先必须要很好地分析和把握西夏语本身的形式。

今后的西夏语研究存在大量文献内容比定的问题。通过多种文献的破译，在判定各文本内容的同时，也发现了从前没有发现的新的语言现象。它不仅与西夏文字背后西夏语的复原相连，而且还提出了重要的问题。

二、西夏文字的创造与西夏书面语的诞生

自1036年西夏文字诞生以来，这个文字一直支配着西夏语。这个文字的

---

① 笔者的复原参照《西夏语韵图〈五音切韵〉的研究》（上、中、下），京都大学文学部研究纪要，1981年，第83页，在本论文中也使用其复原形对部分进行修正。

② 在1999年刊行的由李范文主编的《西夏语比较研究》（银川：宁夏人民出版社），中国的专家们在各自的立场上讨论了这个问题。

③ 词汇比较问题的概略是拙著1997年的第90页后叙述。

④ 参照《西洛莫语群》以及《川西走廊语言》，《语言学大辞典》1993年，第194页—197页。

⑤ 参照拙著《关于独龙语以及怒语的位置》载《东方学会创立四十周年纪念东方学论集》（1987年，东方学会），关于蜕变说怒语的项《语言学大辞典》，1993年，以及拙著《东亚诸语言的研究1》（京都大学学术出版社，2000年，第298页）。

背后隐藏着很多穿着西夏文字衣服的汉语和藏语[①]。

11 世纪以前借用的汉语和藏语被固有化和对等处理，特别是在文字方面没有被区分。

西夏人确实模仿汉字创造了西夏文字。西夏人以字为单位认识并整理了自己的语言，但也没有忘记强调西夏语词干的呈现形式。在制作字形时，这种意识经常表面化，因而诞生了反映语法信息的新型表意文字。

由于这种文字创作的事业令人印象深刻，因而忽视了必须认真考察的事项。

三、西夏书面语以什么为基础

西夏的书面语是如何诞生的，又以怎样的语言为基础构建起来的呢?

在能够通晓很多文献的今天，通读西夏文的过程中，首先要注意的是诞生于诸部落语言的西夏书面语，当然是以超越其成员所说语言的书面语为目标而创造的，并用表意文字的西夏文字来记载，简单推测它是按照西夏主要成员的米族语言的语序把以文字为代表的各语义按照词序拼合起来的，这就形成了一方面有更接近汉语的纯正的拟汉文体，另一方面也反映出米语形态的复杂文体。笔者猜测在这个过程中是否存在若干阶段，还有待进一步考察。

西夏语是声调语言之一，平声和上声相对应，其声调的对立并没有基础的语言，而只是为了反映其属性，西夏人为同一音节相同意思的平声韵和上声韵分别创作了不同的字形，如存在动词 wɛɦ 勬（平 35）和 㲊（上 32）。西夏书面语一定是在米语或密纳克口语的基础上创造出来的，而且西夏语从初期的纯文体到惠宗、仁宗时期通过佛典和古典翻译工作的经验，创造出更加复杂的文体。从《法华经》的序文中可以知道，《法华经》虽然没有包含在初期的翻译经典中[②]，但在惠宗时期《法华经》被翻译出来了，笔者称之为复杂文体是因为其出现了前缀和人称接辞（这些都反映了米语的口语体），是这一时期非常重要且普遍使用的文体。重要的是，西夏语的动词是屈折形的，把语法表现在

① 如䐡 khɨ（平 30）䏛 tšen（上 36）“没有脚，腿脚不自由的人”相当于汉语“裹脚”的可能性很大，这样的固有词有 šĭɛ，与藏语 rkang–zha、缅甸语 khrei–cha 同源，像这样意想不到的单词是借用语。 䋭䋮 tšĭụ$_2$（平 59）ˀwẹ（上 66）是“守护”，䌺䌻 tshʉɦ（平 27）ˀĭɔn（上 49）是“饲养”，䌼䌽 phu（平 1）– pĭen$_2$（平 42）是“普遍”，这就是汉语。

② 参照拙文《关于西夏语译〈法华经〉》，《东洋学术研究》第 41 卷 2 号，2002 年。

文字上。

笔者在这个屈折形中列举了 A 形式和 B 形式[①]。这两种形式决定了其后接代名词的对应关系。

S　O　　V_A 代　　　　S= 主语 O= 谓语 V_A=A 语干形式

S　O　　V_B 代　　　　V_B=B 语干形式，代 = 接尾代名词

[西夏文]　　　　再给我奖之，前我

[西夏文]　　　　我给庶民奖，我是

笔者将第一种句型命名为受益者、被动者视句（或宾语视点句），将第二种句型称为施动者视点句（或主语视点文）[②]。

动词词干的 A 形式和 B 形式在很多情况下用近似的异字形表示。因为人们强烈地意识到了这两种形式是曲折形。笔者将其命名为动词词干双生字，探究动词词干 A、B 形式对今后西夏语的研究极为重要[③]，如南无大悲观世音……

愿速速获得智慧之眼，我是　[西夏文]　ˀa–rĭor–ŋaɦ

愿诸多惰性能过，我是　[西夏文]　wɛɦ–ŋgĭuɦ–ŋaɦ

愿乘般若舟，我是　[西夏文]　keɦ–mbĭuɦ–ŋaɦ

愿速速越过大苦海，我是　[西夏文]　weɦ–ndzị–ŋaɦ

愿速速得到戒定道，我是　[西夏文]　keɦ–hlĭọn–ŋaɦ

动词都是 B 词干形式，伴随着第二种前缀（祈求愿望态）和人称代词。其中，[西夏文] rĭor（上 81）和 [西夏文] rir（上 72）“得”、[西夏文] ⁿdzị（平 67）和 [西夏文] ⁿdzẹ（上 54）“超过”、[西夏文] hlĭọn（上 64）和 [西夏文] hlĭụ（上 52）是分别对立的。如上所述这两种

① 拙论《西夏文字新考》，载《东方学会创立五十周年纪念东方学论集》，东方学会，1997 年。

② 与这种形态相符的语言在现在广为人知的藏缅语派的语言中没有发现，2000 年报道的四川省阿坝州金川县周山区集沐乡业隆村的藏族土语“业隆语”与这个形态相似。尹蔚彬：《业隆话概况》，《民族语文》2000 年第 6 期，第 61 页。拙论《西夏语语法新考》，《中国国家图书馆学刊》（西夏文传号）2002 年。

③ 关于以下西夏文经典，参照了《西夏语写本和刊本》（1963 年，莫斯科）和 1999 年克恰诺夫目录，《西夏佛教文献目录》（京都大学刊），也可以看后者的《西夏语佛典目录编纂上的诸多问题》。

字形笔者取名为双生字，看这个名称好像与西夏文字的基本构成法之一的对称文字重复，但是两者之间存在明显的差异。由于这个问题关乎对文字的相关看法，所以在这儿稍微说明一下。

用共时态来掌握语言时，语言的各单位应从统合关系和联合关系两个方面来处理①。前者是 both-and 的关系，后者是 either-or 的关系。关于文字也是同样，其中双生字只在联合关系中成立。在统合关系中也出现了“对称文字”这一看法。如上述□和□是 ab 和 ba 形式，虽然偏和旁是对称的关系，但是有“越过”这一个动词的变形，仅在联合关系中出现是不能作为统合关系的。同为“问”的□ ˀyɨr（平 86）和□ ˀyɨr（上 77）也是同一关系的双生字。综上所述，如□ ŋgị（上 61）和□ ŋgiẹ（平 61）是像 abc、dbc 那样对立冠的字形。但是在《番汉合时掌中珠》和《三才杂字》中这两个字连起来是“星宿”的意思，被用于统合隶属，两者是对称文字，而不称为双生字。还有□和□也是对称文字。由于《文海》平声 67 韵和平声 69 韵中有讨论像这样两字连续被使用的情况，所以在统合关系中不能说词干双生字。

四、西夏文字创作的基础

西夏文字的字形并非自然形成的，至少不是从象形的阶段开始逐渐发展并调整出的东西，而是在某种方针的指导下，以数人共同的思维为基础而创造出来的，可以说是人类知识的结晶。但是，整体的构成原理，以及引导的过程等，一概没有记录，至少没能传到今天，留下的只是被实践遗留下来的结果。笔者认为这个文字是表意文字的杰作，在表意文字中加入缀写式的构思，以表示语法功能，是其他文字所没有的构思，是一种特殊的构思。

□“看”的 A 形式，□“看”的 B 形式是联想到藏文中 lta“看”的 ltas（看的完成状态）的表示。在那里看到了这个文字的一个重要的来源，把 -s 添接而形成冠状物。笔者为了理解这一点探寻了□“皮偏”的作用，或许是因为前缀，皮偏在皮的意思范畴之外，表现出像□—□“问”、□ — □“作”“造”、□ —□“足够”□“低”—□“下”这样共通的语法现象。这些字形间的偏对立是以什么为目标，这样的西夏文字字形构成法在汉字系统的文字组织中可以说是很大的革命。将表意文字改为表音文字是与创造日语假名相媲美的一个大

① 西田龙雄：《为了学语言学的人》，世界思想社，2001 年，第 17 页。

革命。西夏文字的传承在政权灭亡后一起被终止，虽然文字今天已经不在使用了，但西夏文字却与大量的文献一起传承到了今天。

这个比较虽然有些难以理解，但是把这种现象用一句话来表示的话，就像“有”的A形式[illegible]被换成“有”的B形式[illegible]那样，若无其事地将字形的右下角变形，形成传达特定信息的构造。

另外，字形的构成也有值得注意的。如在《类林》中，[illegible][illegible]有“遗嘱”的使用例子[1]。这个例子由[illegible]“死”、[illegible]“语”和[illegible]“留下”组成，也就是说由“临死时留下的词语”组成，每个字形都包含着很关键的信息。

五、西夏文字的总数和对应字

西夏文字是由当初收录在《同音》旧版中的六千一百个字组成，后来在《同音》新版中整理出五千八百四十个字[2]，而且几乎可以肯定《同音》大体上代表了西夏语最正确的字形，大概是由蕃字院创造出来的文献。然而在实际的文本中，仍有与正确字形相背离的对应字形被频繁使用。作为政府出版物的《天盛改旧新定律令》中也使用了对应字，因此法令条文的理解变得困难起来。因为西夏语是以口语形式为基础写成的，这是必须澄清的事实，所以笔者想多举一些对应字的实例[3]。

1. 在西夏语中，“寺”在很多经典中表现为[illegible][illegible] ˀiɦ（平 11）–mɪɦ（平 14），即“众宫”。但是，从藏语翻译过来的“聚论供养作次第”（TG182 No.812c）中，“色黑足师 造 大庶民 中国觉照国师法狮子 传”却使用上声字[illegible][illegible]（上 12）来代替本来的平声字。因为按照作者的发音顺序写，不改原来字形的话不能称为“众宫”。

2. 西夏撰《新集慈孝记》（Cat.31 No.616）[4]，共收录43则孝子故事，可以说是西夏版《孝子传》。在第24则中，[illegible] wi（上 9）作为动词的形态被使用。举例如下：

---

① 克恰诺夫在1963年目录的序言中展示了太祖继迁文（No.5875）的存在，这本丛书应该是《大宗要选文》，讲述了各种故事，用行书和特别破的书体书写。其中也有使用这种文字的例子。[illegible][illegible]“因嗜酒而死时”，[illegible][illegible]，[illegible][illegible][illegible][illegible][illegible][illegible]“留下遗书，埋在了瓦炉旁边”。

② 参照拙著《西夏语研究新论》第32页。

③ 拙论在《西夏文字新考》（前揭）中也有很多例子。

④ 关于《新集慈孝记》有俄罗斯的西夏学者凯宾教授和中国学者聂鸿音的研究，K.B.Кетинг，*Вновь собранные записи о лобви к младим и почтении к старши.* 1990，Наука，Москва，聂鸿音《西夏文〈新集慈孝记〉释读》，《宁夏大学学报》1999年2期，第42—45页。

[illegible] 给姑姑供给

[illegible] 把财宝都分给亲戚

根据西夏语的正确字形，此处应该用通用的字平声字[illegible] wi（平 10）来书写，但作者依据自己的意旨，或者是误用了上声字。

在《法华经》中这种用法也只有 1 例，其他地方没有出现。

3. 日本天理图书馆所藏《高僧传》卷五（金崇源刊）的尾题后押记的四行西夏文被认为是为西夏佛教活动提供重要事实的文字。

> 夏国贺兰山佛祖院（[illegible]）摄禅圆和尚李慧月（[illegible]）平尚重照（[illegible]）禅师之弟子，为了报答福恩，印十二部《大藏经》及五十四部《华严经》，复金银字的华严一部，写下了圆觉、莲花、般若、菩萨戒经典，起信论。

这段文字的最后两个字[illegible] naɦ-rar（平 82）前缀 + 田没有意义。[illegible] rar（平 82）“田”与平声字[illegible] rar（平 82）发音相同，解释成误写了的对应字的话，就能很好理解了①。

在考察西夏的社会制度时，天盛年间编纂的《天盛改旧新定律令》已经成了不可或缺的资料。其卷十九《死畜注锁门》（死减门）虽然略为繁琐，但笔者还是想把原文数行和拙译对照如下：

[illegible]，[illegible]，[illegible]，[illegible]，[illegible]

一，群牧司保留供给，骆驼、新调马、牛牸、羖䍽、X

[illegible]，[illegible]，[illegible]，[illegible]

X 等是与母畜混合，在其上的骆驼、新调马、大羊、羯

[illegible]，[illegible]，[illegible]，[illegible]

䍽等是分开，并远离，除十中一死外，年年末

[illegible]，[illegible]

死者是牧人，旧圈的群中居紧

前缀 + 动词词干被频繁使用，第 1 行最后一个西夏字对应的第 2 行的 XX

---

① 与这个内容完全相同的西夏文后记，在西安市文物管理处所藏的《大方广佛华严经》卷五的尾端，这一点是广为人知的。史金波《西夏佛教史略》，银川：宁夏人民出版社，1998 年。

表示𗼃𗼄，克恰诺夫译①、史金波等译②，还有岛田译③都是把卧畜标注成不明所指的东西。最初的文字确实是"卧"的意思，但是这样一来整体的意思就不通了。参看《同音》(新版)第26页的话，发现与𗼃○𗼃𗼅○并列在一起，以及"韵书残卷A"中的声母为疑母字才知道这3个字的读法是ŋgi̯ur(上70)和ŋgi̯ur(平76)(2字)。开始的一个字是上声字，后面两个字是平声字，那么上述条文中的文字就是这个上声字，如果其为后面平声字的对应字的话，问题就解决了。其平声字被记载在《文海杂类》中，如"𗼆，𗼇𗼆，𗼇𗼆"谓"羊，羖䍽羊"，当做大羊，在《杂字》的12个羊项词中，有5个𗼈𗼆(平76—上16)与这个相当④。

六、疑问词的问题——特别的正书法

疑问词的形式也存在问题，西夏语疑问词的基本字形有𗼉 ɬị(平69)、𗼊 waɦ(上14)和𗼋 ri̯ọn(上64)。在《长阿含经》(TG165 No.150)里有𗼌𗼍𗼉𗼎𗼏"五是什么"的使用例子。画线的2个字ɬị(平69)-kɨ(平30)明显是疑问词，在这儿为什么会有前缀-ki呢，这个ki是由具有指示方向功能的6种之一，根据笔者的推断，此处表示接近话语者的方向，之后移向过去表示前缀⑤，其他5种前缀完全没有像这样后置于其他词语的例子。同样在《长阿含经》中也有𗼉𗼎𗼍𗼐 𗼉𗼎𗼍𗼑𗼒"说赢了什么，什么是弱(负)(谁为胜谁为负)"这样放在文章开头的使用例子。这两个字也屡次出现在别的经典中，如在《六韬》中也同样使用，是个奇妙的正式表达。从《同音》的注释来看，𗼉在旧版里(左)被注为𗼓"问"(50B4)，在新版里(左)被注为𗼎(50A3)，从另一角度看𗼎的话，无论《同音》旧版、新版都注释有𗼊"什么"(右)，因为𗼊𗼎连续出现，所以𗼊和𗼎也是附带的。可以理解为𗼉𗼎和𗼊𗼎几乎是同义的疑问

① Е. И. Кычанов, *Измененный и заново утверожденный кодекс девиза цсрствования*: Небес Ное npoygemaHue(1149—1169)1988. Hayka, МосКва(4册)(天盛年间改变新定法典)。

② 史金波、聂鸿音、白滨:《西夏天盛律令》,《中国珍稀法典集成甲编》，北京：科学出版社，1994年。史金波等译著:《天盛改旧新定律令》(中华传世法典)北京：法律出版社，2000年。

③ 岛田正朗:《西夏法典初探——他的九，官牧》,《法律论业》第73卷第1号，2000年，第90页。

④上面引用的地方还有一个大问题。在最后的中文翻译中被认为是"不许予牧人"，而岛田译时则称"不允许牧人兴起"，但原文中没有相当于"禁止"的话语。由于这部法典是重要的资料，所以认为有必要重新探讨。

⑤参照上述拙著1997年，第78—211页。

词，而且，既然被记录在《同音》中，就不得不承认其写法是西夏语的正确书写方法。

使用[illegible]的情况经常出现，但是使用[illegible]的实际例子到现在为止一例也没有见过。这个[illegible] waɦ（上 14）对应的缅甸文语是 bhaa“什么”，是缅甸语系中的疑问词。kɨ 大概是反映了口语的形式，原本没有考虑专用字。也有 kɨ 在动词后面出现的例子，而且还并不少见：

《法华经》

（卷六）[illegible] šiɦ–kɨ　将引听《法华经》

（卷八）[illegible] wɪĕɦ–kɨ　为何，是否生于邪门之家

[illegible] ŋʷu2–kɨ　我们是他的弟子

一方面，[illegible] rǐọn 相当于汉语的“什么”，询问事物、场所、原因等（是否与西藏文语 gang 同源）；另一方面，[illegible]还有像[illegible]、[illegible]“不可能”，[illegible]“有何贵干”等很多反问的用法。这里还有[illegible] tụ（58）用于“如何，但是一切……”的综合性表达。如在《七佛八菩萨所说大陀罗尼神咒经》中，这种用法频繁出现：

[illegible]　患处（无论有什么患处）得到一切利

[illegible]　那个敌人来的地方（无论从哪里来）

[illegible]　是人之佐的地方（无论在哪）去

还有在《六韬》的译文中，以下用法引人注目：

[illegible]　有德的地方天下跟随

[illegible]　有义的地方天下跟随

这是以《法华经》为首的佛教经典中经常使用的表现方法，还能让人联想到藏语 gang zhig……gang zhig [illegible]……[illegible]的用法。

[illegible]　某人非不是 非某热说成（弱门）

七、[illegible] + 前缀 + 动词的形态确认

《慈悲道场忏法》里连续使用前缀 + 动词和前缀 + 动词的形式，如[illegible]“来”、[illegible]“祈祷安乐”等。除此之外还有[illegible] + 前缀 + 动词的形式。

[illegible]　希望能知道是谬误。

[illegible]　（千万亿年）收到五欲乐

[illegible]　（造一毫福）希望能放在心里

[illegible]　（我等百年）希望有个满意的存在

由于一直以来，前缀被认为是具有方向指示功能的前缀和祈求动词 ˀeɦ 融合而成的形式，所以这种形态的方向指示是重复的。当初以为是衍字，却被广泛使用，因为在《法华经》中也很少出现，所以不得不认为这是西夏语正规的表现。

□□□□□□□□　虽然过了五十小劫（《法华经》卷五）

前缀方向指示的功能衰退之后，笔者想解释为仅仅是在原来的前缀词上添加了□。除了 kɨ- 以外的字形一例也没有，笔者便认为是口语形式之一。

八、西夏语的佛教用语

西夏译佛典中所见佛教用语的研究才刚刚开始。汉语直译词和音写词占了主流，藏语的直译词（意译）或者音写词对此进行了补充，除此之外是否还有别的来源，西夏没有编纂《翻译名义集》之类的书籍，所以没有流传到现在。

□是“佛”的意思，虽然在 20 世纪初毛里瑟就已经证实，但是笔者没明白这是汉语佛陀里的陀。佛陀的西夏文被写成□□ xʷɨɦ（fʷɨɦ）-thaɦ（平 17）二字，后来只用后面的音节代表了佛陀。Buddha 的前音节是汉语的佛，后音节变成西夏语的□①。骆驼□□ xʷɔɦ（上 42）thaɦ（平 17）的驼，可以作为其并行的例子②。

只在一种经典中出现的译文，不能断言这是所有文献中的固定译语。看实际经典的话，会发现很多异写。如梵语 bhiksu“比丘”在西夏语当中被译成□□ phiɦ（平 11）khĭəw（上 40）和□□ phiɦ-tšhĭụ（平 59）的情况都有。虽然两者都是汉语比丘的音译，但是后者是在“丘”的基础上进行口音化后的音写字形，两者都把“比”作为输出音也许是考虑到了梵语的缘故。另外，藏语的直译□□ nĭᵉw（上 41）šoɦ（平 48）“善起”（WrT dge-slong）也被这样使用。

□□ rĭur（平 76）pĭụ（平 59）是汉语“世尊”的直译形式，其他如薄伽梵 skt.bhagavat de 音写成□□□ mbaɦ-ˀaɦ-maaɦ（上 14）（平 17）（上 14）或□□□ phɔɦ-khaɦ-xʷan（平 49）（上 17）（平 25），但是从藏文译本重译的话必须是□□□ tšɨɦ（平 29）-ndĭuɦ（平 3）ⁿdzɛ̣（上 54）（藏语：bcom ldan hdas）。

---

① M. G. 毛里瑟，*Contribution préliminaire à létude de l'écriture et de la langue Si-hic*，Paris，参照 1904 及拙著 1997 年，第 417 页往后 。

②骆驼虽然在《番汉合时掌中珠》里为□□ laɦ（上 14）ndɨ（上 28），但是在《（三才）杂字》第二行的骆驼项里，这个字形没有被记录。

"夜叉"（Skt.yɑksgɑ）的音写语也有不同种类，并在每个典籍中也各不相同，《华严经》中为𗃜𗆧 ˀĭa–tšha（平 18）、《法华经》中为𗌭𗆩 ˀyeɦ–khaɦ（上 17）、《七佛八菩萨》中为𗃜𗆩 ˀĭa–khaɦ（上 17）。

"菩提萨埵"（skt. bodhisattva）的西夏文为𗌽𗍊𗗙𗗚 pɔɦ（平 49）tĭen（平 42）kir（平 79）seɦ（上 33），菩提勇士的菩提是汉语的音写语，勇士是藏语 semsdpɑh–chen–po 的意译。

另外，𗌲𗗜 mĭẹ（上 68）ˀĭen（上 37）"精舍"和𗏁𗓽 ˀiɦ（平 11）mɪɦ（上 14）"众宫"也都是寺院的意译语，汉译本、藏译本二者都有使用。

系统地研究佛教用语是十分必要的，但是还没有明确研究的方针。关于日常语和佛教用语的差别应该如何判定，笔者考虑如下：比如𘇂𗏘"懈怠"lon（上 47）–tẹ（平 61）这个单词，从《法华卷》卷四"即使稍有懈怠"开始，到《七佛八菩萨》也在使用这个单词。另外，虽然在《大宝积经》里出现了𘇂𗋕 lon–lʷị（58）一词，但由于这个词形被收录在《番汉合时掌中珠》和《同音》中，因此被认为是一般的日常用语。如𘇂𗏘 lon–tẹ 为佛教语，𘇂𗋕 lon–lʷị 为日常语，就是这样判定的。

虽然西夏语的佛教用语与汉语有着最紧密的联系，乍一看很难理解的用语是以藏语为表现宗旨，经常遇到这样的例子，可以看出藏语和西夏语有着密切的关系。

"护摩"的西夏语表现为𗆫𗌮 pĭuɦ（上 3）–mɪɦ（平 14）和𗗧𗗦 xʷɔɦ（上 42）–maɦ（平 20）。直译𗆫𗌮的话，会变成"燃—施"，所以应该是藏语 sreg–sbyin–ba 的直译。xʷɔɦ–maɦ 是将梵语 homa 的音写语"护摩"原封不动地置换为西夏字的形式。

𗌸𗉔𗍱𗆫𗌮𗏵𗊏《四天王护摩坛本》（TG214 No.820）为 1 折 5 行，1 行 13 字节的小型本，记录的是四天王供养护摩时的颂言咒文。从北方多闻天王开始，到东方持国天王，南方增长天王，西方广目天王，最后是关于大药梵王的颂言咒文[①]。与颂言四天王非常相似的内容在《九曜供养典》（TG404 No.872）和《三十五佛识悔要语》（TG391 No.880）里也有。

虽然《九曜供养典》是卷子本写本，由楷书书写，但是有些地方溃散，就

---

① 虽然在药大梵王处出现风病、啖病和集病，从《大手印究要集记》（TG345 No.2851）记载秋之风病、春之啖病、冬之集病可知西夏人是有基本的医学知识的。参照拙文《西夏语佛典目录编纂上的诸问题》（前揭）XLIV。

连卷首也是散的，经题译者等不明，从尾题才能确认是《九曜供养典》。有可能是从藏文 gzah–dguh̲i mchod–pah̲i cho–go 九耀供养仪轨 Navagrahārcana-vidhi T.Nags–kyi rin–chen，gzhon–nu dpal（北京 No 3950，东京 No.3127《藏汉对照目录》第 249 页林中实造一说童子吉祥造）翻译的。保存在圣彼得堡东方文献研究所的前后顺序是错乱的，有必要附上正确的顺序：有随喜顺、法传论请颂、佛请世住颂等，接下来叙述的是：

> 保护东方的持国大天王，身体是白色的而手中持有琵琶，无量的香食（[illegible]），首尾围绕大众，守护南方的增长大天王，身体是蓝色的而手中持有宝剑，无量的箧瓶（[illegible]），首尾围绕大众……守护北方的多闻大天王，身体是苍白[1]，手持宝幢，无量的腐烂（[illegible]）[2]，首尾围绕大众……

还有一个《三十五佛识悔要语》的尾段已经缺失，是前后没有完结的卷子写本，虽然用楷书写的，但有些地方溃散了，由于是法师沙门德惠造就[3]，所以很有可能是以藏译本为基础造就的西夏选述经典。

> 保护东方的持国大天王，拥有琵琶相符一切魔鬼，无量的香食围绕一切，东方界记得你今天这个位，诵一遍咒文的话把香水散布在东方，一周的话，东方魔鬼会离远，然后供养者去南方，通往把向佛的心中光印上的须弥山的南方。在这个世界上诵读咒语，守护南方的增长大天王，手中拥有剑，并降伏一切魔类，无量的箧瓶围绕大家，南方界记得你今天这个位，咒文 hūmphar，守护西方的广目天王，手中拥有蛇索绳，并降伏一切魔类，无量的龙围绕大家，西方界记得你今天这个位，守护北方的多闻天王，手中拥有幢，并降伏一切魔类，无量的海施围绕大家，北方界记得你今天这个位（以下略）。

以上可知，四天王的顺序在不同的经典中有所不同，颂言的内容也不是完

---

①其他文献里写为龙王众，但是不知道为什么在个别经典里使用腐烂（藏语 rul–ba）。

② 多闻天是黄色的箸，但是这里是变成翫苍白。

③ 众所周知，国师德慧是拥有兰山觉业国师肩书的著名学僧，译有《佛说圣佛母班若波罗蜜多心经》（TG139 No.4336）等，还有《大印究竟要集》（TG345）也是兰山沙门德慧所集。

全相同，全体译自藏文的痕迹很强，特别是“持国天的香食，增长天的篋瓶，广目天的龙（王）众，多闻天的害施”等用语，若不设想藏语词形则无法理解，香食是 dri–za（吃香者）、篋瓶是 grul–bum、龙（王）众是 klu–dbang、害施是 gnod–sbyin（害者，夜叉众）的直译。

特别是在藏文翻译中，这种逐词置换的词被大量造就，了解这些词也是西夏语佛教用语研究的一大目标。

在《奉诏要集三品大夫之正法中次第入顺》（TG213）里，内容不同的抄本有三种。律藏是其中之一，No.2824 卷八为微罪（= 轻戒？）：不做供养的微罪得到利益、求财的微罪，不尊重尊者的微罪，不回答请求的微罪，不接受召唤的微罪，不接受金银的微罪等 46 种微罪名，详述其判定的基础。其微罪名也像西夏语佛教用语一样来处理。在 No.4578 中被描写为地狱，出现八热地狱名和八寒地狱名。虽然在《慈悲道场职法》中也有多种地狱名被翻译出来，但是译法都不同。如果众合地狱是“慈悲”的话，则被译成□□，但是在 No.2824 中被译成□□“集毁”。

再举一个例子，说明西夏语和藏语的深层关系。□ mbɪě（平 38）有“安乐”和“村落”两个意思，让人联想到藏语《杂字》的人名项中记载的□□□“弥药乐”和□□□“桃花乐”的“乐”相当于藏语 sde–ba 的村落，“安乐”的“乐”是藏语的 bde–ba。另外，□ ndɛ（上 30）“吉良”（也有利益的意思）是藏语 bde 的借用语。《华严金狮子章》（TG323 No.739）有□□□□□□ ˀyǐar ndɛ ^{n}dzǐen ndɛ tsǐər–ŋgẹ “分开选择良日良辰”的使用例子，□“时”也许是辰的借用词。另□ rẹ（上 66）“安乐”是□的派生字。

九、西夏译《达摩大师观心论》

1977 年，在《西夏译佛典目录》中，笔者尝试将 TG167《心观顺》定名为《观心论》隋智阐述（大正一九二〇），这是错误的[①]。《观心论》的西夏译语是 TG400《达摩大师观心本母》，后来得到看全文的机会，了解了详细内容，下面阐述其重要内容。因为原本是难以理解的内容，笔者也十分清楚无法着手，但还是试着列举了一应拙译。另外，TG167、No6775《心观顺》是完全不同的

---

①《西夏文华严经》III，京都大学文学部，1977 年，第 44 页。

经典[①]。

那么TG400《达摩大师观心本母》是由No.582和No.6509两本构成的[②]。都是册子本蝴蝶装，每页7行，每行16字，版心上方有“心观”二字，下方用西夏字和汉文表示页数，现在放在两个夹子里分别保管。这本残本如下连起来，首尾完结。

TG400 { No.581从第1页到第8页右
No.6509从8页左到26页

封面上写着Азиатский Музей Росс，АК. НАУК.

前半页是西夏字，其后用汉字代替，后半部分从第8页到第11页是汉字，其后直到最后都是西夏字。

第1页　观心序[③]（13行）

凡心觉察时测智，后不察也能发现本身非常显明，故称观心，如是得到观心则见性成佛（[illegible] ）的实也，亦彼观有形。不观之无形，观之不观亦不受。亦能观也所观也亦无。无亦自无，即真也，其功德皆有之，何以称谓，故能具谛慧眼，因能观无形，故能具凡法眼，故不观，能具佛眼，亦谛体圆通之法身，常知寂眼。不二报身时取照体，混用的化身在根上和。自立为一身，可具三身佛。亦即修者等心中悟佛最要真也，心不悟则佛无轨，世尊多说法门者，凡顺从他者，皆知为佛。故因友劝说而觉

---

① 这个《心观顺》收录1？ 2记句是护顺，3大手印要论（中国大师传）等八种论。最后《心观顺》志高？变成大师传，实际上“心性不增，智见何用，根一性无，修正何用”等四言句三十一句并列在一起。

② 拙著1997年，第436页。

③关于西夏语译的禅籍在拙著1997年第420页中提到，其后为《洪州宗师教义》（Cat.111 No.2529）《洪州宗师趣注解题要记》备受瞩目。K.J.Solonin，*The Masters of Hongzhou in the Tangut state.Manuscripta Orientalia* vol.4 no.3，1998.

另外，以前笔者发现《中华传心门师资承袭图》的西夏语译文（No.2261），并对其进行了介绍，当时的图只包含前半部分的12页（No.2856），1行14字。之后，从第14页到第40页（右）现存（No.2856），缺第13页。其No.2261和No.2856的版心略题为“中华”。但是，另有版心略题为“承袭图”的残本（No.2893），并附上了内容完全相同的“承袭图”。No.2893还是蝴蝶装，每页6行，每行15字，全部只有9页。残留第12、18、22和24（左）到第30页（右）。与上述No.2261—2856相比的话，后者有注释的部分残缺，但是多少有些异同。由于版心不同，因此确定是不同时期雕刻的异本，后者可能是上下两本。No.2893在里面写有别的经典，与《续大正藏经》所收的汉文有异同。No.2261—2856中后4行在汉文中没有，此文不是汉文的直译，而是简洁的翻译内容，所以仅凭西夏文不能透彻地理解其内容，但也使用了西夏语特殊的词形，所以是一个很好的研究资料。当然也有对应字的使用例。

此处想提一下的还有《景德传登录》的西夏语译文。西田《西夏文字解读的新阶段》，Eureka 1998年，收入西田龙雄先生古稀纪念会编《西夏语研究新论》。

悟，以致苦恼之速灭，使修者等觉悟，为佛路不远，敬受法勿犯疑，修学则理。

第2页 达摩大师心观根母

第一宗师 慧可大师问

第一宗师 达摩大师答

［一］问："若复有人，志求佛道，当修何法，最为省要？"

答："唯'观心'一法，总摄诸法，最为省要。"

问："何一法能摄诸法？"

答："心者，万法之根本。一切诸法，唯心所生。若能了心，则万法俱备。"

有十四问答，最后五言一句，有八句歌颂。并且末尾有 耈谴"敬趣"（跋）16行。

西夏文的内容与以敦煌文为首的，现在广为人知的汉文文本并不完全一致[①]，笔者却认为大意相同。但是在问答［十二］之后，笔者认为差异很大，所以下面说明一下拙译。

［十二］又"礼拜"者，当如法也。必须理体内明，事随权变。会如是义，乃名依法。夫礼者敬也，拜者伏也，所谓"恭敬真性，屈伏无明"，名为"礼拜"。若能恶情永灭，善念恒存，虽不理相，名为"礼拜"。其相即法相也。

［十三］如《温室经》说："洗浴众僧，获福无量。"此则凭于事法，功德始成。若为观心，可相应乎？（残攻筞在使用受益者视点文）

答："洗浴众僧者，非世间有为事也。世尊尝为诸弟子，说温室经，欲令受持洗浴之法。其温室者，即身是也。所以燃智慧火，温净戒汤，沐浴身中真如佛性。受持七法，以自庄严。"今时众生，莫测其事，将世间水，洗质碍身，自谓'依经'。岂非误也？且真如佛性，非是凡形烦恼尘垢，本来无相。岂可将质碍水，洗无为身？事不相应，云何悟道？若欲身得净者，当观此身，本因贪欲不净所生，臭秽骈阗，内外充满。若洗此

①《铃木大拙全集》别卷一，达摩观心论（破相论）五本对校，1971年，田中良昭《〈菩持法〉和〈观心论〉》(二)《驹泽大学佛教学部研究纪要》第44号，1986年。

身，求于净者，犹如洗堑，堑尽方净。以此验之，明知洗外，非佛说也。是故假世事，比喻真宗，隐说七事，供养功德。其事有七。云何为七？一者净水，二者燃火，三者澡豆（稳粽），四者杨枝，五者净灰，六者苏油（督嫩），七者内衣。举此七事，喻于七法。一切众生由此七法，沐浴庄严，能除毒心、无明垢秽。其七法者：

一者净戒　洗荡愆非，犹如净水濯诸尘垢。

二者智慧　观察内外，犹如燃火能温净水。

三者分别　简弃诸恶，犹如澡豆能净垢腻。

四者真实　断诸妄想，犹如杨枝能消口气。

五者正信　决定无疑，犹如净灰摩身障风。

六者柔和　忍辱甘受，犹如苏膏通润皮肤。

七者惭愧　悔诸恶业，犹如内衣遮丑形体。

如上七法，是经中秘密之义，皆是为诸大乘利根者说，非为少智下劣凡夫。所以今人，无能解悟。

温室所称自身以智取暖，温其身心，洗浴七注，以自其身，佛以是人为比丘，往昔智人悟圣意，即成就功德，皆得道果。现今众生愚痴根钝，不悟是义，以尘世之水洗浴圣洁之身，佛法也之称之无误乎。现在的佛性非平凡之身，烦恼尘垢在根上是无形的，如何用更有碍的水来洗涤无垢之身，依法而修，轨是不随事相而净之，岂能如此，若其身体沐浴在水中而净，则是观之身，反之，欲因食欲不佳而引起的臭粪尿充满中外，而净洗是洗身而为，如若洗沟淤泥，再往沟中去，若以足验，则可作何事？郎如来因事由便，自然而然，故如来落在文字中也。不讲法也。故外事非佛之。即，在《阿合经典》中，诸比丘自心为浴池，善智为浴者，尊为戒律，以惭愧为衣，谈及《放光经典》世人洗浴非真浴也，不信经中论也，亦不理典中所说，从经取义者，实为三世佛之敌主也，脱离经典，如魔说也。

［十四］问："如经说言，'至心念佛，必得往生西方净土'。以此一门，即应成佛，何假观心，求于解脱？"

答："夫'念佛'者，当须'正念'。了义为'正'，不了义为'邪'。'正念'必得往生，'邪念'云何到彼哉？佛者，'觉'也。所谓'觉察身心，勿令起恶'也。'念'者，忆也，所谓'忆持戒行。不忘精进'。了如是义。名之为念。故知念在于心。非在于言。因筌求鱼。得鱼忘筌。因言求意。得意忘言。既称‘念佛’之名，须知念佛之道。且如诵之与念，义理悬殊。在‘口’曰‘诵’，在‘心’曰‘念’。故知‘念从心起’，名为‘觉行之门’。‘诵在口中’，即是音声之相。执外求理，终无是处。佛为觉也，专心做戒业，悟正义，为正念之名。即诵经缚心，不言语。譬如用网捉鱼，得鱼忘网，用词领略天机，悟道如忘语。现今为佛名诵经必能悟佛体，如果心有不满空口放弃的话有很多不同，念在心里，词在嘴上，念头从心起。觉若被利益迷惑，诵和名都只会是名业。诵是跟随语的善音。相持求佛也永无日也。即经典语诸相都成为了虚妄。求知若无（紕蔽綬），求我行他的邪道，因此切事观则情并非真实也，过去诸圣所修的功德都不是外事，是内心也。是中，唯心是众善根也，心是万恶的主。《涅槃经》说常乐我净（繖蘙紕繗），自己的心从起，流转三界也亦从的心起也。因此，心是飞黄腾达的妙门也，为解脱的要船（殘纾）。如果悟到妙门的话则不用考虑，能达要船有什么忧虑。散去食财，损地水，杀虫蚁，妄修塔寺，使人困惑，积木堆泥，画贤圣，力求外求之力而尽心力，自损而误他，未觉惭愧之心，愚凡之类，觉悟时，勤勤执着，闻无相说，现在社会上吃小的贪法，逃避后世的大苦，什么也得不到，如是修行，使自己为难，违背正向斜，为邪得福。是言非也，唯心上以自己的审判察觉，常明显能做到永灭三毒，堵住六贼的门不会烦扰，自然恒河沙的种种功德，一切的庄严，成就无严的法门。超越凡圣，自和不远，而不悟则在他处白等，真门深而密。如何具说，今微分造心序。”

达摩大师心根母　竟

总持如妙药　　能除多处烦病

诸天如甘露　　饮者常安乐

总持无文字　　文字显示总持

敬趣（纾蘿）（16行）

凡心，虽非名义，亦有其名义也，如国王非臣民，如臣民的主人。

心之王乃万法之源，乃诸语言的根，具足性相，集义事的主，悉数法门是也，神圣皆是。

佛要密传，师尚隐行，悟则成圣，妙乐寂寂。凡迷失者，苦恼乱乱。和则妄习，败神变之功，如失自主则，随烦恼犯罪。被幻缠缚则，不离脑熏倒见，若不具悟修者，则混通圆明。听天由命者功应三乘胜于因果，亦信悟顺行者其功德，不在称量之所，则至最高教王的根源顿悟入身，遵照特殊妙法宗师达摩大师的要义，以观心而成，为谋求等悲心之道者的法船而同众同心，故愿与群众同心，刻他的观心本的印面，愿今上皇希能效法明悟，显露法界众生的本性，以法界众生之功德而成正。

乾祐癸巳四年 月 日施

祈愿者坐谛（𘟙𘘂）和尚 hlwę̣ mbu（𘟣𘜶）慧□（𘘜𘔼）

印面雕刻者前内侍臣僮 kah（𘃡𘘦）

乾祐癸巳四年和西夏年号偏离了一年，根据干支推断的话应是1173年，根据年号推断的话应是1174年。

从高格调的序文开始，整体都用非常难解的西夏文来写。最后敬趣的前半部分也有很多不能充分理解的地方。第十三问答中的《阿合经》和《放光经》的引用等在汉文中没有对应的文献。可能另存西夏文翻译的原文，视点文只出现了1个例子，或许是西夏语的口语体不存在吧。

十、西夏语的变形和词汇层的问题

西夏语中有很多变形的语言，现阶段还不能解释清楚造成这种形态的主要原因是什么。

如经典译者的官衔中经常出现𘝻𘉍𘐈 lutsaɦwaɦ 或𘝻𘗹𘐈 lutsanwaɦ“通事”的官职。这是藏语 lotsawa 的音写字形，相当于固有语𘗽𘃣“语传”，这样的并列不是大问题。另外还有以下两个例子：“狗吠”有𘞌𘞍 hwɨ（平30）rɪr（平77）和𘞌𘞎 khwɨtshɨ（平30）两种表现形式。同样的固有语中，rɪr 和 tshɨ 表示分离，前者的字形是𘟐𘞎“鸟鸣”的 mbiɦ（上10）“鸣”加上犬字旁的形式。在经典《十二缘生》中，反复使用第一种字形，第二种字形一次也没有出现。但是第二种字形的 tshɨ 明显与现代哈尼语的 tshɿ31“狗吠”是同源语。最后的例子中虽然相互有非常相似的形式，但有着微妙的差异。如奴仆既有𘏨𘏩 phɪɦ（平14）kĭɛ（上31）又有𘏪𘏫 phiɦ（平14）kĭɛ（上31）。后面的 kĭɛ（上31）用不同的两个字形书写，但发音是完全相同的，肯定是表示西夏语的同一形态素。最初的音节 phɪɦ 和 phiɦ 都可以认为是汉语“谚语”的借用形，但是，两者之间也有差异，分别为平14韵和平11韵，除此之外还有𘂜 mɪɦ（平14）“施”和𘂝 miɦ（平11）“喂”。

把这种变形作为词汇层的不同来处理是一个很大的课题。

附录

西夏语言研究的新发展

（1）西夏编纂的《文海宝韵》和《文海杂类》，以及于 1007 年已在中原刊行的《广韵》，远在西夏建立政权的 1032 年之前，就已经包含反切。

在一个奇妙的原始脚本的基础上，结合表意文字语音元素（同时也设法传达语法信息），创造了以汉字为蓝本的西夏文字，这些都是西夏人民值得骄傲的成就。

（2）与此同时，西夏创造了一种书面语言用来取代当时使用的书面汉语，并用西夏文字来书写。但迄今为止，人们很少关注是什么为这种书写语言提供了基础。笔者猜测，这是在方言的基础上创建的，西夏为主要组成民族，从最初的 pseudo–Chinese 形式逐渐演变成有自己风格的文字，出现了中原典籍和佛教文献的译本。在翻译中可以看到《法华经》，习惯性使用方言的语法来表示的现象，如“前缀 + 动词 + 个人结局”。

（3）书面语的正体字以《同音》为典型代表，但实际文本经常不遵循这些规则。正确理解的文本需要恢复他们正确的正字法的形式。

（4）此外，笔者发现了有关佛教术语、词汇层和西夏翻译佛经的问题，《达摩大师观心论》。

西夏语语法新考

一、西夏语动词的曲折变化

俄罗斯西夏语学者 K.B 克平教授于 1985 年发表了《西夏语形态论》一文，详细论述了西夏语语法①。这篇大作理应受到高度评价。但是，克平教授此文却忽略了一个非常重要的事实，即西夏语的动词有曲折变化。西夏语动词既有前缀，又伴随着人称后缀，其重要性自不待言。但笔者认为，动词词干自身会有曲折变化这一点更值得注意。如此，关于西夏语特性的界定便要大大改变。笔者对西语语法新构想的着眼点就在于此②。下面将陈述思路，说明其要点。

1. 西夏语动词的灵魂在于后置动词句的构造。

2. 动词句可依据两种形式加以识别，即完成形和未完成形。前者主要以前缀的添接为特征。这种前缀本来具有指示趋向的功能。但在 11 世纪中叶，这种前缀本经过若干阶段，又开始指示完成形③。不过，其功能还未完全转换，笔者推测在若干动词上指示趋向的功能仍然活跃。

3. 11 世纪的西夏语是主格—对格型语言（在此之前也许是作格型的语言）。从动词句的形态着眼，可大致区别为人称后缀和动词词干构成的 B 形式的主语照应句，以及同样是由人称后缀和动词词干构成的 A 形式的宾语照应句，此外还有不加人称后缀的中立句。

4. 从历史视角来看，西夏语动词曲折变化的完成可做如下推定：

11 世纪之前，西夏语作为同属于藏缅语族的语言之一，和藏语一样都有三

---

① К.Б. Кепинг，*Танеупский Язык，Морфолоеня*，Наука，Москва. 1985。

② 笔者的《西夏语文法的构架》始见于西田（1985 年）及其英译（1987 年），以后又在三省堂《言语学大辞典》“西夏语” 及拙著（1997 年）中进行了修正性阐述，后来（1998 年）又提出了新的意见。

③ 笔者认为，六种前缀 1 和 *ˀeh 融合为一个前缀 2 的祈使功能，经过了三个阶段的转移。参见西田龙雄 1985 年，第 10 页，1987 年，第 9 页，还有□ ndɨ（上 28）可以看作是□ ndeɦ（上 33）的变形。

时一式的变形，其中，现在形和未来形为一方，过去形和命令形为另一方，都合并到同一形式中。前者即A语干形式，后者则作为B语干形式沿用下来。人们意识到两者密切相关，大多将其记述为双生字，称为动词词干双生字①。B形式将其自身或禁止助词豯 iɦ（平11）置于前面，具有命令功能，是因为其作为过去命令形而沿用下来。瞿霭堂教授认为，八九世纪的藏语书面语中，具有曲折变化的动词，其单音节词占20%，据笔者推测，西夏语也应是这个比例。当然，和藏语相同的综合形式有好几个种类，也有在一种形式上综合的动词，例如“杀”。

5. 其他动词作为词干，经过三时一式的词干形式连续不断分离，被11世纪的西夏语沿用下来。双生字固然不少，但更多时候用一个西夏字来记述。因此，要发现其之间的关联性是勉为其难的。就其形式可假设为C形式和D形式。如“舍”和“死”，都有两种形式，这种情形基本上是以往同一动词的变形，在这一点上和上述A形式和B形式是一致的。但由于其与人称后缀的分配关系不是很明确，所以先假定为C形式和D形式。其分配关系一旦能够确认，即应按照A形式和B形式来对待。

6. 荪 siɦ（上10）是过去时态的古老标志，于11世纪完成了动词名词化的任务，同时还具有将动词句整体名词化的功能。而这个过去时态标志的古老功能，被同样附着于连体修饰句的绲 iəw（上38）（同样具有名词化的功能）与完成体和未完成体相补充的形态所分担并继承下来②。关于西夏语的连体修饰句，一般认为相当于日语的ル形和タ形③。

二、西夏语的探索与考察过程

很早以前，笔者曾阐述过西夏语动词正像“如是我闻”所代表的那样，在伴随人称后缀“我”时，“闻”不是 miɦ 而是 mĭɔɦ-ŋaɦ “闻、我”④。在西夏文中，将变化形与基本形蕔区别开来，用蘶绱来记录，这种现象不仅在第一人称中有，第二人称也有。

---

① 所谓西夏文双生字，是指从语法功能上可看出其字形构成的字。这一看法在西田龙雄（1998b），即沈阳论文（日文和中文）上最初提出。

② 和现代彝语的 V-1u33 名词化相类似，如 mo33“见”→ mo33lu33“见识”，恐怕与此同源。据罗芳《尔比性质探》，《中国彝学》第一辑，第246页。

③ 丹羽哲也：《ル形和タ形的体和态》，《人文研究》大阪市立大学人文学部，1996年，第48页。

④ 拙著（1967年），中文为那楚格、陈建玲译：《西夏文字解读》，银川：宁夏人民出版社，1998年。

与此相同，“与”相对于[illegible] khĭɔn，[illegible] khĭen–ŋaɦ“与、我”；[illegible] leɦ“见”相对于 [illegible] li–ŋaɦ“见、我”。如上所述，相当多的动词具有两种形式（二词干），可将其视为 A 形式和 B 形式加以识别，这个问题笔者在研究西夏文《华严经》时已有阐述①。因而，作为调节手段，西夏语动词具有 A、B 两词干。有的动词则没有调节，如“杀”saɦ 这样的动词，可分成两个部分。

西夏语动词的形式潜藏于西夏文字的背后，要判断某个动词属于何种类型困难重重，难以决断。但笔者发现，在研读众多典籍时，特别是苏联解体后，有大量文献可供使用，A 语干形式附着于代词后的例子甚多。具体说到上述例子，[illegible]之外还包括[illegible]。于是，在考察二者如何区别时就会明白，这两种形式都分担了重要的功能②。

［1］S O V_B［代］

[illegible]

我 者 庶 民 之 赏 给，我

ŋaɦ（主格）……khĭen（B 形式）–ŋaɦ（主格照应）

［2］(S)O V A［代］

[illegible]

我 之 赏 与 给，我

naɦyeɦ（与格）khĭɔn（A 形式）–ŋaɦ（与格—对格照应）

如此，例［1］便是在主格上将视点置于某个施动者的句子，而例［2］则可理解为在对格—与格上将焦点投于被动者—受益者的表现形式。这一看法笔者已在 1986 年以来发表的二三篇论文中有所阐述，而在 1998 年完成的《西夏语研究新论》中又有所修改，将例［1］命名为施动者（主语）视点句，例［2］为被动者—受益者（宾语）视点文。并且将不具有人称后缀的句子假定为

---

① 动词词干 A、B 二种形式的调节在西田龙雄（1997 年）中进行了整理，其后（1998 年）又有如下表述。

A	[illegible] ndze（上 54）	[illegible] tsĭər（平 93）	[illegible] miɦ（平 11）
B	[illegible] ndzi（平 67）	[illegible] tsir（平 79）	[illegible] mɪɦ（平 14）
	越	选	与

已经发现了许多这样的例子，大多被记述为双生字。

② 笔者以前（1989 年）提出下列类型，举出了若干例子。之后在（1998 年）中，又有详尽表述。

主语照应形	第一人称	V（B 形式）	-nŋaɦ
	第二人称	V（B 形式）	-naɦ
宾语照应形	第一人称	V（A 形式）	–nŋaɦ
	第二人称	V（A 形式）	–naɦ

例［3］中句法结构：

［3］[西夏文]

（自、乃、为、罪、苦、悔）“忏悔自己所犯的罪过”

[西夏文]

（臂、又、手、已、缚、为）“臂和手被捆住了”（观世音）

例［1］例［2］两个视点句恰好保存在藏缅语族发展的第一阶段。据笔者所知，目前尚未有报道说在藏缅语族中发现保持这种类型的代词照应关系的例子①。

三、后缀代词的形式

关于后缀代词，克平教授在第一、第二人称单数之外，还举出了作为复数形式的[西夏文] niɦ（上 10）这个例子。但现阶段笔者仍无法断定这个 niɦ 的功能，置于 niɦ 之前的动词是完全不能变形的②。

可是，在第一人称的场合，独立的代词和后缀代词都同样以西夏文书写。而在第二人称中，尽管有着完全相同的发音 naɦ（上 17），但独立的代词形式却是[西夏文] naɦ，那么，为什么在后缀方面创造了特别的字形[西夏文] naɦ，尚有悬疑。笔者暂且这样考虑：

在第一人称的场合，西夏人心目中的独立代词 ŋaɦ 和人称后缀 ŋaɦ 是等价的语言单位。但是在第二人称的场合却有所不同。[西夏文] naɦ 恐怕包含着[西夏文] naɦ 和另一个第二人称代词[西夏文] niɦ（上 10）（笔者认为本来是双数形式），有两种形式，或者，可认定它是经过中和的相应形式。总之，关于第二人称后缀，即使独立

---

① 笔者认为，对于藏缅语言而言，这两种视点句的存在一般都有很大意义。与此相关的是最近发表的业隆话的形态。

［1］nə^{55} ji^{55} ai-ɬi^{33} ɤdo-ŋ^{55} （主语照应）我打他

我（施助）他打我

［2］ni^{55} ji^{59} ŋo^{55} ɤdo-ŋ33P （宾语照应）你打我

君（施助）我打我

［3］ŋo^{55} ji^{55} ŋo^{55} ɤdo-n^{33} （宾语照应）我打你

［1］是主语照应句，［2］是宾语照应句。［1］和［2］的动词词干显示着相同的形式，但以前一定是不同的。

业隆语形式，见尹蔚彬：《业隆话概况》，《民族语文》2000 年第 6 期。

② 笔者认为，[西夏文]的确作为人称后缀使用，此类例子甚多。但其照应形式不一定是明确的。而且，我感到它经常以相当于藏语 ni（强势助词）的形式出现。

代词□ naɦ 和后缀代词□ naɦ 的语音相同，其意义、功能也不完全相同。所以才为后者创造了特别的字形。

第一人称 独立形代词 □ ŋaɦ（上 14）————后缀代词□ nas（上 14）

第二人称 独立形代词 □ ŋaɦ（上 17）

□ niɦ（10） ——后缀代词□ nəɦ（上 17）

在《景德传灯录》中[①]，第二人称代词□和□都被使用着，但又共同照应着后缀代词□。

□□□□□□（我、汝、之、摄、受、汝）“我应该摄受汝”

ˀiɛ 为 A 形式，naɦ 照应着 niɦˀyeɦ 与格—对格形式。由于这个句子是高僧用来称呼修行僧的，因此笔者认为，其中反映了某些阶层的差别。

四、西夏语是主格、对格型语言

近年来，由于克平教授的提倡，人们普遍相信西夏语是所谓作格或是同主格—对格混用的语言。笔者一直认为，至少在 11 世纪之后，即书面语开始被确立的阶段，西夏语已经是主格—对格语言了。S □（者）O □（之）V 为其基本形。□ taɦ 有时具有主题（topic）标志的功能。但是，在名词句之外，动词句也承担着主格标志的任务[②]。那么，被称为作格标志的□□具有什么功能呢？由于□的反切不明确，所以无法确切地复原其语音，在此只好假定为 ndži-wi 来处理。这个 ndži-wi 如果直译的话，往往译为“作业”，我认为它具有强调施动者之行为的功能，并且，也经常用在被动句里作指示施动者的标志。

［1］S □□ O □ V　　S（A）O（P）V

［2］S……A（前缀）□□ V　S（P）A V（被）

［1］□□□□□□□□□□□□

（其、众、类、人、业、为、汝、之、已、害、汝、乎）

这些众僧恐怕要加害于你、你乎（景德）

□ ɬieɦ（上 35）是“害”的 A 形式，B 形式为□（所属的不详）。□后缀照应着具有明确的对格标志的□□“汝之”。

① 有关西夏文《景德传灯录》的论述，可参见西田龙雄 1998 年。

② □ taɦ 除了作为主题、主格助词使用之外，也有不少情形表示和□“（行为）者”相同的意义。例如，□□□□□读作“助天子者”；□□□□□ 读作“尊者之吉祥”（佛本行集）。

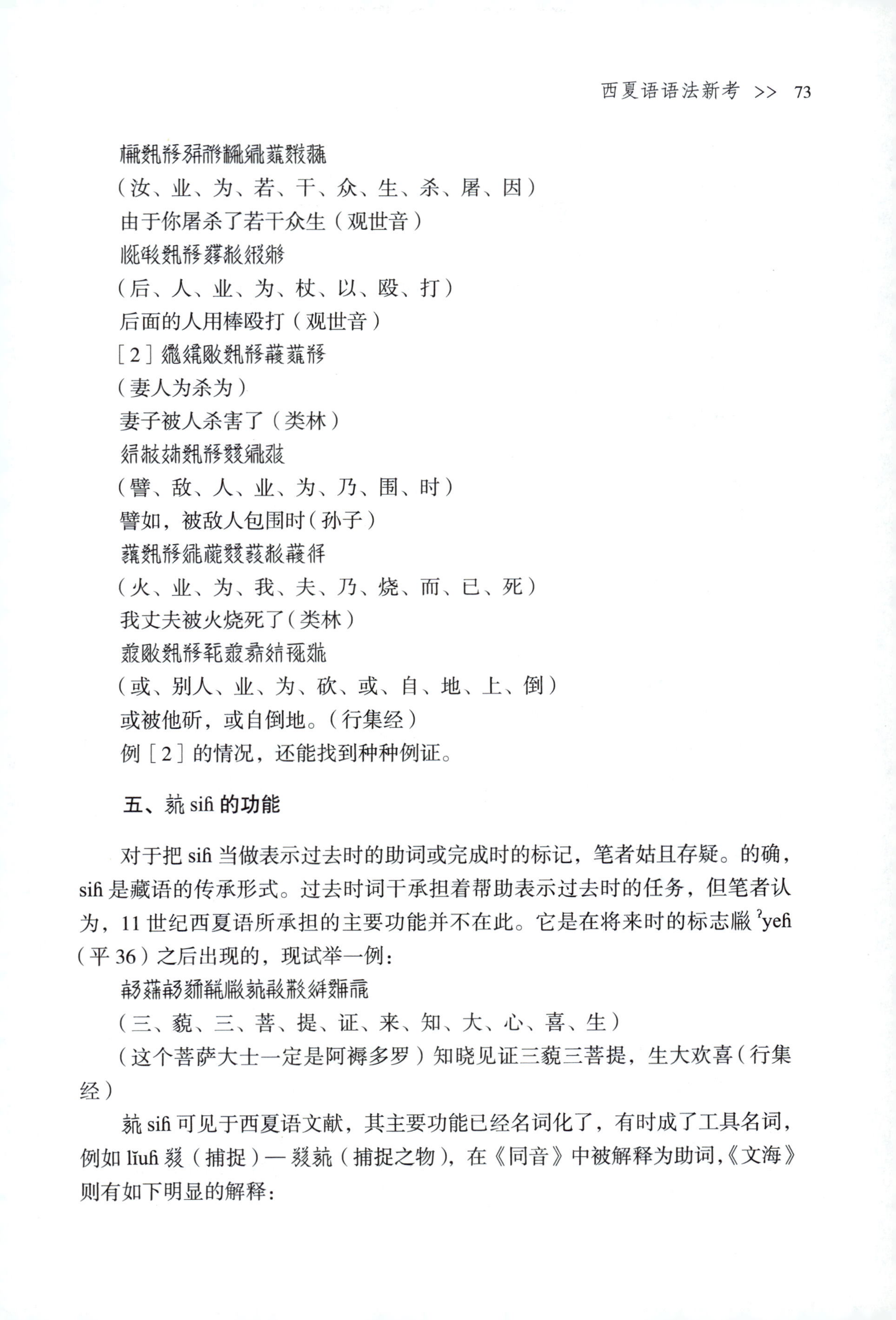

[illegible]

（汝、业、为、若、干、众、生、杀、屠、因）

由于你屠杀了若干众生（观世音）

[illegible]

（后、人、业、为、杖、以、殴、打）

后面的人用棒殴打（观世音）

［2］[illegible]

（妻人为杀为）

妻子被人杀害了（类林）

[illegible]

（譬、敌、人、业、为、乃、围、时）

譬如，被敌人包围时（孙子）

[illegible]

（火、业、为、我、夫、乃、烧、而、已、死）

我丈夫被火烧死了（类林）

[illegible]

（或、别人、业、为、砍、或、自、地、上、倒）

或被他斫，或自倒地。（行集经）

例［2］的情况，还能找到种种例证。

五、[illegible] siɦ 的功能

对于把 siɦ 当做表示过去时的助词或完成时的标记，笔者姑且存疑。的确，siɦ 是藏语的传承形式。过去时词干承担着帮助表示过去时的任务，但笔者认为，11 世纪西夏语所承担的主要功能并不在此。它是在将来时的标志[illegible] ʔyeɦ（平 36）之后出现的，现试举一例：

[illegible]

（三、藐、三、菩、提、证、来、知、大、心、喜、生）

（这个菩萨大士一定是阿褥多罗）知晓见证三藐三菩提，生大欢喜（行集经）

[illegible] siɦ 可见于西夏语文献，其主要功能已经名词化了，有时成了工具名词，例如 lĭuɦ [illegible]（捕捉）— [illegible]（捕捉之物），在《同音》中被解释为助词，《文海》则有如下明显的解释：

[illegible] thu（平 1） 锥[illegible] 开孔之物

[illegible] lĭu（平 2） 笛[illegible] 鸣吹之物

［“锥”缅语 cu^{2}，彝语（喜德）$li^{55}tʂu^{21}$，纳西语 $tʂu^{55}$；“笛”缅语 prwei < paluy，纳西语 $pi^{21}li^{55}$，藏语（巴塘）$kei^{55}lu^{55}$］①。

笔者认为，西夏语的 –siɦ 尽管被当做动词使用，但同样有名词化的功能。

[illegible]

（七、十、七、亿、诸、佛、乃、说、所、是）

（这）是七十七亿诸佛所说之事（七佛八菩萨）

[illegible]

（此、如、碍、大、一、乃、负、汝、所）（亦、未、知、汝、也）

如是大碍，汝背负其一，……亦未知、汝也

[illegible]

（天、佑、汝、来、所、谓）

谓天助汝之（事）

[illegible]

（汝、未、悟、汝、所）

未悟之（事）

但是，–siɦ 的古老功能仍在其他地方发挥着作用。

西夏语连体句的标志[illegible] ɬəw 与 [illegible] siɦ 的功能已很难确定，但是，在相关动词的意义上（表示“应该”）有时还有名词化的功能。如[illegible]（说、应、不、有）“没有应该说的东西”。如上所述，“[illegible]”这个词，主要具有“所做之事”即名词化的功能。两者都出现在连体修饰句的末尾，承担着相当于日语い形和タ形的功能。笔者认为，西夏语已经介入了完成体和未完成体的差异。

［1］V [illegible] N 未完成体 ル形和连体修饰

［2］V [illegible] N 完成体 タ形连体修饰

[illegible] [illegible] [illegible] 断、所、惑 所断之惑

[illegible] [illegible] [illegible] 断、能、道 能断之道

可以推想，后者的完成体实际上是经过以下三个阶段发展而来的。其中第二阶段的情况较少，第三阶段的情况最多。

① 关于“锥”，还保持着西夏语 t– 与纳西语、彝语 tʂ 相对应的古老形式，同缅语 c–、载瓦语 ts–、浪速 ts–、波拉语 t– 相对应有些类似。参照西田龙雄 2000 年第 283 页。

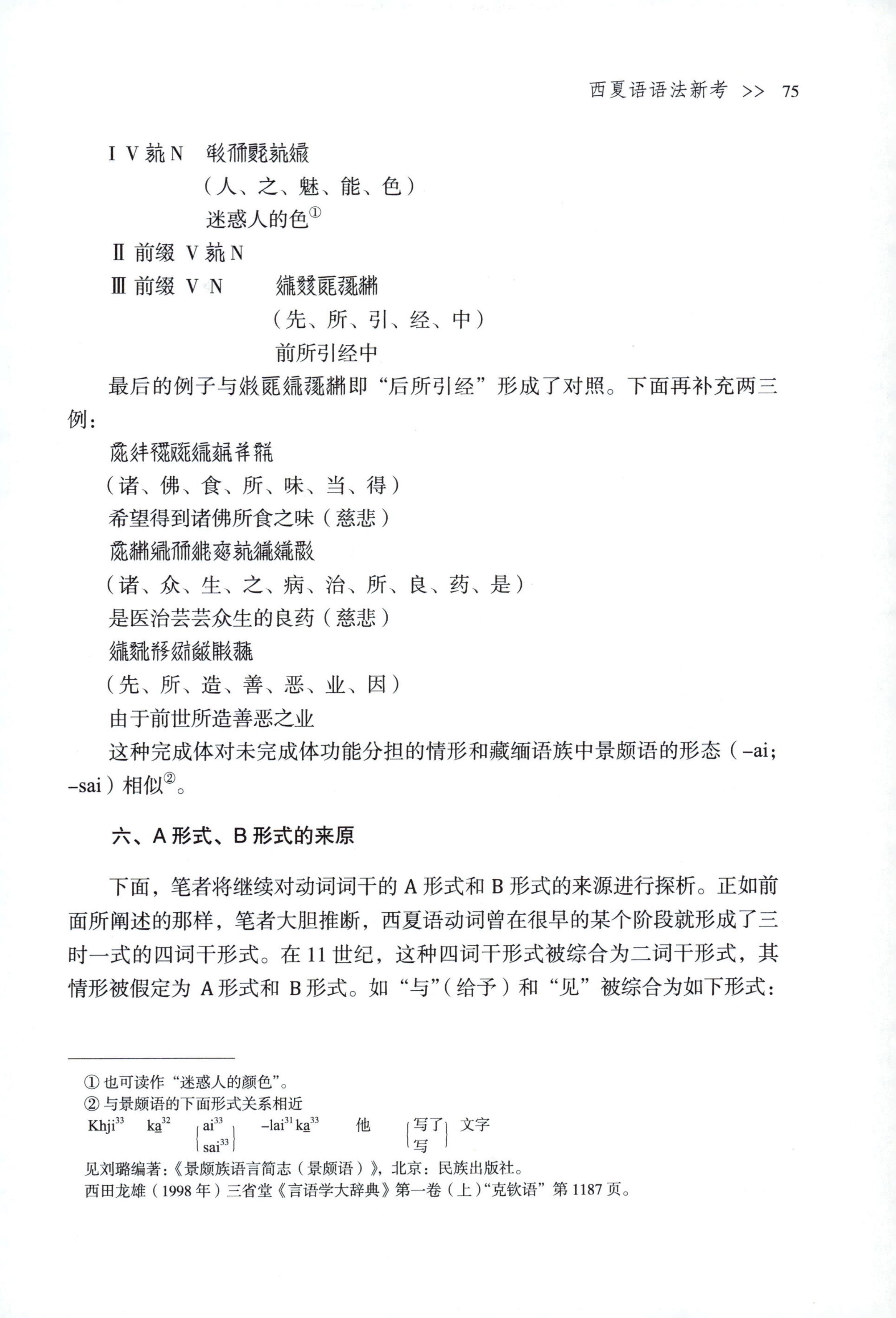

Ⅰ V [illegible] N　[illegible]

（人、之、魅、能、色）

迷惑人的色[①]

Ⅱ 前缀 V [illegible] N

Ⅲ 前缀 V N　[illegible]

（先、所、引、经、中）

前所引经中

最后的例子与[illegible]即“后所引经”形成了对照。下面再补充两三例：

[illegible]

（诸、佛、食、所、味、当、得）

希望得到诸佛所食之味（慈悲）

[illegible]

（诸、众、生、之、病、治、所、良、药、是）

是医治芸芸众生的良药（慈悲）

[illegible]

（先、所、造、善、恶、业、因）

由于前世所造善恶之业

这种完成体对未完成体功能分担的情形和藏缅语族中景颇语的形态（-ai；-sai）相似[②]。

六、A 形式、B 形式的来原

下面，笔者将继续对动词词干的 A 形式和 B 形式的来源进行探析。正如前面所阐述的那样，笔者大胆推断，西夏语动词曾在很早的某个阶段就形成了三时一式的四词干形式。在 11 世纪，这种四词干形式被综合为二词干形式，其情形被假定为 A 形式和 B 形式。如“与”（给予）和“见”被综合为如下形式：

---

① 也可读作“迷惑人的颜色”。

② 与景颇语的下面形式关系相近

Khji^{33}　ka^{32}　{ai^{33} / sai^{33}}　-lai^{31} ka^{33}　他　{写了 / 写}　文字

见刘璐编著：《景颇族语言简志（景颇语）》，北京：民族出版社。

西田龙雄（1998 年）三省堂《言语学大辞典》第一卷（上）“克钦语”第 1187 页。

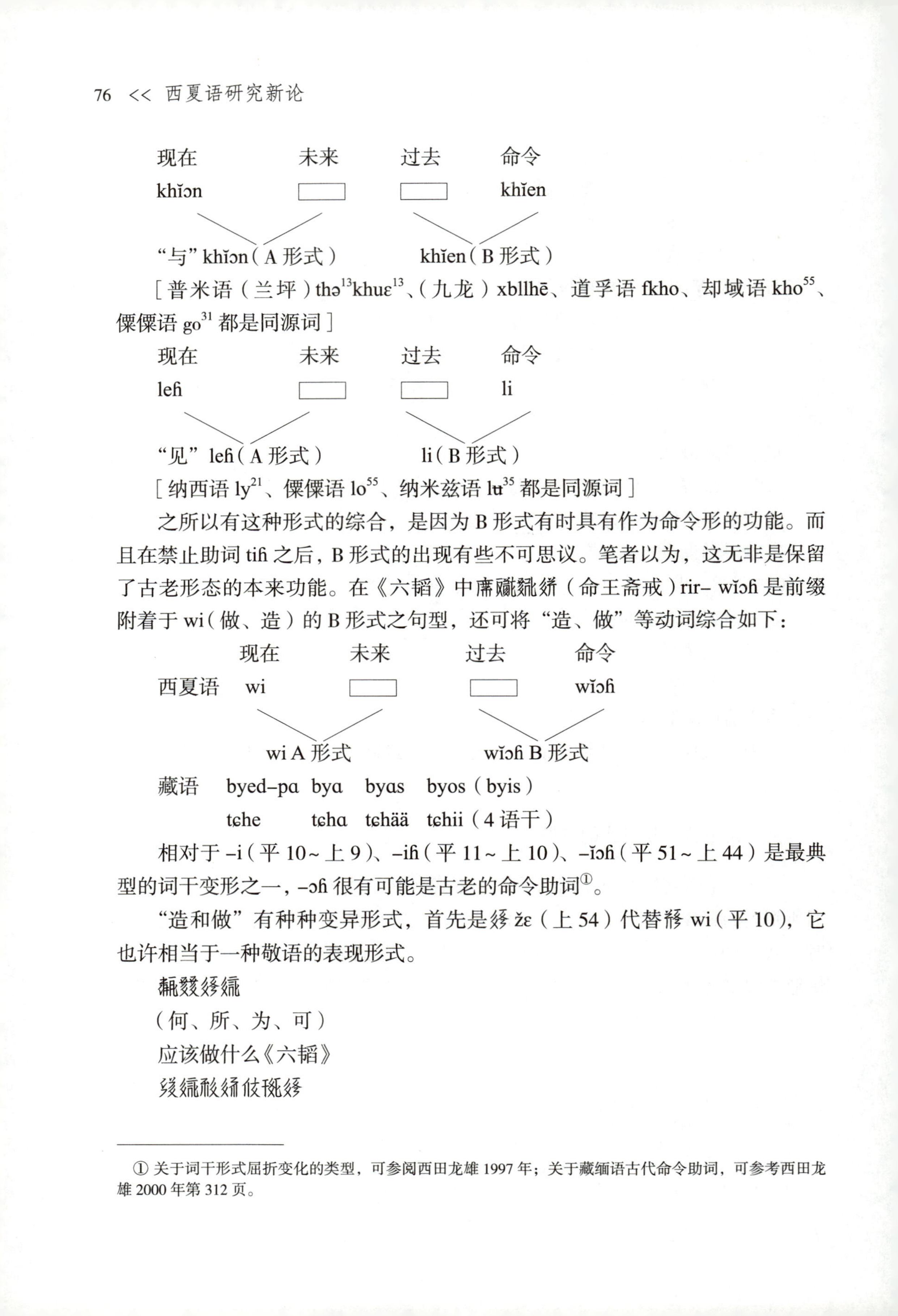

现在　　　　未来　　　过去　　　命令

khĭɔn　　　　□　　　□　　　khĭen

“与” khĭɔn（A 形式）　　　khĭen（B 形式）

［普米语（兰坪）thə^{13}khuɛ^{13}、（九龙）xbllhē、道孚语 fkho、却域语 kho^{55}、傈僳语 go^{31} 都是同源词］

现在　　　　未来　　　过去　　　命令

leɦ　　　　　□　　　□　　　li

“见” leɦ（A 形式）　　　li（B 形式）

［纳西语 ly^{21}、傈僳语 lo^{55}、纳米兹语 lɯ^{35} 都是同源词］

之所以有这种形式的综合，是因为 B 形式有时具有作为命令形的功能。而且在禁止助词 tiɦ 之后，B 形式的出现有些不可思议。笔者以为，这无非是保留了古老形态的本来功能。在《六韬》中[西夏文]（命王斋戒）rir– wĭɔɦ 是前缀附着于 wi（做、造）的 B 形式之句型，还可将“造、做”等动词综合如下：

　　　　现在　　　未来　　　过去　　　命令

西夏语　wi　　　　□　　　□　　　wĭɔɦ

wi A 形式　　　wĭɔɦ B 形式

藏语　byed–pa　bya　byas　byos（byis）

　　　tɕhe　　tɕha　tɕhää　tɕhii（4 语干）

相对于 –i（平 10 ~ 上 9）、–iɦ（平 11 ~ 上 10）、–ĭɔɦ（平 51 ~ 上 44）是最典型的词干变形之一，–ɔɦ 很有可能是古老的命令助词①。

“造和做”有种种变异形式，首先是[西夏文] žɛ（上 54）代替[西夏文] wi（平 10），它也许相当于一种敬语的表现形式。

[西夏文]

（何、所、为、可）

应该做什么《六韬》

[西夏文]

---

① 关于词干形式屈折变化的类型，可参阅西田龙雄 1997 年；关于藏缅语古代命令助词，可参考西田龙雄 2000 年第 312 页。

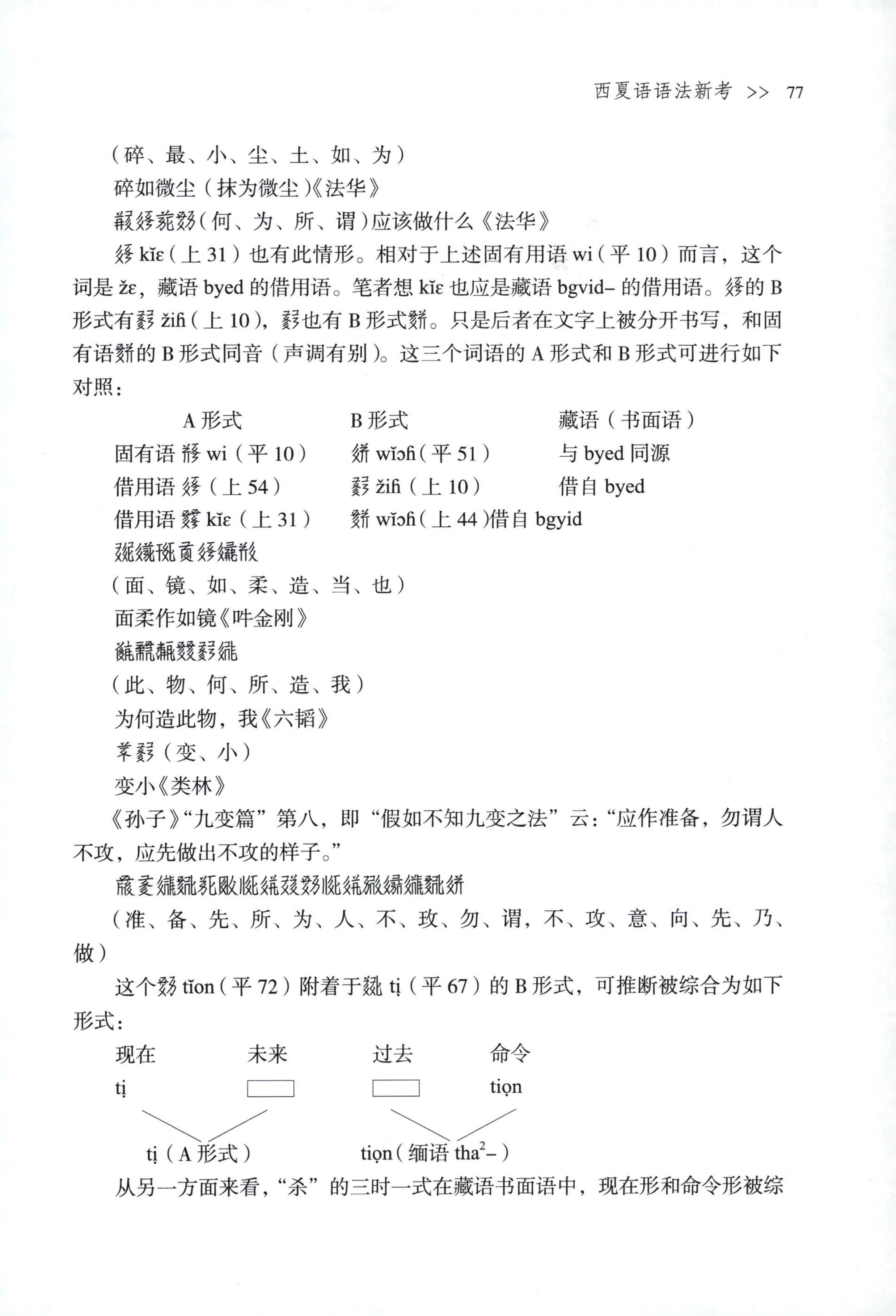

（碎、最、小、尘、土、如、为）

碎如微尘（抹为微尘）《法华》

□□□□（何、为、所、谓）应该做什么《法华》

□ kĭɛ（上 31）也有此情形。相对于上述固有用语 wi（平 10）而言，这个词是 žɛ，藏语 byed 的借用语。笔者想 kĭɛ 也应是藏语 bgvid- 的借用语。□的 B 形式有□ žiɦ（上 10），□也有 B 形式□。只是后者在文字上被分开书写，和固有语□的 B 形式同音（声调有别）。这三个词语的 A 形式和 B 形式可进行如下对照：

	A 形式	B 形式	藏语（书面语）
固有语	□ wi（平 10）	□ wĭɔɦ（平 51）	与 byed 同源
借用语	□（上 54）	□ žiɦ（上 10）	借自 byed
借用语	□ kĭɛ（上 31）	□ wĭɔɦ（上 44）	借自 bgyid

□□□□□□□

（面、镜、如、柔、造、当、也）

面柔作如镜《叶金刚》

□□□□□□

（此、物、何、所、造、我）

为何造此物，我《六韬》

□□（变、小）

变小《类林》

《孙子》“九变篇”第八，即“假如不知九变之法”云：“应作准备，勿谓人不攻，应先做出不攻的样子。”

□□□□□□□□□□□□□□□□□

（准、备、先、所、为、人、不、攻、勿、谓，不、攻、意、向、先、乃、做）

这个□ tĭon（平 72）附着于□ ṭị（平 67）的 B 形式，可推断被综合为如下形式：

现在	未来	过去	命令
ṭị	□	□	tiọn

ṭị（A 形式）　　tiọn（缅语 tha^2–）

从另一方面来看，“杀”的三时一式在藏语书面语中，现在形和命令形被综合为 söö；未来形和过去形被统合为 sää。与此相对，西夏语也全部演变为一种形式 saɦ（平 20）。

现在　　命令　　未来　　过去
藏语书面语：gsod-pa　sod　sad　bsad
/söö/　　/sää/
现在　　命令　　未来　　过去
西夏语：□　□　□　□
saɦ
（藏语 gsod-与缅语sat同源）

也有特别的例子，藏语书面语 mchod-pa（1. 恭敬 2. 供养 3. 祭）不呈现词干变化。而与此对应的西夏语形式却为了适应不同的意义而被分割，分为两种字形，且各自显示着词干变化，保存在 B 形式中①。

［1］[illegible]　tshʷew（平 43）“敬”　A 形式
　　[illegible]　tshʷĭug（平 3）“敬”“汝”　B 形式
［2］[illegible]　kĭu（平 59）-tshʷew（平 43）“供养”　A 形式
　　[illegible]　kĭu（平 59）-tshʷĭuɦ（平 3）“供养我”　B 形式

［1］［2］都与 WrT mchod-pa 为同源词。可推断发生了如下综合：

现在　　未来　　过去　　命令
tshʷəw　wəw　tshʷĭuɦ　tshɯĭuɦ
tshʷəw（平 43）　　tshʷĭuɦ（平 3）

对应藏语的某一形式，西夏语词干用两种字形分开来标记之例亦见他处。例如，藏语 tshe 的含义有二：时，时间；寿命。但在西夏语中，对应于［1］［2］的相同形式 bzĭon（上 64）却用两种字形分开书写。

［1］[illegible] ʁzĭo̜n 时
［2］[illegible] ʁzĭo̜n 寿命

① 关于西夏语动词词干的变迁，上面的图示有所显示。但实际上其经过并非如此简单，还必须充分考虑西夏学者对藏语古典文法有很深的造诣。假定西夏曾有关于藏语文法方面的著作译文乃至研究注释，也不是什么不可思议的事。

顺便说一下，[3] [illegible] tsĭər（平 87）（与藏语 tshigs 同源）“节”，[4] [illegible] ndzĭen^2（平 42）“时”（汉语“辰”的借用形）；[5] [illegible] mbeŋ（上 33）“有时”。佛典中，[4][5] 与 [1] 没有区别。

七、同义词、近义词的整理

在西夏语动词中，作为同义词、近义词使用的动词很多。其中可区分为自动词和他动词、自他动词和使役动词的对立。概简言之，前者表现为笔音声母的对立而后者主要是主元音性质的对立。

	自动词	他动词
类型Ⅰ	[illegible] ⁿdžĭən（平 56）离（自动）	[illegible] tšhĭən^2（平 56）离（他动）
	[illegible] ndɨr（上 76）燃（自动）	[illegible] thɨr（平 84）燃（他动）
	[illegible] ŋgʷɨ（平 30）折（自动）	[illegible] khʷɨ（平 30）折（他动）
	[illegible] ⁿdzɨr（平 80）割（自动）	[illegible] tshɨr^2（平 80）割（他动）
	[illegible] ⁿdžʷi（平 10）溶（自动）	[illegible] tšhi（平 10）溶（他动）
	[illegible] mbɪĕ（上 8）解（自动）	[illegible] phɪĕ（上 8）解（他动）
类型Ⅱ	[illegible] kew（平 44）崩（自动）	[illegible] khew（平 44）：崩（他动）
	他动词	使役动词
	[illegible] thiɦ（平 11）饮	[illegible] tị（平 67）使饮
	[illegible] ŋgʷiɦ（上 10）穿衣服	[illegible] ŋgʷị（平 67）使穿衣服
	[illegible] lu^2（平 1）混杂	[illegible] hlụ^2（平 58）使混杂①

从另一方面来看，和这种对立所不同的是“舍”和“死”的对立。

[illegible] phɨ（平 30）舍	[illegible] sɨ（平 30）死
[illegible] phiɦ（上 10）已舍	[illegible] siɦ（上 10）已死

这两种形式以前也是同一动词的异词干，后来大概分开了，成为各自发展的词干。特别是“舍”的两种字形，或许就是意识到这种关系而创造的双生字。

还可另举一例，“洗”有十分相似的两种形式 žu^2（上 1）和 žur（平 84），由

---

① 此类型见西田龙雄 1989 年相关著作，此外，作为紧喉元音化的功能，有如下例子：

[illegible] kaɦ（平 17）“平等”	[illegible] ka（上 56）“平均”
[illegible] mbiɦ（上 10）“低”	[illegible] mbị（平 67）“降低”
[illegible] kar（平 83）“称（名词）”	[illegible] ka（上 56）“称（动词）”
[illegible] hlwaɦ$_2$（平 17）“灭”（他）	[illegible] hlwa（平 63）“灭”（自）

于两者没有用双生字来标记，所以，也许在西夏人心目中是不被看作相近的形态语素。将这种情况与藏语书面语的四词干相对照，可推定其与 A 形式、B 形式的发展状况相同。另外，由于未能发现做人称后缀的例子，因此笔者将这种现象指定为 C 形式和 D 形式[①]。

	现在	未来	过去	命令
“洗”藏语书面语	hkhrud–pa	khru	bkrus<*bhruds	khrus
西夏语	[illegible] žu^{2}（上 1）（C 形式）		[illegible] zɯr（平 84）（D 形式）	
“盗”藏语书面语	rku–ba	brkusbrkus< * brkuds		rkus
西夏语意	[illegible] kʷɨr（平 92）（C 形式）		[illegible] kĭər（上 86）（D 形式）	

在用双生字标记“盗”的两种形式时，必须重新考虑语音形式的复原问题，而这种情况又在很大程度上可能是同一动词的分离形式。与此相对，名词词干[illegible] kwɨr（上 70）相当于 * rkud，其动词形式是[illegible][illegible]，意为“为盗”[②]。

八、西夏语书面语的确立

当初，笔者所称西夏语为西夏的官方用语，是从口语脱离出来的书面语，是拥有多种部族语的西夏人为了超越各式语言，相互交流而制定的。笔者深信，西夏文也是为了便于书写、记忆通用语而创造出来的表意文字。这种想法是逐渐变化的。然而作为一种书面语如果不是以主要民族的口语做基础，就不会取代 11 世纪初使用的汉语和汉字而迅速成为一种新的书面语。事实上，平声字和上声字的分开使用，已是在日常口语背景下进行的初步尝试，进而创造了反映这种声调对立的特定字形，这本身也在明示书面语的性质。

---

① B 形式词干并不是常常伴随着人称后缀。一般认为，这是古老的动词屈折形式的残留。
[illegible]（夫、人、汝、今、何、为、将、调）“夫人，汝谓今为何。”（类林）

② 在“同”的平声字和上声字的对立中，原则上上声字伴随着前缀而出现。也可认为这反映了 ndri–ba 和（pf）dris 的关系。还有“数目”和“数（上声）”、平声和上声的关系。上声字在《法华经》（卷四）中，也有用作动词的。

[illegible] ŋʷĭər（上 78）名词（动词）缅语 grans-ka “数目”

[illegible] ŋʷĭər（平 87）动词 bgarang-ba “数（上声）”

在《真实名经》等许多经典中，[illegible]还承担着表示复数的功能。[illegible] ŋʷĭər 相当于彝缅语的 -kra（怒苏语的 -tɕi31、纳西语的 ŋw33）形式，而 -nɨ 对应藏语群的 mams 形式。缅语的 -kra 相当于藏语的 gra-ng。另外，还有动词后面接续 ŋʷĭər（上）的例子，它是动词复数的表现，保存了相当于藏语的 -v-Kra、怒苏语的 V-tɕi̱^{31} 等彝缅语的古老形态。

我们的核心课题是研究潜藏在西夏文字背后的语言，即西夏语的重构问题。笔者相信，如果可能的话，还能探究使用达二百年的西夏语的历史。为了达到这一目的，必须详细研究数量庞大的文献。其中大量的佛典是极佳的研究对象。这样，文献的质量问题就突显出来[①]。众所周知，11 世纪西夏语文献较少，现存的大部分写本、刊本都是 12 世纪崇宗、仁宗时期的，即西夏鼎盛时期及此后的产物。毋庸置疑，当时西夏语、西夏文字已在西夏十分普及，广为传播。根据文献记载，许多假用字（当乙字）被使用着[②]。现可确证，西夏文字是以《同音》上的字形为标准体[③]。然而，作为书面语，西夏人实际上是以什么样的文章为标准的，书面语从一开始是否就是统一的文体呢？实际上一看各种文献，便知其绝非统一的，说一句极端的话，几乎每一种文献都有不同[④]。可以说，恐怕只有在番汉两种学校受过教育后写成的文章才能确认为标准体，也只有在刻字司刊行的书籍才会用标准体来书写。笔者认为今后有细分的必要，但现在还是要简单一些，可先假定将各种文体分为单纯文体和复杂文体两类。涉及翻译的佛典，如《大方广佛华严经》可看作单纯文体的代表，《妙法莲华经》则可看作复杂文体的代表。在两者之间可能还有其他种类，但不妨先大胆地分为两类。笔者怀疑单纯文体是由汉人翻译的，和汉文非常接近，是一种只置换文字的通译体（拟汉文体）。与此相对，《妙法莲华经》是用更接近西夏语的语言书写的，其中，上述两种视点文也多有使用，有着其他经典所见不到的特点。正如我们所推想的那样，这或许也是口语的反映吧。

以下，笔者想试举两三例：

《法华经方便品第二）（卷二）

[illegible] 这一句相当于汉文：“我等亦得此法，到于涅黎，而今（不知，是义所趣）。”

---

① 首先，各种典籍之间的对照和校订工作是非常必要的。例如《法华经》有所谓毛利瑟本和科兹洛夫本。虽然两者之间相异程度仍不明确，但关于梵语陀罗尼的音译法有很大的不同，这一点是确定的。

② 在某种典籍中，有时能反映作者自身使用语言的方法。科兹洛夫搜集的《新集慈孝记》（只存下卷）中[illegible] wi（上 9）被频繁使用。在全部 43 句话中，有 24 句使用了这个字，使用例有 52 处。如[illegible]“分配了”、[illegible]“供给了”等。这个[illegible] wi（上 9）是为表示[illegible] wi（平 10）的上声而造的假用字。

《法华经》也有这样一例。笔者想，这就是《新集慈孝记》的编译者曹道乐屡屡将其发为上声的原因。

③ 可见《同音》的需求量很大，因而多次再版。旧版（AD1132）和新版（刊行年代不详）的存在是确凿无疑的，所收录的西夏文字的总数，旧版为 6123 字（注释为 6230 字），新版则删除了不再使用的字形，变成了 5804 字（注释为 6701 字），根据所发现的新版跋文片断，可判明这一事实。参见西田龙雄 1988 年著作。

④ 关于书写西夏文的人，笔者认为有三类。

汉语中无法找到直接对应下画线文字的语词，但其含义还可推测，可译为：“我等亦悟此法，即使得到涅桑。”（是说方便的，其意义很难判断）

其实，这个 wĭa 在《地藏菩萨本愿经》（复杂文体）中，屡屡与……[西夏文]（处、岂、在）一起使用：

[西夏文]

（女人有世界内亦不生〈 〉后女身受处岂在）

连生在有女人的世界都不愿，岂可受女身

[西夏文]

鬼神日夜拥护耳中恶事亦不闻〈 〉后邪则受处岂在

鬼神日夜拥护，即使耳闻恶事，也要招惹是非事态

[西夏文] ʔĭu（上 2）ʔwe（上 66）“拥护”（汉语），如[西夏文]［tšĭu²（平 S9）ʔwe（上 66］。在《地藏菩萨本愿经》中就有“……[西夏文]、……[西夏文]”“直至有得”（也许）（从此进）的例子，因而可看作一种让步和反问的表现。关于 wĭa，《文海》平声 19 韵注曰：“助语也。”也许可称为“这个”或“啊啊”。

[西夏文]，[西夏文]（不显园内千万愁苦受〈 〉，后诸恶趣等堕者调处岂在）（地酸）大概意思是“未出现时也要受千万愁苦，以后在诸恶趣等中叫堕世者”。

西夏语也有这种关联性表现，这种情形不见于单纯文体。

[西夏文] rĭon（上 64）在下列句子中，明确作为处所疑问词来使用。

[西夏文]（汝母何在）（慈悲），在《法华经》（卷六，“法师功德品”第 19）中，汉文被译为“汝母何在”“（悉）知其所在”“知所在”三种。

[西夏文]（何有显为）何处有显

[西夏文]（何、有、知）何处有知

[西夏文]（何、在、知）何处在知

这种词语相当于藏语的 gang 或 ci。并且，可明确断定是反问的用法。

在《景德传灯录》中，能经常遇到这样的用法：一方面，[西夏文]“何用”、[西夏文]“何知”、[西夏文]“何能做”等。惠能大师，[西夏文]中一字也不识，不能了悟其义。另一方面，[西夏文]和助词[西夏文] tụ（平 58）相关联的情形亦不少见。这种用法在《七佛八菩萨陀罗尼经》等佛典中曾广为使用：

[西夏文]“所至到处”，[西夏文]“（授予汤药，令）其所患病消灭无余”，[西夏文] tɔɦ（上 42）-ʙiɦ（上 10）“皆悉”相当于藏语的 thams-cad。

[西夏文]“（有诸行人）在所生处得宿命智”等这种情况在《六

韬》的西夏译文中也有使用，如[illegible]“义之所在，天下皆赴”。这种联系在（N）[illegible]……（I）[illegible]（如何 V 已经即使有）中表现得很清楚。可以说，这与藏语 gang……de 的情形符合。说到其影响，应该指出，这是西夏语本来的表现方法，而《景德传灯录》没有使用这种表达方法。

最后，可推定这应是口语形式的反映，此种形态笔者想特举一例来分析：在《佛说长阿含经》(卷十二）中，[illegible]“云何为五”也有这种表达方法。

下面画线的两个字 ɬi（平 69）和 kɨ（平 30）作为疑问词，在其他经典中也多有使用。[illegible]是疑问词 ɬi，但后面的文字 kɨ 本来是附着于动词的前缀之一，具有指示趋向的作用，大概为了某种缘故而出现在疑问词的后面吧。同样，在《长阿含经》中，也有像[illegible]（何者为胜，何者为负）这样置于一句之首的例子。这个 kɨ 究竟意味着什么呢?《六韬》中也有相同的例子，如[illegible]“何谓三惜”太公曰：[illegible]“大农、大工、大商”是也。这种现象不能看作是口语形式的反映。在附着于《弱门》的略题中，也同样有[illegible]（无自体之法如何）这样的句子。《弱门》是一部什么样的书还不知道，但是，因为它将世尊译为“坏有出”，所以可以确认是从藏文翻译的①。

让我们来看看《同音》的注释。[illegible]（50B4）在旧版中是[illegible]“问”，在新版中被替换成了 kɨ。另外，[illegible]一看（25A5）就知道，旧版与新版都同样附着于[illegible] waɦ（上 14），由此可知，在[illegible]之外，还可能有尚未见到的使用实例②。[illegible]附着于[illegible] ˀiaɦ（平 21）“诺”，kɨ 附着于疑问词（ɬi 和 waɦ ）之后，但它是口语形式，大概是作为假用字被使用。虽然还缺乏最有力的证据，但也有在疑问词之外，动词之后出现的例子，如《法华经》：

[illegible]（何、故、邪、见、家、中、已、生、乃、谓）“谓何故生于邪见之家”（卷六）

[illegible]（莲、华、听、引、将）“将引听法华”（卷六）

[illegible]（我、等、彼、之、弟、子、是）“我等被弟子也”（卷八）

---

① 翻译汉文佛典和藏文佛典，促进了西夏书面语的发展，这一点是忽略不了的事实。

② 与其对应的藏缅语形式不详。相当于 ɬi（平 69）、waɦ（上 14）对应着缅语（书面语）bha “何”，这是显而易见的。

[illegible]（家、出、道、乃、修、令、谓）“愿听我出家，当听我等令得能出家”（卷六）

假如这些例子没有错误，那也是相当特殊的用法。我想这些是口语表述形式中的假用字。

九、西夏文字为西夏语的支配形式

西夏文字将西夏语的内涵全部隐藏在繁杂的字形背后。剥下了汉字外衣的汉语与从藏文字脱离开来的藏语，在此穿上了叫作西夏文字的新服装，在西夏文的字形下被完全等同地使用着。我们必须通过对语音形式的复原来判断它们。尤为重要的是，由此可看清西夏语固有形式的变种和融合形式。笔者认为，在前缀的两个种类（12 形）中，具有祈使功能的前缀 2（6 形）是由具有指示趋向功能的前缀 1（6 形）和表示祈使的助词 ˀeɦ 融合而成的，这种论断大概是不会错的。相同的融合形式在许多场合都存在，如[illegible] mbwɛ（平 33）lwɨn（平 32）“可能打败”的 lwɨn（平 32）（表示可能性的助动词），大概有两种形式的融合。还有，相对于[illegible] rĭe（平 74）（后平去声）“马”的[illegible] rar（平 82）ˀi（上 60）“马鞍”和[illegible] rar（平 82）lĭuɦ（平 3）的 rar，其融合形式大概是 rĭe+ar。

笔者所使用的与本文有关的西夏语语音构拟方面的材料：

《西夏语韵图〈五音切的〉的研究》（上、中、下），见《京都大学文学部研究纪要》（No.20~22）1981—1983 年。

典籍略称（分类番号据圣彼得堡东方学研究目录《西夏语的刊本和写本》，1963）：

景德—《景德传灯录》No.368；观世音—《佛顶心观世音菩萨陀罗尼经》No.132；类林—《类林》No.11；孙子—《孙子兵法三注》No.6；行集经—《佛本行集经》No.135；七佛八菩萨《七佛八菩萨所说大陀罗尼神呪经》No.220；慈悲—《慈悲道场忏法》No.286；六韬《六韬》No.8；吽金刚—《吽金刚王九佛中绕取顺线》No.327；法华—《妙法莲华经》No.218；地藏—《地藏菩萨本愿经》（Grinstead 西夏大藏经）；弱宅—No.202；长阿含—《佛说长阿含经》No.165；大宝—《大宝积经》No.357。

参考文献

黄布凡主编：《藏缅语族语言词汇》，北京：中央民族学院出版社，1992 年（少数民族语言的语音形式皆据此书）。

瞿霭堂:《论藏语的语法体系》，载《藏族学术讨论会论文集》，拉萨：西藏人民出版社，1984 年。

西田龙雄:《西夏文字及其解读过程》，东京：纪伊国屋书店，1994 年。

《西夏文华严经》I–III，京都：京都大学文学部，1975—1977 年。

《西夏语动词句构造的考察》，载西田龙雄编《微铺诸语的言语类型学的研究》(报告书)，东京：京都大学，1985 年。

《西夏语》，载三省堂《语言学大辞典》第二卷（中），东京：1989 年。

《藏缅语族》，载三省堂《语言学大辞典》第二卷（中），东京：1989 年。

《西夏文字新考》，载东方学会创立五十周年纪念会《东方学论集》，东京：东方学会，1997—1998 年。

《西夏文字解读的新阶段》，EUREKA 1997 年 5 月号，No.403，Vol.30–6，1998—1998 年。

《西夏王国的言语和文化》，东京：岩被书店，1997 年。

西田龙雄先生古稀纪念会编:《西夏语研究新论》，京都：1998 年。

《西夏文字的特性及其文字组织的新研究》，京都：1998 年。

《东亚细亚诸言语之研究 1：巨大语言群——藏缅语族的发展》京都：京都出版社，1998 年。

西夏语译六十四卦和针灸书

一、西夏语译《六十四卦》的发现

西夏建立后，李元昊于1036年公布了本国文字①，有史料可证，文字颁行之初曾经翻译过《易经》。

奲都六年（1062年）西夏向宋朝献马五十匹，宋仁宗将《易经》《诗经》等九经回赠给西夏，而后这些重要的儒家经典很快被译成西夏文。在仁宗时期，蕃汉学院教授斡道冲用西夏文撰写的《周易卜筮断》一书已在西夏广为流传②。虽然西夏文文献中广泛出现𗤋𗗚𗅋𗖻“周易博士”等关联周易的词汇，但是在西夏语译周易的一些文本中，尚未提到这一点。

西夏人用筮竹或算木来占卜吉凶，他们觉得使用这种方法演算、推断问事难点颇多，所以用简单的骰子占卜，并且在民间得到普及。现在仍存在记载这种占卜结果的书——《大唐三藏西天》③。

1995年，笔者在圣彼得堡东方学研究所进行学术调研，查阅科兹洛夫收集的西夏文献时见到一部题为《秘密供养典》(𘂧𗹦𗢳𗗙𗏁）的文献（Cat.185 No.6771），其内容是以易占为基本内容的西夏语译本《六十四卦》。

这部典籍为薄纸，二折袋缀型册子装写本，褐色绢质封面，已陈旧退色，开本为11cm×10cm的小型本，右侧两处订有带子。

---

① 西夏文字的创作原本是值得记录的大事业，但实际上更应该重视的事情是创造代替汉文的西夏人自己的书面语，也就是说，以西夏人的口语党项语为基础的书面语——西夏语的诞生。请参照拙论《西夏语研究的新领域》，《东方学》2002年第104辑，第1—20页。

②《道园学古鉴》卷四《西夏相干公书像赞》，中岛敏：《西夏的政局的推移和文化》，载《东洋史学论文集》，汲古书院，1988年，第4—3页。

③ 请参照拙著《西夏王国的语言和文化》，岩波书店，1997年，第357页。《大唐三藏西天》“西夏的神签”等。

封面上有[illegible]“起坐坐”的字样，封面里面写的内容如下：

第一行　不清楚不能释读

第二行　[illegible]　清净秘密供养

第三行　[illegible]□[illegible]　šan–šan，对汝奉献

第四行　[illegible]□[illegible]　微倦□为何什么都没出现

字形不正确，颇难判断，也许是后代的书。

该文献为册子装，折成两折的纸尖，里面是空白的，有的空白处写有别的内容。某个地方还出现 2 种内容的交替，这种情况也是其例子之一。这个文本一开始写在《秘密供养典》的左右，翻页时出现另一本书《六十四卦象》，下一页又出现了《秘密供养典》[①]。

实际上《六十四卦象》书的前后，附有以下文章[②]：

一开始写着 A [illegible]“卦愿指颂”（1 行）和 B [illegible]“八卦象”（3 行），之后写着 C [illegible]“六十四卦象”（21 行），之后又有 D [illegible]“六旬空亡日”（6 行）。接下来按照 A、B、C、D 的顺序介绍其内容。

A 封愿指颂 1 行 8 字乃至 9~10 字，原文如下：

L_1 ○[illegible]　天神和德神勿相量

L_2 ○[illegible]　天地的正德是和日月明

L_3 [illegible]　光和四季的顺利和

L_4 ○[illegible]　鬼神吉凶和勿丰顺

L_5 [illegible]○[illegible]　飞人顺语勿圣卦神通

L_6 [illegible]○[illegible]　多有为例 望辨别吉凶

L_7 ○[illegible]，[illegible]　我显现万恶，望一卦以万事

L_8 [illegible]○[illegible]　显善先演恶

L_9 [illegible]○[illegible]　后空亡堕内卦先终

L_{10} [illegible]○[illegible]　外挂后下[③]六神勿妄动[④]

L_{11} [illegible]　五星各先降

以[illegible]为题，列了 8 行每行 3 字，各句首字读乾、坤、离、坎、震、

---

①《三才杂字》（Cat.23 No.25356）《二十唯识》（Cat.200 No.2535）都写在空白处。《二十唯识》是以小字写的长篇论典，但是与用大一点的字写的《三才杂字》交替出现。

② 笔者没有关于《易经》的专业知识，这句话是作为西夏语、西夏语研究写的。

③ [illegible]译为“外挂”，但直译的话是“旷卦，村卦”的意思。

④《番汉合时掌中珠》天相中，西夏的六神以青龙、朱雀、句陈、腾蛇、白虎、玄武的顺序排列。

艮、兑、巽。对应八卦，但是与通常的顺序排列不同①。[illegible]字属于《同音》流风音类（旧版）$47A_7$（新版）$47B_5$，也记载在《文海宝韵》上声五十二韵中，字义为“形、（体）格”，是[illegible]“形”的变形字，对应“象”字。笔者认为这八行三字句形，表现了（卦）形。

乾坤对照列表是最易懂的部分：

L_1 [illegible]　乾三连　[illegible] saɦ（上 14）连
[illegible]　坤六断　[illegible] paɦ（上 17）断
[illegible]　离中虚　[illegible] ŋaɦ（平 17）空，虚
L_2 [illegible]　坎中满　[illegible] sʉɦ2（平 27）满
[illegible]　震仰盂　[illegible] pen（上 36）仰（韵不详）
[illegible]　艮覆晚　[illegible] khuɦ（平 4）碗 [illegible]覆
L_3 [illegible]　兑上缺　[illegible] kĭɛ（平 34）缺
[illegible]　巽下断　[illegible] khĭuɦ（平 3）下

没有对照的两句，为了卦形乾和坤、离和坎、震和艮、兑和巽的阴阳组合通俗易懂，有时用比喻举例说明②。

这一基本的八卦与下挂和上卦搭配，加上判断才能翻译六十四卦。此处只写了六十三卦，实际上漏写了“山地剥”。汉文三字一句对应西夏字三字，四字一句对应西夏字四字，排列顺序不同，可以发现卦辞跟汉文的意义有差异的情况。

六十四卦

汉文	西夏语译	注记
1 乾为天	[illegible]	[illegible] tshuɦ（平 3）乾，[illegible] mʉɦ（平 27）天
2 天风姤	[illegible]	姤→[illegible]（平 69）nwĭu（平 69）偶然见到

① 这些西夏语译上载的可能参考了斡道冲的著作《周易卜筮断》。

②脱稿后笔者知道《八卦象》是朱苇的《周易本义》中的一首《算卦的象歌》。对应“乾三连、坤六断、震仰盂、艮覆碗、离中虚、坎中满、兑上缺、巽下断”。笔者判断没错，只是仰盂的第 2 个字开始读[illegible]“举竹筐”。[illegible]字对应《三才杂字》的饮食器具项的排列在第二的[illegible] kʉ-pen（上 26）（上 36）下的第 1 个字。字义对照汉文的杂字推测为“盔盂”（请参照史金波《西夏汉文书〈杂字〉初探》，《中国民族史研究》（二）民族学院出版社，1989 年），没有找到“盂”的使用例子，收录《同音》（新版）8A3 的[illegible]（R？）“仰”字在《类林》和《大宝积经》中使用。[illegible]“仰天”《类林》（《同音》新版 36B3），还有“巽下断”在西夏语中变成“巽下虚”。

3 天山遁　□□□　遁→□ lĭa（平 19）隐
4 天地否　□□□　否→□ ndɔɦ（上 42）异
5 风地观　□□□　观→□ mow（平 53）
6 火地晋　□□□　晋→□ ɬị^{2}（平 67）
7 火天大有　□□□□　大有→（上 54）□ lɛ̣ 大，□ ndĭuɦ（平 3）有
8 坎为水　□□□　□ nĭạn（平 95）坎，□ ʁzɨr（上 85）水
9 水泽节　□□□　节→□ tsĭər（平 87）节
10 水雷屯　□□□　屯→□ nạ（上 57）闷
11 水火既济　□□□□　既济→□□ ŋgĭuɦ（上 6）(R ?）救济
12 泽火革　□□□　革→□ leɦ（平 36）易，改
13 雷火丰　□□□　丰→□ lɛ̣（平 61）盛
14 地火明夷　□□□　明夷→□ mu（平 1）没
15 地水师　□□□　师→□ mɑ（上 21）大，多
16 艮为山　□□□　□ ŋĭɔn（上 49）艮，□ ŋ^{w}ɯr（平 84）山
17 山火贲　□□□　贲→□（R ?）辩才
18 山天大蓄　□□□□　大蓄→□□ šow$_{2}$（平 53）大集
19 山泽损　□□□　损→□ k^{w}on（平 47）减
20 火泽睽　□□□　睽→□ kaɦ（上 14）离
21 天泽履　□□□　履→□ mbiɦ（上 10）走
22 风泽中孚　□□□□　中孚→□ ŋgu（上 1）son（平 54）
23 风山渐　□□□　渐→□ mĭeɦ（上 35）下，渐次
24 震为雷　□□□　□ ŋĭ^{w}ər（平 87）震，□ nɪɦ（平 14）累
25 雷地予　□□□　予→□ ^{n}dzɪ（上 7）开心
26 雷水解　□□□　解→□ mbɪĕ（上 8）开
27 雷风恒　□□□　恒→□ ^{ʔ}yĭu（上 2）常，久
28 地风升　□□□　升→□ mbɛ̣（平 61）升
29 水风井　□□□　井→□ khaɦ（上 17）井
30 泽丰大遇　□□□□　大过→□□ tšar$_{2}$（上 74）罪
31 泽雷随　□□□　随→□ šĭow（平 50）导
32 巽为风　□□□　□ mɪ（上 7）巽，□ lɪɦ（平 29）风
33 风天小畜　□□□□　小畜→□ ʁzɨr（上 92）微微
34 风火家人　□□□□　家人→（平 11）□ niɦ 家，村，□ ^{n}dz^{w}ĭɔɦ（上 44）人

35 风雷益　䫿豧絹　益→絹 $^{?}$ɪĕ（上 8）利益
36 天雷无妄　䏰豧娮　无妄豧 rạ（平 63）meɦ（平 36）无妄
37 火雷噬嗑　䕍豧敞孖　噬嗑→ rǐụ（上 52）孖 tšha（平 18）
38 山雷颐　毵豧豨　颐→豨 neɦ（上 33）下
39 山风蛊　毵䫿夒敝　蛊→夒 mʉɦ（上 25）敝 ^{n}dzi̜（上 65）
40 离为火　尮纖䕍　尮（平 27）pʉɦ 离，䕍 mʉn（平 31）火
41 火山旅　䕍毵赽　旅→赽 mbĭeɦ（上 35）旅，巡
42 火风鼎　䕍毵蕬　鼎→蕬 son（上 47）
43 水火未济　豵䕍䏲痲　未济→䏲痲 meɦ–^{n}dzɛ̣（平 61）
44 山水蒙　毵豵㒞　蒙→㒞 hlẹn（平 62）愚昧，昏
45 风水涣　䫿豵䰐　涣→ tsɑr（上 73）散
46 天水讼　䏰豵豱　讼→豱 thĭʊɦ（平 7）诉讼
47 天火同人　䏰䕍豴豨　同人→豴豨 thʊ（平 5）^{n}dzwĭɔɦ（上 44）
48 坤为地　赦纖姡　赦 phu（平 1）坤，姡 ɬ^{w}ɨ（上 61）地
49 地雷复　姡豧䅩　复→䅩 mɑɦ（平 17）还
50 地泽临　姡蕟䅨　临→䅨 pʉn（平 31）阶，级
51 地天泰　姡䏰䌷　泰→ thon（平 54）敦
52 雷天大壮　豧䏰豰豱　大壮→豰豱 rɨr$_{2}$（平 86）大骨
53 泽天夬　蕟䏰蕱　夬→蕱 ^{n}dz^{w}ɨ（上 28）判决
54 水天需　豵䏰㒣　需→㒣 ɬon（上 47）懈怠
55 水地比　豵姡㵯　比→㵯 wɪr（平 77）慕
56 兑为泽　䏥纖蕟　䏥 mbeɦ（上 33）兑，rẹ（上 66）梅
57 泽水困　蕟豵緋　困→緋 ndʉr（平 84）倦
58 泽地萃　蕟姡蓟　萃→蓟 ŋ^{w}ur（平 75）聚
59 泽水咸　蕟豵綒　咸→綒 lĭẹ（上 28）功
60 山水蹇　毵豵䋤　蹇→䋤 ɣkɪĕ（上 59）妨碍
61 地山谦　姡毵䅨　谦→䅨 khĭən（平 16）谦
62 雷山希过　豧毵豼豨　希过→豼豨 ʁzɨr–rɑr（上 72）微流
63 雷泽归妹　豧蕟㒠豩　归妹→ mɑɦ（平 17）–$^{?}$ĭen（上 48）归，还，妹

笔者将汉文“– 为 –”都译为纖 tɑɦ“– 也 –”，除此之外下挂、上挂直接原样与西夏语替换，之后直译或者意译卦辞，这些汉语的对应形、使用形都是新的使用例子，应该加在辞书当中。

值得注意的是“泽”的译语，有时为[illegible]“梅”(9、22、30、31、50、53、56、57、58、59、63）有时为[illegible]“木”(12、19、20、21)，后者可能是“梅”的误写。但是有时候会很苦恼“梅”字为什么与泽字对应，笔者猜想是否应与同音节的[illegible]“沟”字对应，之后再考证这个问题[①]。“过”30中译为[illegible]“错误，罪过”，在62中是[illegible]“流动，过去了”的意思。18“大畜”和30“小畜”都是[illegible]“集聚”，33“小”和60“二希”都是[illegible]“微小”，47“同人”“与人同意”并不是“和同”的意思，而是直译为“同人”“一样的人”。

西夏语译的六十四卦（实际上六十三卦）的排列顺序遵循着上卦、下卦的规则。除了纯阳的乾和纯阴的坤以外，一阳二阴的3个卦和一阴二阳的3个卦继续以①乾②坎③艮④震⑤巽⑥离⑦坤⑧兑的顺序连在一起。全部以具体的形式替换为六爻的形式，如下所示：

西夏语译六十四卦排列顺序（实际上是缺少山地剥的六十三卦）

	1	2	3	4	5	6	贝	7	8	9	10	11	12	13	14	15
上挂	①乾	乾	乾	乾				离	②坎	坎	坎	坎				坤
下挂	乾			坤	坤	坤	(坤)	乾	坎			离	离	离	离	坎
	16	17	18	19	20	21	22	23	24	25	26	27	28	29	30	31
上挂	③艮	艮	艮	艮				巽	④震	震	震	震				兑
下挂	艮			兑	兑	兑	兑	巽	震			巽	巽	巽	巽	巽
	32	33	34	35	36	37	38	39	40	41	42	43	44	45	46	47
上挂	⑤巽	巽	巽	巽				艮	⑥离	离	离	离				乾
下挂	巽			震	震	震	震	巽	离			坎	坎	坎	坎	离
	48	49	50	51	52	53	54	55	56	57	58	59	60	61	62	63
上挂	⑦坤	坤	坤	坤				坎	⑧兑	兑	兑	兑				震
下挂	坤			乾	乾	乾	乾	坤	兑			艮	艮	艮	艮	兑

以乾宫为例，看各宫内的移动，纯卦的上卦不变，从下卦的初爻顺序阳到阴的变化。展示下到上的爻，最后归到原来的乾卦上，如下所示：

①[illegible]和[illegible]或可能误写，有[illegible]的使用例子。

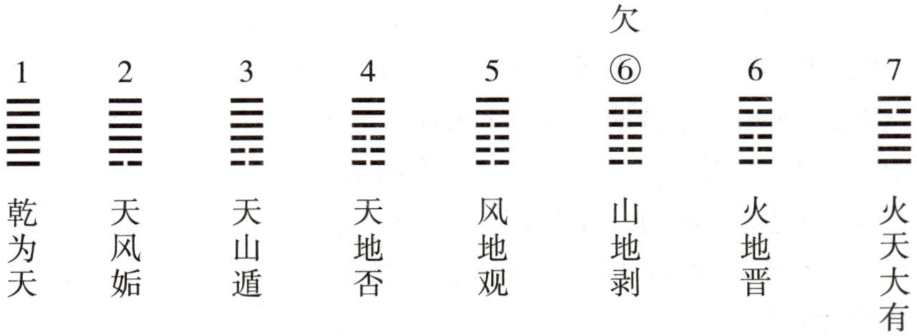

以上全部是按照奇数阳四卦（乾坎艮震）和偶数阴四卦（巽离坤兑）的顺序排列。另外，有 D [illegible]“六旬亡日”，当初并不明白在写什么，但知道[illegible]是“空亡”的直译后，发现[illegible]字应该读为“旬”（十干的一个循环），解开了字的意义，笔者发现在《六韬》中被尊为“旬”的译语是幸运的，这个字读 hlʷi̯ụ，属于《文海》平声 59 韵，有[illegible]，[illegible]“广平地也，还有，松弛之意”的解说，《文海杂类》平整牙音类中也有[illegible]的注释，[illegible]，[illegible]“宽广，平广之地”。从[illegible] kuɦ（平 4）和[illegible] klụ（平 59）中看到的非紧喉元音和紧喉元音的对立也表现出自动词和他动词的对立。在这些韵书的解说中，没有显示句意。另外，《大宝积经》中也有这个字的使用例子，但其意义是“巍峨”，并不是“旬”，只有在《六韬》中以“旬”的意义使用。

（23 叶左 1~2 行）

[illegible]，[illegible]，[illegible]……

十天干和十二地支组合时，会出现 2 个余数，那叫做空亡。空亡日有不祥的意思，削弱了吉祥的意义，有加强凶的作用，会惹人厌恶，卦的空亡有六种，又称六甲空亡。以下的六旬空亡就是记载了这一点：

L_1 [illegible]，[illegible] 甲子旬，戌亥空亡

L_2 [illegible]，[illegible] 甲子旬，申酉空亡

L_3 [illegible]，[illegible] 甲子旬，午未空亡

L_4 [illegible]，[illegible] 甲子旬，辰巳空亡

L_5 [illegible]，[illegible] 甲子旬，寅卯空亡

L_6 [illegible]，[illegible] 甲子旬，字丑空亡

排列后变成如下关系：

L_1 子丑寅卯辰巳午未申酉　　　戌亥

	甲乙丙丁戊巳庚辛壬癸	
L_2	戌亥子丑寅卯辰巳午未	申酉
	甲乙丙丁戊巳庚辛壬癸	
L_3	申酉戌亥子丑寅卯辰巳	午未
	甲乙丙丁戊巳庚辛壬癸	
L_4	午未申酉戌亥子丑寅卯	辰巳
	甲乙丙丁戊巳庚辛壬癸	
L_5	辰巳午未申酉戌亥子丑	寅卯
	甲乙丙丁戊巳庚辛壬癸	
L_6	寅卯辰巳午未申酉戌亥	子丑
	甲乙丙丁戊巳庚辛壬癸	空亡

占卦中经常会出现“空亡”的现象。如“求财的时候，觉察财宫盛，空亡和遇吉，求爵的时候……在父母在鬼宫（去世或病痛的意思吗）等，遇空亡，则凶”等。

有将八卦应用于家族成员和身体疾病之处的记述[①]。开始时有[illegible]病属顺。病所属（有）顺，乾为父，头、眼有病；坤为母，腹、心有病；艮为次子，背胸（[illegible]）病；震属长子，脚手病；坎为中男，患眼、肾（[illegible]，[illegible]）病；离为中女，眼病；巽为（长）女，腰、股、风病（[illegible]，[illegible]，[illegible]）；兑属小女，牙齿、口（[illegible]）病。此文虽然与斯坦因收集品 No.3235 的一部分有很细微的差别，但也可以说是极其相似的。

病据顺，乾为父代表头、眼有病；坤为母，代表心、腹有病；震属于长子，代表足、手有病；坎属于中男，代表脊、耳（[illegible]）、肾有病；离属中女，代表眼有病；艮属小男，代表脊、胸有病；巽属长女，代表腰、股有病；兑属少女，代表齿、口患有病。

以上所述是科兹洛夫书和斯坦因本的区别：即八卦的排列顺序。

将八卦的象与家族成员、身体部分相比喻原是《周易说卦传》中的记载。八卦的排列科兹洛夫本和斯坦因本记载不一致，而且家族成员身体部位与《周

① 在《周易说卦传》中，除此之外还对自然现象和动物等设计了八卦，但在西夏文中只选取了“家族成员”和“身体部分”，而且后者是患病的部位。《易经》参考高田真治・后藤基《易经》(上、下)，岩波文库，1969 年，第 33—201 页。

易》也有不一致的地方。

身体部分

斯坦因本	科兹罗夫本	周易	周易
眼	头、眼	头	乾
心、腹	腹、心	腹	坤
足、手	足、手	足	震
腰、股、风病	腰、股、风病	股	巽
脊、耳、胸	耳、眼、胸	耳	坎
眼	眼	目	离
脊、胸	脊、胸	手	艮
齿、口	齿、口	口	兑

家族成员

斯坦因本	科兹洛夫本	周易	周易
父、母	父	父	乾
母	母	母	坤
长男	长男	长男	震
长女	长女	长女	巽
中男	中男	中男	坎
中女	中女	中女	离
少男	少男	少男	艮
少女	少女	少女	兑

《秘密供养典》的最后的部分是发愿文和纪年①，具体内容如下：

L_1 吉祥任何真性体的中间部分（斯坦因）

L_2 据法胜大头印

① 以草书体写的天庆年借用文书还遗存几本。《欲乐圆融使要论》（TG325 No.2546），参见拙论《西夏语佛经典目编纂上的各种问题》XL 以下，Е.И.Кычанов，Камапог мангумских，буббаиймямнков，УниверситетКиото（《西夏佛教典籍目录》1999 年所收）中有手写文件。后面还有草书体文书，都是上下衔接不上的文献，不过，是整理了体裁的借用文件。有 2 种假的文书，所以在假上记为文件 A 和 B，都是按照这种文件的格式从年号开始的，都是天庆年间的（可从图四看文件 A 的首行）。

L$_3$ 法身本身，如七种环有行口如盆吉祥，[illegible] ˀạ–ŋạ ①祈求现今安乐

L$_4$ 像这样发愿的人笔者（写得稍大）[illegible] ṭšiɦ ž^{w}i ˀyiɦ–ˀyiɦ 势 数行空白

L$_1$（背面映照 3 行，逆映）汝等记句句调和吉祥

L$_2$ [illegible]② om bhrūm svāhā 吉祥

下面的纪年虽然被破坏（残存），但是还能判读如下：

L$_1$ 天庆 A 十年腊月朔一日发愿

L$_2$ 朔五日阴（写）结束祝语（吉祥）

笔者想学判读年号的方法，开头的两个字 A 确实是年号，当初判读不了。第三个字读[illegible]，它的发音是 ^{n}dži（平 69），所以应该是汉语十的借用语③。西夏延用 10 年的年号有天授礼法延祚十年（1086 年）④、贞观十年（1111 年）⑤、天盛十年（1158 年）、乾祐十年（1180 年）⑥、夏天庆十年（1203 年）、神宗光定十年（1120 年）⑦。

想起类似的写法在科兹罗夫本 No.4193 一张图片的前言上出现过，和上载 A 很像，好在 B 中有草体的干支，读戊午五年。戊午年对应年号为五年的只有恒宗天庆五年（1198 年）。因此，B 是将[illegible]的书法，借用于文书（No.4193）的第 1 行，可以理解为天庆戊午五年正月朔五文壮的（人名）……制作。《秘密供养典》的后记中也同样是天庆，其纪年可以定为天庆十年（1203 年）⑧，因而可以解读如下：

里面映□□[illegible]（□□流转越 ˀyiɦ–žu 集）

L$_1$ [illegible]

---

①《真实炒经》中[illegible] ˀạ-w^{w}ạ 是“吉祥”的意思。《杂字》人名项中有[illegible]“吉祥吉”。吉祥除有[illegible] ŋgĭʊɦ-rĭur 以外还有 ŋgĭʊɦ-hĭĭew，后者是藏语 dpal-ldan 吉祥的直译。

② 居庸关石刻中有[illegible]的音写。

③ 西夏语的数词“十”中有①[illegible] ˀạ（上 56）②[illegible] ndži（平 19）③[illegible]（平 69）这 3 个字。

从汉语“十”借用的形式，相当于汉字“拾”。另外，在西夏的借用文件中出现了像[illegible]一样的符号，这表示租借的谷类量，横线表示石，竖线表示斗，这一点可以从很多使用例子中阐明。因此，向右举起的符号表示二石五斗，前载拙著《西夏王国的语言与文化》第 370 页上的图 13（斯坦收藏品 No.3263）中也写着这个符号，所以易书（？）和成语是错误的，还不能确定，大概是借据吧。

④ 此处西田龙雄先生误为 1086 年，天授礼法延祚十年实为 1047 年。

⑤ 此处西田龙雄先生误为 1111 年，贞观十年实为 1110 年。

⑥ 此处西田龙雄先生误为 1180 年，乾祐十年实为 1179 年。

⑦ 此处西田龙雄先生误为 1120 年，神宗光定十年实为 1220 年。

⑧ 克恰诺夫教授将这一年号释读为天盛十年（1156 年）。上载注 12 中列举的论文《西夏语佛教典籍目录》第 411 页。

L_2 [illegible]

L_1 是典持者 su tšhọr klụ šan

L_2 腊月朔日典是终（这个典的终）

里面映 流转越（逐字译）

[illegible]秘密供养典当不当

《秘密供养典》是相当长的经典文献，包含魔声远离顺、佛招颂、三宝加颂左右、十六天母……玄母、根本加讃、集轮导奏颂……吉祥颂等。笔者想对其另做介绍。在西夏，民众需要这样判断命运和占卜未来的书籍。

二、西夏语译针灸书的发现

西夏文献中有记载[illegible]，[illegible]，[illegible]……俗人等引起疾病的时候，邀请医者、占卜者、灸者三者……的一篇文章，从这篇文章可以看出在西夏的民间，除了医师之外，易者和针灸者都会被百姓重视。以前笔者介绍了西夏语译《铜人腧穴针灸图经》①，除此之外，我们还发现了若干与针灸有关的资料。

在此提一下，到目前为止被当作历书的科兹罗夫收藏品 No.8213，实际上是针灸书。其全部情况容另文再述，这里主要摘录下半部分（前半部分缺）。

L_1 [illegible]

应在天仓下三寸穴位施针

L_2—L_8 用（不清楚）草书写着具体的针灸治疗法②。

L_2 [illegible]□□[illegible] [illegible] [illegible]

股梁汉语□□二经穴者 膝上 至四寸远塞满边 其上十四（种）做艾灸

L_{10} [illegible]□[illegible]

皮痛腹小 尿来难者 止月水者等有效

下面写有“*”的地方表示使用了汉字③。

二*十四　三*十六　四*十八　六*十　七*十二　八*十四　九*十八　年人神

九部人神（[illegible]）住上许句悟

---

① 拙著《西夏文华严经》Ⅱ，京都大学文学部，1977 年。

② 从这些句子中知道了[illegible]“经穴”，[illegible] wǐu（平 2）“艾”，[illegible] pǐuɦ（上 3）“灸”（烤的意思），[illegible] sar^2（平 83）“针”。

③ [illegible] ⁿdžǐu-siɦ 人神，siɦ（上 10）是地神之意，和纳西语 $sɪ^{31}$ 神同源。

脐	心	肘	咽	口	头	脊	膝	足
一	二	三	四	五	六	七	八	九
*十	*十一	*十二	*十三	*十四	*十五	*十六	*十七	*十八

此文表示人生在哪天，哪个时刻，在人的身体的哪里，那部分就是不能施针的地方。

笔者认为此文是从《铜人腧穴针灸图经》的西夏语翻译 No.2630 中分离出来的文本，No.2630 附有外题，读作𗗙𗬥𗏴𗒛𗏁𗡶“明堂灸经第一”，内容相当难解[1]。𗂧𗢳𗫡“孙思邈”人名和𗗙𗬥𗏴𗒛𗏁𗡶，明堂中出现文言文的措辞，非常有意思。也有小条目称为𗏇𗋚𗪘𗦻，译为“艾，迹，洗，法”[2]。

汉文《铜人腧穴针灸图经》中写道“躲避针灸的秘诀”有人神，在其注中有“人神是指在天的中央，监视四面八方，移动到八方，看人的邪恶，之所在的部位禁忌，此文出自千金方”[3]。

西夏文 No.2630 中有记𗼻𘎫𗉘𗩴𗡷𗣫𗥔𗏴𗂰𗣼“月（复数）杂障（厄血忌日不允许艾灸”，具体表示月与十二干支[4]。正月丑、二月未、三月寅、四月申、五月卯、六月酉、七月辰、八月戌、九月巳、十月午、十一月亥、十二月子，与汉文文本中的血忌日比较的话，十月以后会有所不同。汉文文本中是十月亥、十一月子、十二月午。西夏文中还出现了“十二直”，如下所示：

二十部（十二份的误写）人神、住灸许

𗴺（建）日，住足，申刻有害

𗹙（除）日，住目，酉刻有害

𗧠（满）日，住腹，戌刻有害

𗏹（平）日，住脊，亥刻有害

𗇋（定）日，住心，午刻有害

𗼃（执）日，住手，丑刻有害

𗿫（破）日，住口，寅刻有害

𗤋（危）日，住鼻，卯刻有害

---

① 𗗙 səw 也是由同音字𗘂 səw（平 43）书写的，后者有误。

② 在科兹洛夫收集品中有 2 枚不同的楷书体写本，鲜明（清楚）的区别是蝴蝶装的第 3 页左和第 4 页右。

③ 丸山昌朗训注:《训注铜人腧穴针灸图经》，绩文堂，1974 年。

④ 血忌译为𗡷𗣫 seɦ-thɨ（平 30）。

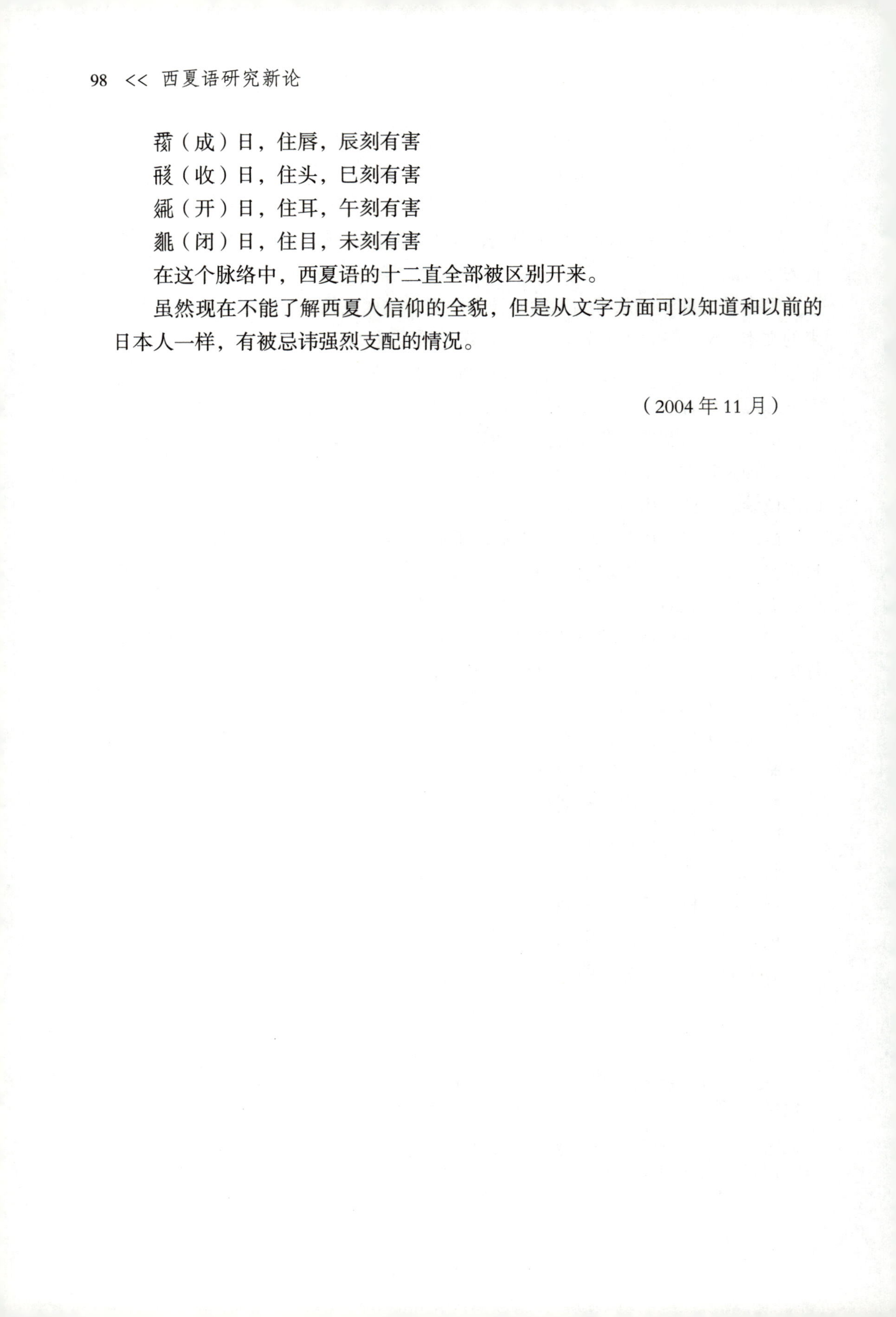

[illegible]（成）日，住唇，辰刻有害

[illegible]（收）日，住头，巳刻有害

[illegible]（开）日，住耳，午刻有害

[illegible]（闭）日，住目，未刻有害

在这个脉络中，西夏语的十二直全部被区别开来。

虽然现在不能了解西夏人信仰的全貌，但是从文字方面可以知道和以前的日本人一样，有被忌讳强烈支配的情况。

（2004年11月）

西夏语语法新探

西夏人创造西夏文字，并且于1036年将其公布，这无疑是一个伟大的创举。然而我们必须认识到他们所创作的是以西夏人的口语即党项语（包括诸部族语及土语）为基础的书面语和表示这个书面语的文字。

笔者认为西夏语的语法结构特征应该分为以下四项：

第一，11世纪初的西夏语是主格、宾格语言而不是作格语言。因为行为的主体和客体得到了明确区分。这两种不同的视点是由接在动词后面的人称代词的不同照应关系决定的。

第二，在格体系中，除了（i）主格、（ii）宾格、领属格、与格以外，还明显有（iii）场所格和（iv）工具格。特别值得一提的是场所格很丰富，有表示主体与客体接点的详细表达形式。

第三，西夏语中有A类和B类两套前缀，它们分别表示行为的方位和书写者的意志、愿望。尤其B类的功能更能丰富这个语言的表现力。

第四，西夏语中除了基本形以外还并存着变调形和变异形，西夏人也为这些变异形创造了专有的字形。所以笔者认为要想正确理解西夏语就必须认清这些变异形的功能。

一、书面语的创作和文字的公布

西夏人创作西夏文字，并且于1036年将其进行公布，是一件伟大的事业。但是笔者认为更加值得重视的是，其代替了以前一直书写的汉文和藏文这一成就。这个成就是创作了以西夏人的口语即党项语（数种的方言，包含土语）为基础，名为西夏语的书写语（创作了表记西夏语的西夏文字）。

西夏语确实深受汉语的影响，但是其核心部分是被紧致形态构造支撑的藏缅语派之一，应该是以党项语为基础的[①]。

这个书写语自创造后通过汉文佛典或藏文佛典逐渐发展起来的。脱离翻译本考察西夏文的话，每个文献相差甚大，经常看得到构成西夏语核心的语法现象[②]。

二、西夏语的特征

西夏书写语的构造特征可以说是反映了西夏人的思考方式，具体如下：

1. 明确把握住动作、行为的主体和客体（根据有关以哪方为中心，则成立了两种视点文）。

2. 动作、行为和其他成员的格关系是，除主格、对格、与格、属格外，还重点表示了场所和工具，特别是行为与场所的关系，通过细分被表现出来。还有对行为者的强调（主格）推动了受动文的发展（考虑成敏感语言的原因是出于这个文型[③]）。

3. 重视了动作、行为方向和书写人（说话人）的意志与愿望的表达。前缀A类（方向指示）和B类（意志、愿望），特别是后者的作用增强了这个语言的表现力，这是此语言的一大特征。

4. 西夏语的形态素中除了基本形，还有其他形，如在某种条件下变化的变调形（声调变化）和变异形（形式变化）。西夏人也清楚地认识到这些变异形，

---

① 西夏语是否为均质性的语言，是个非常大的问题。笔者虽认为这个语言是以米族语言为基础被创作出来的，但是密纳克族起初也是充分考虑了其他部族的语言形态之后，创作了西夏语，认为书写上也进行了充分的思考。笔者的这个观点发表在2002年10月26日的日本学士院第37回公开演讲会上（演讲题目为《西夏文字的解读到达了什么地步》）。参照当日公布的资料，把相同的一个单词用两种不同的表示法进行表达的西夏文字表示法是确实存在的，设想这是部族间语言差异化的结果。例如：

[西夏字] thɪ̣（平65）-sɔɦ（上42）阴阳

[西夏字] thɪ̣（平65）-sɔɦ（上42）阴阳

[西夏字] t^{w}əu（上38）-th^{w}ĭuɦ（上3）患病（与疾病相见）

[西夏字] t^{w}əu（上38）-th^{w}ĭuɦ（上3）患病（与疾病相见）

[西夏字] sɨ（平30）-meɦ（上33）死亡

[西夏字] sɨ̣（平69）-meɦ（上33）死亡

上述这些对立暗示着西夏语的实态（部族语的集合）。

② 关于西夏语语法研究的全貌笔者还在调整中，这里介绍的是现阶段研究的一部分。

③ 克平教授在《西夏语形态论》(1985年）及其他论文中论述了敏感构造和主语、宾语的照应关系，但是笔者认为11世纪的西夏语并不是敏感语言。

并创作了与基本形类似的专用字形（多个场合的双生字①）。笔者认定这些变异形是正确理解西夏语极为重要的一环。

三、西夏语是主格、对格语言

11 世纪初的西夏语是主格、对格语言，并不是一部分人认为的敏感语言。西夏语是以位于句子后半段的动词句为中心的句型，明确把握了动作、行为的主体与客体。行为的主体由格助词□ taɦ 表示，taɦ 有时会持有表示主题的功能，客体则由格助词□ ʔyeɦ 来表示。也有格助词不明确的情况，后置于主动词的人称代词与主体或客体相照应，构成了行为者（主语）视点文和受益、受益者（目的语）视点文。首先说明一下这两个视点文。

笔者发现西夏语的动词有语干 A 形式（基本形）和 B 形式（屈折形）两种，同时还注意到添加在两种形式后面的人称代词对应关系的差别是互相关联的。要想进一步了解西夏语，就必须要明确这个事项②。

西夏语动词的变化恐怕要追溯到 11 世纪，推测应该是与藏语相同的三时一式的形态。到了 11 世纪，西夏语便跟现代藏语一样，完成了合并，只保持了两种语干形式。笔者命名其为 A 语干形式和 B 语干形式。比如说“给予”的□ khǐɔn 是 A 语干形式，□ khǐen 是 B 语干形式。而且可以推测这两个形式有如下的合并。

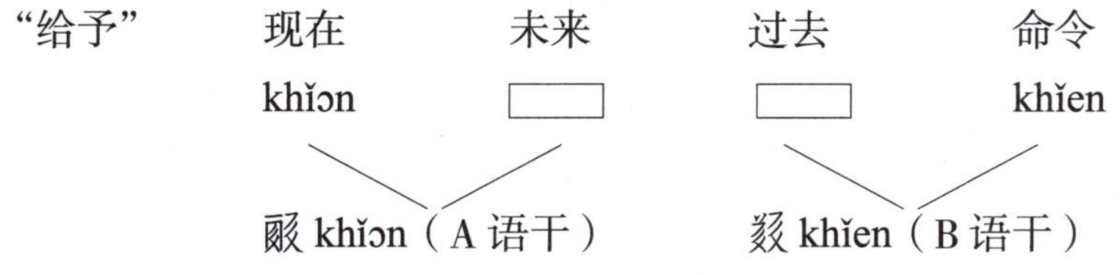

① 笔者有关双生字的思考是在 1998 年潘阳发表的《西夏文字的特征——其文字组织的新研究》中首次提出来的。还有在西田龙雄（2001）的西夏文字的选项里有所描述。

现在想补充一下有关西夏双生字的若干个例子。

□ wiěɦ（平 12）生产 缅语 mwei²<muy²

□ šen（平 41）（牛产子）生产（类林）（汉语）

□ lʷəw（平 43）气（先天的气）

□ khiɦ（上 10） 气（汉语）

② 西夏语动词活用了屈折形这一观点提出在拙论《西夏语动词句构造的考察》中，发表于《京都大学文学部研究纪要》1980 年第 25，其英文版 *A Study of the Structure of Hsihsia Verb Phrases Memoirs of the Research Department of the Toyo Bunko* No.45，发表于 1987 年。需要补充的是，本稿的西夏语再构音采用的是笔者的体系。《西夏语韵图“五音切韵”的研究》（上、中、下）《京都大学文学部研究纪要》第 20—22 页（1981 年）。

A 语干和 B 语干共同伴随于人称代词（第一人称以及第二人称），只是两者的人称代词照应的关系是不同的。连接于 A 语干的人称代词与受益者、受动者相照应，与 B 语干接续的人称代词跟行为者相互照应。接辞没有数量的差异，给第二人称接辞创造了独立形的专用字形。

第一人称　独立形　[illegible] naɦ（上 14）　　接辞形 [illegible] naɦ（上 14）

第二人称　　　　　[illegible] naɦ（上 17）　　[illegible] naɦ（上 17）

　　　　　　　　　[illegible] niɦ（上 10）

第一人称代词常用[illegible] mǐɔɦ（上 44）“吾”，naɦ 是一般语，其独立形与接辞形是同一个形式，与其相对应的第二人称代词的接辞形与两种的独立形之间相互照应，所以相对应地创作了专用字形。实际上第一人称接辞不仅照应于[illegible]，同时还照应于[illegible]①。

［1］[illegible] B [illegible]　　SOV 代

我给庶民给予奖赏，我是

［2］[illegible] A [illegible]　　（S）OV 代

给我奖赏，给我

可见，［1］是把视点放置在行为者上，［2］是把视点放置在受益者、受动者上。可把［1］当作行为者视点文，把［2］当作受益、受动者视点文进行阅读。

“说”　A 语干　[illegible] tshǐeɦ（平 39）　B 语干　[illegible] tshɪɦ（上 12）

[illegible] B [illegible] 所以说成了我是（故说）《法华经》卷二（3）

[illegible] A [illegible] 请勿说那个事，对我

[illegible] A [illegible] 佛给我诉说，给我

[illegible] B　　[illegible] B [illegible]

你不要轻视他的国家，不要产生下劣的想法

（汝莫轻彼国，生下劣想法）

---

① [illegible]与[illegible]相对应的例子如《德行集》中所载：

[illegible] B [illegible]

我在大舜之处看到，我是

[illegible] B [illegible]

住于法律之中，我是

（引之令得 住是法中）

可见，照应形中不那么明显的[illegible] phiɔɦ（上 44）是[illegible] phiɦ（平 11）的 B 形式。

[illegible] B [illegible]祈求快速得到戒定道，我是

（愿我速得戒定道）《大悲心》

从上可知，[illegible] hliọn（上 64）是[illegible] hliụ（上 52）“获得”的 B 形式，与主体相照应。

[illegible] [illegible] [illegible] B [illegible]

老弱者应使用的东西有差别，有必要的话应该提供，我是（亦有老弊使人，须者相给）《法华经》卷二（4）

这个接辞代名词与不明显的行为者、长者相照应。

[illegible] [illegible] B [illegible] A [illegible]

我的儿子啊，你在这里做你的工作，应该增多薪资给你（咄男子，汝常此作，……当加汝价）《法华经》卷二（4）

这个动词的 B 语干[illegible] wiɔɦ 是命令形，附加在 A 语干[illegible] wi 后面的[illegible]与受益者相照应。

[illegible] A [illegible]你现在应该为自己进行解说，给你

[illegible] A [illegible]（世尊是）给这件事一个说法，给你

这个动词是 A 语干，与接辞代名词共同跟受益者相照应。

[illegible] [illegible] A [illegible]我没有罪过（没有犯罪却）为何被逮捕呢，把我（我不相犯，为何见捉）《法华经》卷二（4）

[illegible]逮捕 liuh（上 3）是 A 形式，接辞代名词与受动者照应，B 形式是[illegible] lion（上 64）。

𗧓𗙏𗴂𗄻𗪘𗤋𗰗 A 𘃡在你衣服中有，给你①

（击其衣裳与之而去）《法华经》卷四（8）

由上可知，接辞代名词𘃡与受益者相照应。

西夏语中还有一项重要的照应关系，而动词语干的前置代名词𗢳 tšhiɦ（平29）就是那样的关系。𗢳本来就是明显的指示代名词，对应于汉语的“其、尔”。如“那时”𗢳𗖵、𗢳𗕣、𗢳𗥓不会特别将这三个词分开，对应于汉语的“尔时”。

另外，这个𗢳在大多数情况下起到与先行的名词句相照应的代名词的作用。先行名词句随着𗗙 taɦ（有时无标）一起出现时，主题（topic）则被体现出来。如𗧓𗙼𗤶 B 𘃡给“你看见，你是”（行为者视点文）插入了𗢳 tšhiɦ 𗙼𗢳𗤶𘃡（学无学的两千人是），在《法华经》卷四（9）中变成“看见那个，你是”（你看见的是学无学的两千人不），𗢳与先行的“学无学的两千人”相照应。

𗋕𗙏𗤁𗗙𗇋𗢳𗄈𗱕 其福气甚多（其所得富宁为多不）《法华经》卷八（26）

𗤋𗍳𗗙𗙼𗢳𗄈𗱕 功德甚多

𗪺𗬩𗌮𗢳𗆮 期望有相貌（有相貌否）《景德》

以上这样的句型被频繁使用，特征就是𗢳的位置在动词语干的前面。

四、复杂的西夏语

西夏语的文章有时候非常困难，有很多地方无法完全理解，也无法读取正确的意思。

在《法华经》卷二（3）中把汉文“愿赐我等 三种宝车”翻译如下②：

---

① 笔者有关西夏语存在动词相关的思考如下：

𗄈 fɛɦ（上 32）与𗱕 fɛɦ（平 35）→声调变化

𗤋 tšhǐu（平 2）与𗤋 tšhǐɔɦ（平 51）→ A、B 语干形式变化

𗪘 ⁿdžeh（上 32）与𗪘 ⁿdžɔɦ（上 44）→ A、B 语干形式变化

主要形式是以上的三个语干，但是其他的还有𗆮 nduɦ（平 4）和𗆮 ndǐuɦ（平 3）、𗥓 wɐn（平 31）、𗌮 ˀɔɦ（平 49）、𗄈 hlǐeʷ（上 41）。但是在现阶段严密定义存在动词的意思范围是一件很困难的事情。

② 佛典的翻译是根据当时（宋代）的一个解释翻译成西夏语的。例如《法华经》在日本是传统的训读，所以有各种解释被翻译成现代语。西夏语译本作为当时西夏人用来记录别的某种解释的参考，成了解西夏人解释的一个线索，对表示汉语“为”一词的读法，笔者想列举出若干个例子。

1. 𗤋𗧓𗙏𗰗𗖵 我为了你简略地说 tsʷar²（平 82）说，我为汝略说（使用了为格）

2. 𗤋𗢳𗧓𗙏𗰗 此事会变成怎样呢？ 是事为云何，法卷一（2）be 动词

3. 𗤋𗧓𗙏𗰗 𗤋𗧓𗙏𗰗 小虫腐食血肉，为诸小虫，之所唼食，法卷二（3）具格（依据强调主格的受动构文）

4. 𗤋𗧓𗙏𗰗 成为皆法师，皆为法师，法卷一（1）𗰗 wɪ（上 7）翻译成“成，成为”。同类的例子已经列举在本文当中。

A □□□□　□□□□

B □□□□

C □□□□

A 是行为者视点文，B 是名词文，C 是祈求、愿望的动词句。

A 是行为者视点文中埋入了行为者视点文，在第一人称行为者的两种接尾人称代名词中被使用。

A 所谓的“给与三种宝车，我是”，你是（你说的好）

B 如今正是该给予的时候

C 祈求恩赐

笔者认为 C 的前缀□ ndɨ（上 28）是□ ndeɦ（上 33）的异写形式，与助词□ niɦ（上 10）一起表示“祈求”“愿望”的意思。□□明确有表示“被赐予”“赐予”的意思。□在《同音》(旧版 14A4，新版 15A2）中被注释成助语，所以应是助词，但不是专用文字，有“假定”“条件”“祈求”等意思，一直以来被当作表音的假借文字来使用，应该对应于藏语中的助词 na。

第一人称代名词除了上述□ ŋaɦ（上 14）、□ niɦ（上 44）外，还有□ ŋgaɦ（上 17）。□的反切上字不详，或许是 ŋgaɦ 也说不定。□的反切上字是□，笔者认为是 ŋg–。

第二人称代名词正如上文所述，有□ naɦ（上 17）和□ niɦ（上 10）。笔者推测后者本来应该是双数形。除此之外，还有□□ ŋgaɦ–niɦ（上 10）和□□ naɦ–niɦ。

虽然当初没能正确理解这两个词语的意思，但是当有幸看到《法华经》中的使用例之后就清楚了。

□□□□□□　我等二人共同去扔掉

（我等二人亦共汝作）《法华经》卷二（14）

□□□□□□□□　让你等二人去到佛处（我等往至佛所，在汉文中变成了我等）《法华经》卷八（27）

没有发现记载在《同音》22A3（旧版）23A1（新版）里的□□ ngɨ（上 28）miɦ 的使用例，但是紧跟着的 –miɦ，笔者认为其应当是表示“我等二人”的意思。□ ngɨ 是□ ngaɦ 的属格形。

在《法华经》中会出现 naɦ 的属格形 ŋʷʉɦ（上 29）：

□□ ŋʷʉɦ–ŋgiɦ（上 10）己之子

□□ ŋʷʉɦ–žiɦ（平 11）我的男子

最初的例子是与□□ ʔyeɦ–ŋgiɦ “己之子” 等同。

□□□□与□□ “我身” 相同。

□□□□我的身量

除此之外，在《佛本行集经》中可以看到这个形式：

□□ ŋwuɦ–wĭa 阿爷（我的父亲）

第二人称代词并没有保持这样的属格形。

□□□□你的身量（汝之身量）《法华经》卷七（24）

□ ʔyeɦ（平 36）也有单独使用的例子。

□□□自身自责 hnɨn²（阿责）（悔过自责）

□□□□自腹自主（自由自在）

西夏语指示代词的基础是近称□ thɨ（上 28）和远称□ thaɦ（平 20），thaɦ（平 20）还有其斜格形□ thaɦ（上 17）。□与□□等同，与缅甸语的代词声调变化是一致的①。场合的指示代词有□ thĭuɦ（上 3）“这个” 与□ thaɦ（上 17）“那个” 二词，后者与□ thaɦ（上 17）是同一个形态素，文字几乎不怎么分开来书写，也有□□ “这个和那个”（彼此）、□□□□ “这个也” “那个也”（此即彼即）（华师）等使用例。

对应上述汉语 “其” 的西夏文是□ tšhĭɦ。

五、格关系标示

先揭示作为第二特征的格关系标示的主要形态，下面列出若干个使用例。

1. 主格本来是无标的，但是被□ taɦ 标示的场合较多。所以笔者认为这个 taɦ 是主题的标示，有时候可以解释成行为者，跟□ mĭẹ 是相同的意思。

□□□□□□ 你等是放逸的人（汝是放逸之人）《法华经》卷五（14）

□□□□□□□□□ 让未完成涅槃的人得到涅槃。

---

① 指示代词□ thaɦ（平 20）与之（主格）对应的还有□ thaɦ（上 17），担当斜格（属格、于格）的作用。同样的还有 “谁” □ sʷɨ（平 30）主格和□ sʷɨ（上 28）斜格的对立。这样的关系正好与缅甸语的第三声调担当斜格的功能是一致的。

例如：bay-su 谁是，bay-su³=bay-su-i³ 谁的，把谁。参见西田龙雄《西夏文字新考》，《东方学会创立五十周年纪念东方学论集》，1997 年。

可以把这个[illegible] taɦ 读成[illegible] mĭẹ（上 68）者[1]。

2. 对格和与格，甚至是属格（所有格）都用[illegible] ʔyeɦ 标示。西夏人有可能把这三种的格关系看成是同一种功能。

[illegible]尽快看见我（则为见我）

[illegible] 为了深智（之人）进行诉说（为深智说）

[illegible] 我如你的父亲（我如汝父）《法华经》卷二（4）

3. 场所格基本上标示存在的场所，但依据相同形[illegible] ʔaɦ，场所格会标示起点与终点，也会标示出从那里出发，或者是移动到那里的意思。

[illegible] [illegible] 祸福在你不在天时《六韬》

[illegible] [illegible] 自起生死之际，直到生死之际《七佛》

[illegible] 进入三昧（入于三昧）《法华经》卷一（1）

[illegible] 从三昧开始（从三昧起）《法华经》卷一（1）

以下虽然当作格标识，难以进行处理，但是有详细辨别存在空间内位置的形态素。笔者想在此展示一下，总共有六种。

（1）a [illegible] tšhĭaɦ（平 21）上　b [illegible] khĭuɦ（平 3）下

[illegible] [illegible]

水从头上溢出来，火从脚下喷出来

（身上出水身下出火）《法华经》卷八（27）

[illegible] [illegible]

水从脚下溢出来，火从头上喷出来

（身下出水身上出火）《法华经》卷八（27）

还有如下特殊的例子：

[illegible]

佛在那一天（给天下众人下达忠告）

---

① 名词文通常有如下几个形式。

肯定文……[illegible]……[illegible] taɦ……$\eta^w u^2$（上 1）……会变成……

否定文……[illegible]……[illegible] taɦ…… tĭaɦ（上 18）……并不是……

这个 be 动词[illegible]与其否定形[illegible]各自作为名词，分别有“是”与“非”的意思。

肯定文是有时候，而否定文则常常在动词前面放置[illegible] ḷị（平 69）。

[illegible]并没有得到宝物

[illegible]是[illegible]“佛与大众”本来的接续词“and”，但是出于某种让步表现，也有各种使用法。

[illegible] 若是诉说这件事的话

直译此文的话是“要说起这件事的话”，而不会有[illegible]“诉说这件事”“为了这件事而进行诉说”等表现与变化。

（寻即于是日“告于天人众”)《法华经》卷一（1）

（2）a [illegible] kaɦ（平 17）表示空间的中央。

b [illegible] ŋgu（上 1）扩张空间的中央部分。

[illegible]空中　[illegible]地中　[illegible]中心

（3）a [illegible] ʐ̌ạ（平 64）表示极其狭隘的空间。

b [illegible] khaɦ（平 17）表示扩张的空间。

a [illegible]从窗户间（于床铺)《法华经》卷二（4）

[illegible]眉间的白毫相（眉间白毫相）法卷一（1）

b [illegible] 从大之中发现小，从小之间发现大（而复现小小复现大)《法华经》卷八（27）

[illegible] 进入深山之中（入于深山)《法华经》卷一（1）

（4）a [illegible] ˀu（上 1）表示空间的内侧。

b [illegible] ndɨr（上 77）表示空间的外侧。

[illegible] 在宝瓶之内盛开

[illegible] 坐在道场之内（坐于道场)《法华经》卷六（16）

[illegible] 余国土之内（于异国图）dzeɦ（上 33)《法华经》卷五（13）

[illegible] 他国土之内（于他国土）tseɦ（平 36)《法华经》卷五（13）

（5）a [illegible] lǐẹ（上 68）表示目标的方向，出发之后表示方向，从……向……方向。

b [illegible] ndɔɦ（上 42）表示具体的场所。

a [illegible] 接近佛智（近于佛智慧)《法华经》卷四（10）

[illegible]远离佛智（去佛智甚远)《法华经》卷四（10）

[illegible] 向着佛处合掌 = [illegible] 对佛合掌

b [illegible] 我等去到那处（我皆到其所）

[illegible] 住在一师之处（亦乐与同师）

[illegible] 向佛处参拜（往佛所参拜)《法华经》卷一（1）

（6）a [illegible] tụ（平 38）表示指限定的空间。

b [illegible] tị（上 60）表示模糊的、抽象性的场所。严密的指定，与上述的差异之处是一件困难的事情。

a [illegible]独自住在闲静之处（独处闲静）

[illegible] 经常在空闲之处（常处空闲）

[illegible]那处 [illegible] 此处

b [illegible]

唯有如来是我等皈依之处（唯有如来我等所归）《法华经》卷四（9）

[illegible]

这是初次的第一亲近之处（是名初亲近处）《法华经》卷五（14）

[illegible]没有尽力（尤不能尽）《法华经》卷七（21）

另外还有[illegible] tị（上 60）是[illegible] tị（平 67）“放置” 的名词形。

4. 道具和手段是用来明示道具格[illegible] $ŋ^{w}u$（上 1）的。

[illegible] 以各种的方便

[illegible]

无法通过算数来知道（非算数所知）《法华经》卷六（16）

[illegible] 以头面向足施礼（头面礼足）《法华经》卷四（8）

[illegible]形成了有关动词的连用形[①]，有时候还会在副词的结尾处使用。

[illegible]妄想着 [illegible]一心地 [illegible]故意的（以黑心）

5. 动作主要是由强调具格的[illegible] ^{n}dźiɦ–wi 来标示的。特别是在受动文里，这个助词起到了重要的作用。以前的阿加拉图所表现的，以及一直被理解掌握的就是这个受动文。

[illegible] 由小虫 慢慢腐噬血肉

（为诸小虫之所唼食）《法华经》卷二（3）

[illegible] 常常被他人辱骂（常被辱骂）《法华经》卷七（20）

[illegible]（这个诸菩萨是）皆由文殊师利化度的，所以具菩萨之行（皆是文殊师利之所化度 具菩萨行）《法华经》卷五（12）

这个动作并非主要限制在有生命的范围之内。

[illegible] 我的丈夫被火烧死了《类林》

6. 在表现比较句型的时候，则使用比较助词[illegible] su（平 1），即从 A 至 B，这个同样也适用于时间的前后关系，但没有优势和劣势之分。

[illegible] 比那个还要快（速于此）《法华经》卷五（12）

[illegible]

端正的面相变成特殊（其面貌端正 复过于此）法卷七（24）

---

① 有关西夏语的连用形与藏语的关系。西田龙雄：《西夏王国的语言与文化》，东京：岩波书店，1997 年，第 491 页。

[illegible] 正法比寿命多数倍（正法住倍寿）《法华经》卷四（8）

[illegible]

阿僧祇劫之前，那时（有佛）（阿僧祇劫 没有其他对应的汉语）

[illegible]

其功德从以前开始就甚多（功德甚多）《法华经》卷八（26）

六、西夏语前缀 A 类及 B 类

作为第三特征，下面笔者想论述一下有关 A 类及 B 类的作用。

前置于西夏语动词语干的前缀有 A 类及 B 类两种情况。A 类是指示本来方向的前缀，B 类是给其方向指示功能呈现祈求、愿望、意图（不会单独出现）的融合形。正如下面所展示的，A、B 类基本上一共是 2 对 3 组，合计由 6 种前缀组成。

A 类前缀（方向指示）

1 [illegible] ʔa（？）朝上方

2 [illegible] naɦ（平 20）朝下方

3 [illegible] wɨɦ（平 27）朝那边

4 [illegible] kɨ（平 30）朝这边

5 [illegible] ndaɦ（上 17）朝着水源方向（往内侧）

6 [illegible] rɨr（上 77）朝下流的方向（往外侧）

B 类前缀（方向指示 +eh 祈求 · 愿望）

1 [illegible] ʔeɦ（平 36）

2 [illegible] neɦ（上 33）

3 [illegible] wɛɦ（上 32）

4 [illegible] keɦ（平 36）

5 [illegible] ndeɦ（上 33）

6 [illegible] rǐẹ（上 68）

B 类前缀的第 5 个字形的变化形是[illegible] ndɨ（上 28），使用于[illegible] ndɨ（上 28）hlʷiɦ（平 11）wi（平 10）中，表示“请愿不要取走”，当初一直当作 B 类的情况进行处理的，但后来认为应是[illegible] ndeɦ 的变化形①。

① 有关前缀 B 类的意志、愿望表现的巨大作用，从以前开始就一直在陈述中。参照拙文书评史金波、黄振华、聂鸿音《类林研究》，《东洋学报》第七十七卷第 1、第 2 号，1995 年西田龙雄（1998 年）所收。

克平教授把[illegible]纳入前缀 A 类中，当作是[illegible]的形态，但是这样有可能会打乱前缀 A 类和前缀 B 类音形式的整合性。

上文所述的方向是暂时性的设定，有赖更多的使用例来进行校正。

多数前置动词是固定前缀，但是若干个动词则使用复数应是本来的形态。要说方向指示功能是生产性一事的证据，如“坐”有[illegible]“坐在那边”和[illegible]“坐在外面”，而“出去”则有[illegible]“出到那边”和“出到这边”，还有[illegible]“出到上方”。比如在《法华经》中，如果把原文鸠摩罗什和汉文相比较，就会发现这些西夏文前缀的动词形是跟多数单纯的汉语动词形是相对照的。

[illegible] 说起这个《法华经》(说是《法华经》)

西夏文[illegible] 二字对应于汉文的“说”。

[illegible]

你等应该去往白父之处（汝等应往白父)《法华经》卷八（27）

最后的两个西夏文对照于汉语的“往白”二字。另外，还有不少对应，如前缀 A 类的动词伴随汉语“已”字的情况。目前已经知道，西夏语前缀的形态是可以表示完成时态的。

[illegible]

我的两个儿子已经完成佛事（此我儿子已作佛事)《法华经》卷八（27）

[illegible] 已满三十七日（满三七日已）

可以清楚对比前缀 A 与 B 的例子是《法华经》卷七（23）和《药王菩萨本事品》。

[illegible] …… [illegible]

我请愿我的双手变成以前的样子（这个愿望可否实现是取决于菩萨偌大的福德智慧），自然是变成了以前的样子（我舍两臂必当得佛，金色之身，若宝不虚，令我两臂还得如故）。

[illegible]是想变回以前的愿望的表现，而[illegible]是已经完成变化的表现。

[illegible]对应于汉语动词“供养”，可不单单是“供养”，前缀 B 类[illegible] rĭẹ（上 68）有表示“想要供养”的愿望。笔者认为这是西夏语的一大特征。

卷二（4)《信解品》中使用前缀，巧妙真实地描写了学富的长者见到我落魄至极的儿子之后的画面。将其与汉语进行比较的话，应该可以清楚地了解西夏文表达的效果。

[illegible] [illegible]

那时使者逮捕贫子（尔时使者 疾走往捉）

[illegible]

贫子发出惊讶的声音（穷子惊愕 称怨大唤）

[illegible]

使者在匆忙被囚禁而来的时候（使者执之愈急 强牵将还）

[illegible]

（贫子是）更加恐惧，闷闷不乐地倒在了地上（转更惶怖 闷绝辟地），父亲在远处看到了此场景

[illegible]

不要强行带来，你是（勿强将来）

[illegible]

用冷水把脸弄湿，期望从心底苏醒过来（让苏醒）（以冷水漉脸 令得醒悟）

[illegible]

不要与那人进行谈话，你是（莫复与语）①

在上述动词句中看到的方向指示、意志、愿望等，可以解释成如下：

（1）追赶（在内侧）逮捕吧（在外侧）

（2）囚禁（在这里）拉过来（在内侧）来到（来这里）

（3）倒在地面（在下方）

（4）让觉醒（在上方）

混用这些前缀来进行叙述是非常灵活的，特别要重视愿望、祈求的表述。在《信解品》中，[illegible]“期望你等快速的完成工作，完成之后请勿松懈”（汝等勤作勿得懈息）的[illegible]，以及卷五（12）《提婆达多品》中（我要是说起谁持有大法的话）[illegible]“期望我身可以成为那个人的奴隶，我是”（谁有大法者 若为我解说 身当为奴仆）的[illegible]都是给汉文加上“没有”的意思。

上文列出的前缀B类的使用例虽然不多，但是还可列举出两三个例子来②。

① 语干B形式出现在禁止形[illegible] tiɦ（平11）后面的情况很多。[illegible] tiɦ-lẹ（上54）表示请勿取走；[illegible] tiɦ-lʷĭuh（平3）表示请勿出错；如[illegible]表示“请勿犯错，你”。还有B语干以自体正在变命令形。

[illegible] rɨr-tĭon 表示应该放置；[illegible] rɨr-wĭɔɦ 表示应该作成。但是有关文中所出现的B语干形式的作用，目前还不是特别清楚。

② 《类林》中有如下例子：

1. [illegible]鸟头变成白色，马长出了触角

2. [illegible]鸟头变成白色，希望马长出触角

1的前缀表示完成体的 ˀa 和 wiɦ 的对立，2的前缀B类表示祈求的 ˀeɦ 和 wɛɦ 的对立。

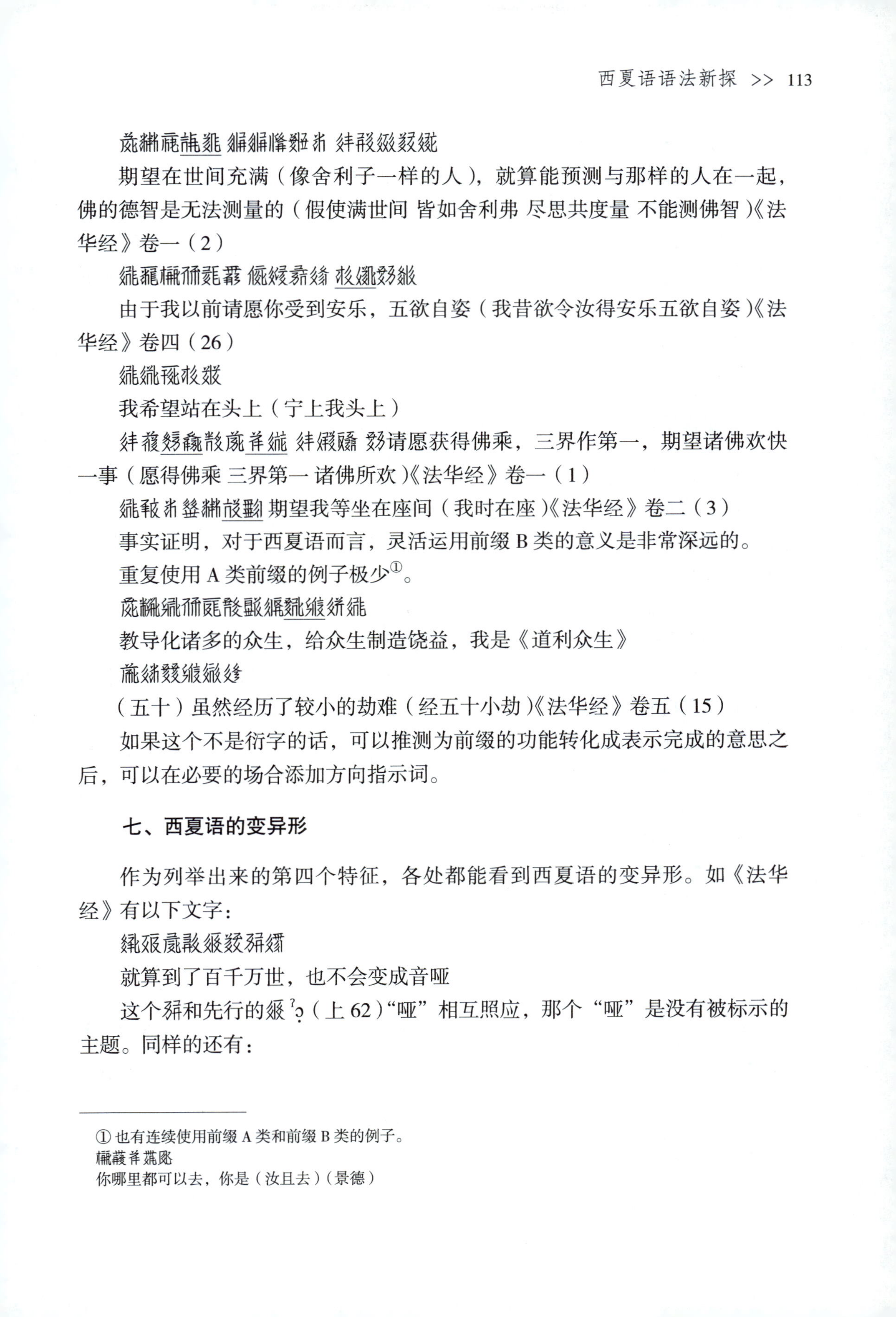

[illegible]

期望在世间充满（像舍利子一样的人），就算能预测与那样的人在一起，佛的德智是无法测量的（假使满世间 皆如舍利弗 尽思共度量 不能测佛智）《法华经》卷一（2）

[illegible]

由于我以前请愿你受到安乐，五欲自姿（我昔欲令汝得安乐五欲自姿）《法华经》卷四（26）

[illegible]

我希望站在头上（宁上我头上）

[illegible]请愿获得佛乘，三界作第一，期望诸佛欢快一事（愿得佛乘 三界第一 诸佛所欢）《法华经》卷一（1）

[illegible]期望我等坐在座间（我时在座）《法华经》卷二（3）

事实证明，对于西夏语而言，灵活运用前缀 B 类的意义是非常深远的。

重复使用 A 类前缀的例子极少[①]。

[illegible]

教导化诸多的众生，给众生制造饶益，我是《道利众生》

[illegible]

（五十）虽然经历了较小的劫难（经五十小劫）《法华经》卷五（15）

如果这个不是衍字的话，可以推测为前缀的功能转化成表示完成的意思之后，可以在必要的场合添加方向指示词。

七、西夏语的变异形

作为列举出来的第四个特征，各处都能看到西夏语的变异形。如《法华经》有以下文字：

[illegible]

就算到了百千万世，也不会变成音哑

这个[illegible]和先行的[illegible] ˀɔ̣（上 62）“哑”相互照应，那个“哑”是没有被标示的主题。同样的还有：

---

① 也有连续使用前缀 A 类和前缀 B 类的例子。

[illegible]

你哪里都可以去，你是（汝且去）（景德）

[illegible] 嘴唇没有下垂 wɛ（上 30）《法华经》卷六（18）

[illegible] 嘴唇不会因寒冷而萎缩 wiẹ（上 67）《法华经》卷六（18）

将这些句子解释为否定句，[illegible] mɨ（平 30）是 [illegible] meɦ（上 33）的变化形。也就是说 [illegible] 和先行的主题相互照应，但是在表示否定的句子中，否定词 [illegible] 则被同化且变形成了 [illegible] mɨ。可以解释为，将其用 [illegible] 进行书面表达。具体的例子如下所示：

[illegible] 功德是，那个是多得吗？

[illegible] 则指先行的功德，也有伴随主题标示 taɦ 的使用例。

[illegible] 有这个法《六韬》

那些句子中的 [illegible] ˀa 是疑问词①。

从 [illegible] meɦ（上 33）变形至 [illegible] mɨ（平 30）的过程中，是认可变韵变调一事的。与其关系相似的还有上文所述的从祈求前缀 [illegible] ndeɦ（平 36）变形至 [illegible] ndɨ（上 28）的例子。《法华经》卷六（19）中还有如下句子：

[illegible] 虽然从未得到无漏（虽未得无漏）《法华经》卷六（19）

[illegible] 虽然从未得到无漏的智慧（虽未得到无漏智慧）

这两个例子并没有使用照应代名词 [illegible]，所以否定词用的是 [illegible]。但是在下面的两个句子中并非如此。

[illegible]

虽然没有得到无漏与法性之身

（虽未得无漏 法性之妙身）《法华经》卷六（19）

[illegible]

① [illegible] "是究竟的法吗"（为是究竟法）在《法华经》卷一（2）中的 [illegible] mɔɦ（上 42）表示有关名词句的疑问，同时也表示有关动词句的疑问。

[illegible] 如若女人身怀六甲的话，胎儿是男孩还是女孩呢？是有根吗？还是无根呢？（不知道）［若有怀妊者 未辩其男女 无根（及非人）］《法华经》卷六（19）。

有时候也有"还有……或者是……"的意思，这个形式笔者认为有很大的可能是汉语的借用形。

西夏语本来的疑问句构成是由先行于动词语干的 [illegible] ˀa 构成的。虽然 [illegible] 的所属韵类不详，且不知道正确的音形式，所以应该是对应藏语 e 和纳西语 e^{54}（共同前置于动词语干），从藏缅祖语传承下来的（《纳西语简志》第 78 页）。

由（菩萨的无漏）之法兴起，虽然未生鼻（虽未得菩萨无漏法生鼻）

如上所述，如果照应代词[西夏字]被插入的话，[西夏字]会被[西夏字]代替，所以得出[西夏字]是[西夏字]的变化形，符合上述的推论。

还有四言句“不□不□”可以译成“[西夏字]□[西夏字]□”，但是也有翻译成其他的情况[1]。

[西夏字][西夏字][西夏字][西夏字] 不生不出

[西夏字][西夏字][西夏字][西夏字] 不闻不信

[西夏字][西夏字][西夏字][西夏字] 不敬不曲（无谦无敬）mbĭʊɦ（平 7）尊敬 ŋgĭəw（平 45）歪曲

[西夏字][西夏字][西夏字][西夏字] 不觉不知（不知不觉）

[西夏字]“知道，了解”；[西夏字]“弯曲”，歪曲的前面使用[西夏字]字，应该是加上限制吧，如[西夏字][西夏字][西夏字][西夏字] 你并不知情（正确的是，是未知的）(而汝不知)。

在表示过去的经验时，动词后面加上了[西夏字] ndeɦ（上 33）字；在其否定句中则使用[西夏字]字。

肯定句 动词—[西夏字] ……做过什么什么事情

否定句 动词—[西夏字][西夏字] ……没有做过什么什么事情

[西夏字][西夏字][西夏字][西夏字] 曾经见过诸佛（曾见诸佛）

[西夏字][西夏字][西夏字][西夏字] 并没有休息过（未曾休息）

[西夏字][西夏字][西夏字][西夏字] 并没有疲倦过（未曾休疲）

这个“未曾有”的形式会经常出现。

[西夏字][西夏字][西夏字][西夏字] 得到“未曾有”

[西夏字][西夏字][西夏字][西夏字] 成法“未曾有”

如果照应代词被插入的话，遵从上述原则，[西夏字]会变形，最后会成为[西夏字][西夏字][西夏字]。

[西夏字][西夏字][西夏字][西夏字][西夏字] 以前未曾见过（昔所未曾见）

[西夏字][西夏字][西夏字][西夏字][西夏字] 未曾有过疲倦劳累一事（未曾有疲倦）《法华经》卷四（8）

在人称代词后置的情况下，动词[西夏字]更是变形成了[西夏字] ndiɦ（上 10）。

[西夏字][西夏字][西夏字][西夏字][西夏字][西夏字][西夏字] 正如此言，未曾听闻过，我是［我（自昔来）未曾（从

---

① “无□无□”是由存在否定词[西夏字] meɦ（平 36）被翻译的。

[西夏字][西夏字][西夏字][西夏字] 无云无雾（佛本行集经）

[西夏字][西夏字][西夏字][西夏字] 无烟无尘（佛本行集经）

佛）闻如是说］[1]。

八、后置于动词语干的助词

除去表示诸种助词外，还有表现复数和双数的形式。

1. [illegible] ndeɦ（上 33）表示现在进行体

[illegible] [illegible]

听闻诉说法律听闻授记（随意说法 又闻授诸大弟子）《法华经》卷四（8）

[illegible]听闻诉说因缘之事

[illegible] 瞧见诉说法律一事《法华经》卷五

可以理解为表示动作进行的进行体，只是和先行于动词语干的[illegible] ɫɨ（平 69）呼应后，多数情况下使用于表现让步的场合（上述）。

2. ……[illegible] $^{?}$eɦ（平 36）表示将行体

[illegible] 诉说妙法（欲说《法华经》）《法华经》卷一（1）

[illegible] 减少法律之时（法欲减时）

[illegible] 即将被杀害之时（临刑欲寿终）《法华经》卷八（25）

[illegible]

---

① 西夏语的变调现象包含未知的条件，由于给变调形创作了专用字，所以不太容易注意到，但是像关于上述的主格、斜格关系的诸多问题，需要在下文一一指出。

A 根据环境变调

[illegible] rir（平 79） [illegible] rir（上 72） 得到

[illegible] 未曾得到过

[illegible] 得到大神通

依据 AB 语干的变形，诞生了四种形式的对立。

	平声	上声
A 语干	[illegible] rir	[illegible] rir
B 语干	[illegible] rĭor	[illegible] rĭor

同上（1998 年）所收

[illegible] $^{?}$yɨr（平 86） [illegible] ndaɦ（上 20）$^{?}$yɨryir（上 77）质问，在前缀后面变调 lhɪɦ

[illegible] tšhi（平 10） [illegible] tšhi（上 9）根

[illegible] lhɪɦ（平 14） [illegible] lhɪɦ（上 12）拔出，解决

B 名词与动词的对立

名词 [illegible] $^{?}$yɨ（平 30）意	动词 [illegible] $^{?}$yɨ（28）说道
[illegible] ʁḭ（平 67）鞋子	[illegible] ʁḭ（上 60）穿上鞋子
[illegible] ^{n}džĭen（平 42）淫	[illegible] ^{n}džĭen（上 37）淫行
[illegible] ^{n}dze（平 37）乘马	[illegible] ^{n}dze（上 34）骑在马背上
[illegible] ŋ^{w}ĭər（上 78）数	[illegible] ŋ^{w}ĭərnier（平 87）数数字

C 意思的分化

[illegible] ndɔɦ（平 49）蛇之毒	[illegible] ndɔɦ（上 42）毒草

身体的肢体分离，人之将死之时（肢体分离 将有死相）《七佛》

在视点文的场合，[illegible] 则被放置在添接代词的后面。

[illegible][B] [illegible]供养诸佛，我是《法华经》卷七

[illegible]（如来在今天夜里）应该进入无余涅槃，我是，这么说道（便于中夜入无余涅槃）《法华经》卷一（1）

[illegible]……[illegible] 诉说诸佛的威猛之处……，我是（今欲显发宣示…诸佛威猛）《法华经》卷五（15）

3. ……[illegible] ⁿdžïa（上 16）表示完成体

[illegible] 佛已经说完这本经典（佛说此经已）《法华经》卷一（1）

[illegible] 散落在那个人的上面，等散落完之后［供散其上 散已作（是念言）］《法华经》卷七（23）

[illegible] 说完是之言《忏悔》

[illegible] 在居道读完文章《忏悔》

[illegible]

变化具足，终于成为神通之证（变化具足 成神通证）《长阿含》

《长阿含经》中有如下的例子：

[illegible] [illegible]（具足梵行）到达安稳隐蔽之处，获得自身的利益

[illegible] [illegible]

未到达安稳之处，没有获得自身的利益（未至安处 未获己利）

[illegible] [illegible]

到达安稳隐蔽之处，已经获得自身的利益（至安隐处 已获己利）

在很多情况下，[illegible]被当作表现动作完成的动词来使用。

[illegible] 寿命终结死去一事成为道理《忏悔》

[illegible] [illegible]

不知开始之场所，混淆终了之顺序（莫知所终 莫知所始）《六韬》

[illegible] 问答终了之时《忏悔》

[illegible] 在书写还未终了《忏悔》

还有如下的使用例：

[illegible] 幻，究竟为何物（幻何究竟）《景德》

[illegible] 涅槃了义教（景德）[illegible] 究竟《诸佛》

在《同音》（12B6）中，[illegible] tɔɦ（上 42）的注释（左）里有[illegible]（旧版、新版相同）。《长阿含经》中有[illegible]“或者是有外道的梵志”（或有外道

梵志）的例子，对应于汉语的“有”①。

4. ……[illegible] ŋgĭər（上 78）表示行为者为复数

附和于名词的[illegible] nɨ 的意思为“……等等”，本来的复数形是[illegible] ŋgĭər。如在《法华经》中，也有不少把[illegible]“此等”替换成[illegible]的例子。

也有[illegible]“诸方的法宗（复数）等（禅数）”的使用例子，在《金光明经忏悔减罪传》里被屡屡使用。关于动词，西夏语和缅甸语的 –kra³ 及怒苏语的 tɕi³¹ 相同，一直是表示复数行为者的动作与相互态②。

[illegible]

那个被屠杀的人们（复数），依据此功德，化身成了皆业者《忏悔》

[illegible] □ [illegible]

……听闻是之言（复数），把自身（安置）在皆净业之中，杀害今命（复数），没有业之回报是（由于那些众生事业圆满，寿命终止死去的原因）《忏悔》

[illegible]

我（等）在如今，为了你而进行叙说，应该拾起诚信态度《法华经》

上述例子主要表现的主体是复数。

5. ……[illegible] kɨ（平 30）表示行为者是复数

正如上文所述，笔者推测，人称代词[illegible]是表示“自身”的意思，但是在《法华经》中有明确的使用例子，对应于“我等二人”“汝等二人”③。

附在动词语干后面的[illegible]，虽然目前没有发现与其代词相照应的使用例，但是笔者认为与“那些”相照应，表现“两个人做……”的意思确实存在。这个文字[illegible]本来是先行于动词语干，表示方向指示功能的前缀。“注目”这个文字被假借，之后被使用于动词结尾也是非常具有研究价值的。也就是说，在西夏

---

① [illegible] teɦ（平 36）“倘若”应该与藏语的 gal-te 是同源语，本来是西夏语形，[illegible] tɨ（平 30）是其变异形。还有作为这两个字形复合形的[illegible]也被使用。如在《法华经》卷八中，复合形被频繁使用。对应于汉语的“如若……”“若有……”“或时……”，有时候则对照于“假使……”。对应“或者”的则有别的[illegible] tšhĭʷo（平 57）“或是”，如[illegible]或是施行亦施（或有行施）《法华经》卷一（1）

② 这个形式与缅甸语的 –kra 及怒语（怒苏语）的 tɕi 有关系。Okell 正如以下的陈述中（Okell and Allot 2001p.16）：kra–emphasises（a）the mutuality of the actors，or（b）the fact that several actors were engaged separately，severally，or（c）(confusingly）that all actors acted together。由于在《怒族语言简志》一书中有“表示该行为动作由两人以上的多数人进行”，所以复数的行为者被分开，或者是合在一起，表示同一个动作的形态，西夏语的 ŋgĭər 也是相同的道理吧。

③ 有关被放置在动词语干后面的[illegible]，在拙论《西夏语研究的新领域》(2002 年）中有所论述，但是当时并没有将其弄清楚。虽然现在已经弄清了，但还没有发现与双数名词相照应的使用例。之后有关西夏文字中的专用字与兼用字的问题浮现了出来（参照附记）。

文字被公布的1036年，西夏人还没有意识到这个问题，所以并没有给其创作专用字形，后来出现反映部族语形态一事。《法华经》中有若干个使用例：

[illegible] 因为何故出生在邪见的家中（我等二人是）《法华经》卷八（27）

[illegible]叙说出家修道之事《法华经》卷八（27）

[illegible]如果祈愿的话（我等二人的）

听闻出家之事（当听我等令得出家）《法华经》卷八

[illegible] 父母让我等（二人）《法华经》卷八（27）

起初并没有把握住[illegible]字的功能，但是《法华经》中的例子可以充分证明其语法功能。无论是怎样的句子，都有其主体（我等），实际是我等二人，也就是二子，–kɨ 则呼应其双数。

而《法华经》卷六（18）有更加易懂的例子：

[illegible] 去听念诵《法华经》(我等二人是)

汉文“将引听法华”“(如若劝告一人）有将引后听法华经一事”的译文。其脉络应该理解成主体是两个人，共同去听、诵《法华经》。这两人的行为与[illegible]相呼应。还有在《大宝积经》卷三中有[illegible]“与你共同相向说道……相互诉说”的使用例。

这个形态恐怕是1036年以后才在书写语中出现的，而其只有在特定的文献当中才使用。

6. 能愿动词

表现可能性和主体的意志，就是所谓的能愿动词（助动词），是被放置在主动词的后面，但在其表否定的时候，[illegible] mɨ 常常被使用，所以被放置于助动词的前面。

（1）[illegible] niɦ（上10）能够　[illegible]不能够

[illegible]能说会道　[illegible]不能够说道（不能宣）《法华经》卷四（18）

[illegible] 能够知道　[illegible]不能够知道（不能知之）《法华经》卷四（19）

笔者认为这个[illegible]也是[illegible]的变化形。

[illegible]

如果未曾听闻此法华经，未曾了解，并且未曾修习的话（若未闻未解，未能修习，是法华经）《法华经》卷四（10）

[illegible] [illegible]

如果不能书持的话，不能听闻且无法目睹

（2）[illegible] wi（上 60）能够　[illegible]不能够

[illegible]不能够被水淹没

[illegible] 刀杖也不加（刀杖不加）

（3）[illegible] l^{w}ɨn（平 32）能够　[illegible]不能够

[illegible] 不能加害荼毒（毒不能害）

[illegible] 不能漂在水面上（水不能漂）

[illegible] 不能够得到转轮王的身体（没有资格）

[illegible] niɦ 和[illegible] l^{w}ɨn 全部被当作汉语“不能”来翻译，几乎一直被相同的使用着，所以笔者认为这两个字的实际意思并没有发生变化①。

（4）[illegible] kir（上 72）敢做……事情　[illegible]不敢做……事情

[illegible] 敢开口讲话（口则闭塞）

[illegible] 时悉不敢加害于人（时悉不敢害）《法华经》卷八（25）

[illegible] 莫敢先出拳攻击（莫敢先举）《六韬》

[illegible] 不能够胆敢喝下甘露《大宝三》

[illegible] 如若不受天诏，有谁胆敢发言《六韬》

（5）[illegible] ^{n}dẑĭo（平 57）忍受　[illegible] 无法忍受

[illegible]

（女身置于污垢）不堪于法器（非是法器）《法华经》卷五（12）

（6）[illegible]（?）肯　[illegible] 不肯……

[illegible]（魔王等是）不肯降服（不肯顺服）

[illegible] 不肯受持（不肯受之）

[illegible] 梦见善良之事的时候，就这样起了恶意《弱门》

[illegible] 梦见罪恶之事的时候，就这样起了善意《弱门》

[illegible] 不肯认可话语（接受之后，不会白状）（不肯招承）《掌》

[illegible] 不能够做到精勤（不能精勤）《长阿含》

[illegible] 不能够做到勤修（不能勤修）《长阿含》

[illegible] 不能用火进行焚烧（火不能烧）

[illegible] 不能漂在水面上（水不能漂）

[illegible] 不能够尽全力（……不能令尽）

---

① [illegible] wi（平 57）与[illegible]、[illegible]的功能差异并不是很明确，但是有时候被当作主动词来使用，并且 B 形式[illegible] wĭon（上 64）也有所记录。

其他□ ɬəw（上 38）和□ ror（平 82）的否定形要么是否定主动词，要么是取存在否定词。

九、往来动词

就像之前所叙述的一样，西夏语的往来动词“来”“去”，二者分别有 2 个字形。就像《文海》注释里有□□□□一样，□ siɦ 和□ laɦ 并不是其中一个，应为分别对照汉语的“往”和“来”的一般形式，与其相对应的一对形式是□和□，与 siɦ 和 laɦ 在意思上存在差别，从而被区分，如若简单提示的话，两者有如下关系。

来	去
I □ laɦ（平 20）	□ siɦ（平 29）
II □ ɬɛ（上 54）	□ ši（上 9）

I 和 II 是否为辨别代名词后续场合的语干 A 和语干 B 的同种屈折变化形，目前还不清楚。实际上还有□□和□□□□的使用情况，这个情况的关系正在逐渐崩坏。但考虑其来源的话，与 A、B 语干类似的可能性很大。

接下来是 I 与 II 的差别，除去声调对立外，多多少少也有例外的使用情况，可以认识到 II 是与方向指示前缀一同出现的。

□□□□□（母亲啊……）居住在佛之处

□□□□ 来到菩萨之处

□□□□（净藏、净眼二子是）居住在母亲之处

□□□□□□□□（那两个儿子是）从空中降落，来到了母亲之处

“来”和“去”本来就是指示方向性的动词，靠近于发言者的是“来”，从发言者之处远去的是“去”。所以给其附上方向指示前缀，其方向的指示效果会更加显著。

□□□□□ 这些是从何处而来的呢（从何所来）

□□□□□ 从哪个方向而来的呢（为从何所来）

往来动词方向性的差别从“来”的使用例子当中可以总结出来。

I □□□□飞升到空中（从下方去到上方）

□□□□□□□

从地下钻出来飞升到空中（从地出已，各诣虚空）(从下方至上方）

II □□□□ 降落到地下的时候（从上方去下方）

□□□ 正如潜入水下（从上方去下方）

I ši（上 9）是从下方去到上方，II šiɦ（平 29）是相反的，同时担当从上方去到下方的方向指示功能。

绲𗀀𗀁𗀂 正如云朵一样降落下来（如云而下）

这个例子是由前缀 nah 明确向下的方向，其功能得到了加强。

在有复合动词的情况下，也是可以认知到相同的方向指示。

𗀃𗀄𗀅𗀂 出生后来到我家

𗀆𗀇𗀈𗀉𗀅𗀊 应该出生后去到忉利天上面

𗀋𗀌𗀍𗀂𗀎 为了听闻诵法而来（来听法不）

𗀍𗀏 去到　𗀍𗀂 来到

作为接辞代名词的形式，也有不少表示行为者命令的例子。

𗀐𗀑𗀂 [B] 𗀒 所以来到这里，你是

𗀓𗀊 [B] 𗀃𗀔为了见面去到，我是

如果考虑两个形式的时态差异，应该可以从如下的例子当中排除出来，汉语的“于未来世”被翻译成两种样子。

I 𗀕𗀖𗀗𗀘

在后来的世代《法华经》卷五（12）

从后面来到的世代（上→下）

II 𗀙𗀂𗀗𗀘

在未来的世代《法华经》卷七（22）

还未到来的世代（下→上）

I 是从上方至下方的方向指示，II 是从下方至上方的方向指示。

𗀚𗀊𗀒（无论是哪里）都能去，你是。这句伴随着方向指示词 ndah，表示“往水源的方向”。

𗀚𗀊𗀛 让我回去了

𗀜𗀝𗀞𗀊 还有请勿去到别处（勿复余去）《法华经》卷二（4）

如来的译语中有使用𗀟𗀂“实来”的情况。为什么会出现这样的译语呢？此译语并不是从汉语直接翻译过来的，而是从藏语翻译过来的。而且笔者认为并不是新译的 de-bsin gshegs-pa，而是翻译了旧译 yang-dag par gshegs-pa 的形式。这样的话，藏语的 gshegs-pa“来”是敬语形，所以不得不考虑西夏语也存在着敬语形的可能性。但是如果认为西夏语全体都是敬语的话，很有可能会招来非常麻烦的结果。

就算从川西走廊地域使用的现代语形式上进行考究，也非常难以找出决定西夏语往来动词功能的依据。总之在这里留下了再考究的余地，要设想成上述的 I 和 II 两对语干体现了方向性上方→下方和下方→上方的差别。

附记

笔者承认西夏文字中的双生字，而且提倡在字形的创造中存在某种的误差［西田龙雄（1998 年）以及（2001 年）］，在最近一段时间，笔者则把注意力放到了别的事情上面。

一直以来强烈受到中原文化影响的西夏有识之士，理所当然地完成了实词和虚词的辨别。当创作字形的时候，给实词创作了专用字，则给虚词创作了作为假借字可以运用于表音性的兼用字，这无疑是文字创作的基本方针。例如给兼用字创作了[illegible]、[illegible]、[illegible]、[illegible]等字形，应该是之后在采用部族语形的过程中扩大了那些字词的适用范围吧。不仅如此，在本稿中作为西夏语的第 4 大特征列举出来，给西夏语变调形、变异形也创作了专用字，这也可以说是西夏语的一大特征。

引用典籍略称

（据文献番号 Kychanov1999,《西夏文佛教典籍目录》京都）

法→ No.78—80《妙法莲华经》；大悲心→ No.237《大悲心陀罗尼经》；景德→ No.756《景德传灯录》；大宝三→ No.97—102《大宝积经》；长阿含→ No.1《长阿含经》；诸佛→ No.119《佛说诸佛经》；七佛→ No.272《七佛八菩萨所说大陀罗尼神咒经》；禅源→ No.321《诸说禅源都序》；忏悔→《无番号金光明经忏悔减罪》；传弱门→ No.742《弱宅》；华师→ No.304《华严金师子章》；《六韬》→ No.8（1963.Cat）；《类林》→ No.11（1963.Cat）；掌→ No.13《番汉合时掌中珠》（1963.Cat）

要补充的是，上文的法卷二（4）是《妙法莲华经》卷二的《信解品》第四的意思。

参考文献

龚煌城：《西夏语文研究论文集》台北：台湾“中央研究院”历史语言研究所，2002 年。

和即仁 · 姜竹仪：《纳西语简志》北京：民族出版社，1985 年。

Kepping，K.B.：《西夏语形态论》（俄文）莫斯科：纳尔卡，1985 年。

Kychanov，E.I.：《西夏语写本与刊本》（俄文）莫斯科：东方文学社，1963年。

Kychanov，E.I.：《西夏文佛教典籍目录》（俄文）京都：京都大学，1999年。

马忠建：《西夏语能愿词之研究》《宁夏社会科学》1995年第1期。

西田龙雄：《西夏王国的语言与文化》东京：岩波书店，1997年。

西田龙雄：《西夏文字的特征——其文字组织的新研究》，京都：1998年。

西田龙雄先生古稀纪念会编：《西夏语研究新论》，京都：西田龙雄先生古稀纪念会，1998年。

西田龙雄：《西夏文字的特性和西夏语的声调变化》，载《首届西夏学国际学术会议论文集》银川：宁夏人民出版社，1998年。

西田龙雄：《西夏文字》，载河野六郎、千野荣一、西田龙雄编《语言学大辞典别卷 世界文字辞典》，东京：三省堂，2001年。

西田龙雄：《西夏语研究的新领域》，《东方学》2002年第四辑。

西田龙雄：《西夏语语法新考》，《国家图书馆学刊》2002年增刊（西夏研究专号）。

史金波：《西夏语的存在动词》，《语言研究》1983年第2期。

孙宏开·刘璐：《怒族语言简志（怒苏语）》北京：民族出版社，1986年。

林英津：《“语言暨语言学”专刊外静编之四汉藏语研究：龚煌城先生七秩寿庆论文集》台北：台湾“中央研究院”历史语言研究所，2004年。

关于黑水城出土西夏文文献

一、黑水城西夏文献的发现和保管

西夏古城黑水城也被称为哈拉浩特，目前属内蒙古自治区阿拉善盟额济纳旗。额济纳是西夏语中黑水[illegible] ʁzɨr（上 85）nǐaɦ（平 21）的音写。从 11 世纪到 13 世纪（1032—1227 年），西夏的疆域包括现在的宁夏回族自治区、内蒙古自治区、甘肃省的部分地区，佛教在此盛极一时。1907 年，俄罗斯地理协会派科兹洛夫至四川、内蒙古探险。1908 年 1 月，进入内蒙古的科兹洛夫队伍听说哈拉浩特有遗迹，便于 4 月 1 日到了哈拉浩特城。哈拉浩特在西夏时期是宽广肥沃的绿洲，是西夏防卫北方的驻军和监军所在地[①]。科兹洛夫来访时，该地已经埋藏在沙漠中了，只剩长方形的城墙遗迹。科兹洛夫的团队经过数日的调查，发现了大量文物，于 4 月 6 日送往圣彼得堡，之后他向原来的目的地四川出发，经过西宁的南边，到达现在的青海贵德。至 12 月，当彼得堡的学士看到先送来的文物，给予了它很高的评价，并马上通过秘密电报指示科兹洛夫放弃四川的考察，让先行团队再次返回哈拉浩特，全力以赴调查。1904 年，毛里瑟在北京拿到了西夏语译《法华经》，并在巴黎出版了这项研究，所以欧洲也了解了关于西夏的知识。他们似乎认为哈拉浩特是西夏的首都，从 1909 年 5 月 13 日开始，科兹洛夫 22 天没有休息，直接返回哈拉浩特，第二次的挖掘为期一个月。在城外西壁 250 米左右挖出佛舍利塔时发现了藏有大量文献（刊本、写本）的书库，也出土了很多佛龛、佛像。1926 年第三次访问时，科兹洛夫只逗留了数日，收获甚少。第二次返回时科兹洛夫好像把埋藏在沙漠中的佛像也运了出去。

---

① 认为黑水城是李元昊在建立政权初期设置的十二监军司之一镇燕监军司的所在地，是防备北部的辽和鞑靼等入侵的军事驻扎地。

1914 年，英国的斯坦因从肃州（今甘肃酒泉）进入了哈拉浩特，把残存的文物和汉文古书等多种文献放置于印度新德里，将主要文物运往伦敦。

1927 年，斯旺贝格曼率瑞典、德国、中国、荷兰等共同组成的调查队“西北科学考察团”也进入了哈拉浩特，但收获不明，恐怕是一无所获了。但是斯德哥尔摩的民族博物馆收录了一部西夏文《大藏经》(元刊本)。虽然不知道是从哪儿收录的，但这是附有序的有价值的刊本[①]。

日本大谷考察队所带回的西夏文文献（不是从黑水城带回的）现由龙谷大学保管。其中《六祖大师法宝壇经》的断片广为人知。里面有瓜州监军司的公文，与罗福成所藏的 5 个断片应为一体。其公文中有日期（1071 年），是现知西夏文献中年份最早的。

天理图书馆所藏的西夏文献中也包括黑水城出土的文献，这些是战后由张大千购入的清野谦次氏的旧藏本，数量并不多。

黑水城出土的西夏文献现在由俄罗斯圣彼得堡东方学研究所和艾尔米塔什博物馆，以及伦敦的英国国家图书馆和印度的新德里国家图书馆保管。俄罗斯的科兹洛夫收藏品在数量和质量方面都很优秀，但是自从科兹洛夫送往当时的亚洲博物馆后，就长久地沉睡在地下。第二次世界大战结束后，这批文献才逐渐受到关注，主要的文献由俄罗斯的研究人员出版了其研究成果和实物的复印本，外部的人想看到这些实物是极其困难的。笔者数度访问了圣彼得堡，手抄了一些文献，苏维埃解体后，如果提出申请的话，可以以微型胶卷的形式获得文献。近几年，中国上海古籍出版社的《俄藏黑水城文献》不断发行，已经出版了 11 册。其中，第 7 册到第 11 册收录的是西夏语言文献。从今年开始计划刊行全 5 册的《英藏黑水城文献》，其第一册已经出版，研究者也越来越多，如当初的敦煌文书研究一样，实质性的研究已经开始了。

二、西夏学的构筑

敦煌在黑水城向西直线距离约 350 公里的地方。1900 年，从敦煌莫高窟藏经洞中发现了多种文献，因此广为人知。这些文献大多是由培里欧、斯坦因等人带到欧洲整理与保管的，是集结了各国学者积年研究的成果，才开创了敦煌学的研究领域。

---

① 参照拙著《西夏文华严经 II》(京都大学文学部 1976)《西夏译经杂记 I 元刊西夏大藏经》。

近年来，大量研究者们不知何时以黑水城出土的文物、文献为研究中心，以构筑西夏学这个研究领域为目标而不断努力。

首先介绍俄罗斯和中国研究者的最新成果，之后笔者想就近几年来的探访进行论述。

俄罗斯的克恰诺夫教授于2000年在莫斯科出版了《孔子和壇记》，是化为渔夫的老子与孔子的问答，其本是抄译了《庄子》三十一章的渔夫篇。此篇内容是孔子深受渔夫的教诲，多次拜会渔夫，渔夫划船而去。这应是以西夏时期儒家和道家的争论为背景而翻译的文献。以前，涅夫斯基曾介绍过它的存在，这次克恰诺夫公开了文本，只可惜文本缺少了前后部分。

中国发行了聂鸿音的《西夏文德行集研究》(甘肃文化出版社，2002年)。笔者一开始就关注了这本书，认为是对司马温公《资治通鉴》的抄译。因为在政立品的开始部分有[illegible]（司马温公），人知品中载有[illegible]《资治通鉴》的书名，刚想介绍其内容的时候，笔者不幸住院了，并收到了聂鸿音先生的书籍，拜读后觉得书中留下了各种各样的问题，就想着写一篇书评。

笔者接下来想对西夏书籍的体裁进行简短的叙述。西夏的书籍有卷子本，有有轴的，有没有轴的，还有折本和册子本，册子本中有蝴蝶装和线装，都有版心，下面有页码（汉字或西夏字），蝴蝶装的贴合处、线装本的破损处和线装本的空白处都有从别的文章中填写的部分。这个时候A本连着B本，初始页是A页，再是B页，而且之后出现了如A本这样混合两本书的内容的书。如《秘密供养典》(写本）中就出现了如上体裁的文献，不仅发现了以“乾三连，坤六断”为首的《八卦取象歌》的译文，以及以“乾为天，天风垢”开始的六十四卦，而且还出现了以家族成员、身体的部分比定的《周易说卦传》的西夏语译本①。有很多到现在为止完全没见过的文献，就连《易经》的西夏语译本也还没有发现②。

现在笔者手中有2片楷书写本残页（No.6384），写在蝴蝶装的某文献的第3页（左）第9行和第4页（右）第9行中。因为是相当清晰的楷书体，所以不难判读。开始的数行如下：

---

① 关于西夏及西夏语的研究，初期阶段（1960年）有拙著《西夏语的研究Ⅰ》(1964年)，之后有史金波《西夏学百年回顾》(《中国民族研究年鉴2002年卷》民族出版社，2001年)。王天顺主编的《西夏学概论》(甘肃文化出版社，2001年)，还有最近刊行的韩小忙《大夏寻踪西夏文物辑萃》(中国社会科学出版社，2004年)的简单介绍。

② 参照拙论《西夏语译六十四卦和针灸术》，载《三笠宫殿下米寿纪年论集》，2004年。

L1. 若四肢等皮肉上 一声以灸［蕤 pǐuɦ（上 3）］终气

L2. 穴止彼灸暂休止活力暂除气血虚飘 灸火力起艾［翳 wǐu（平 2）复数］终自然病除好好思

一看就知道这是关于针灸的内容，笔者依稀记得以前也读过同样的内容。

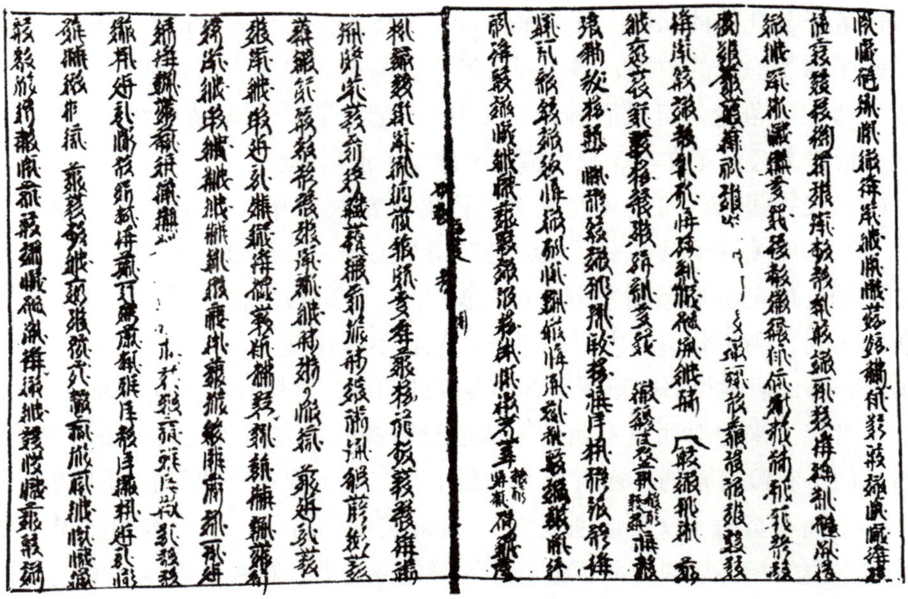

图1　西夏文针灸书断片 No.6384

注：科兹洛夫收集本，蝴蝶装楷书，右侧对应左侧三页右，从左页到右页。

三、西夏语译《铜人腧穴针灸图经》的比定

敦煌本的第一个问题是与中原传承的典籍之间的关系，但是黑水城文献中有从其他西夏故地出土的少数典籍。这个残片与笔者以前评介过的《新译铜人穴针灸典》（TG281 No.2630）一致①。笔者的评介是基于格林斯塔德当时在列宁格勒的手写资料，但是在看到实物后，笔者又将其与得到的微型胶卷进行比对，结果发现其西夏文与《铜人腧穴针灸图经》完全不一致，但毫无疑问是该

① 拙著《西夏文化严经Ⅲ》（京都大学文学部 1977）后记《西夏译经杂记Ⅱ》中所收。

参照《铜人腧穴针灸》。铜人就是画有人体经络和五脏六腑的人形，相当于现在的人体模型。东京国立博物馆所藏的与人体大小相同的铜人很有名。《高丽博物馆》Vol.1 铜人形、明堂图篇（森之宫医疗学园出版部 2001 年）中有详细记载。西夏文文献中没有灸经图。

系统的书。实际上该文献附有[Tangut]《明堂针典》第一的标题，与钦定《四库全书·子部》所收的《明堂灸经》做了对照，但是其内容与西夏本不一致[①]。

No.2630 是线装写本，1 页 6 行，1 行 17~20 字，全书由楷体书写但混杂有行书，有时写的很粗旷，难以辨认。

标题是[Tangut title]《新译铜人穴针灸典》，其后有 11 行[Tangut]《身察灸序文》的文章，翻译如下：

人类在地上 有情为一切之上 阴阳和合识生者 五行命运
鬼神守候身相正明意，净性诸事显示一切全至
万代一心以摄能，天下地上人超能
人能慧贵疾病生未著 若病罹治即人身失万相得

图2 西夏文《新译铜人穴针灸典》TG281 No.2630

注：科兹洛夫收集线装本，楷书行书混用写本。

① 根据四库医学丛书中的一个《颅腮经外十种》(上海古籍出版社，1991 年)。

灸点 顺好好置治

（孙思邈）明堂典中说随测书灸点 造疾病 多愈

业殊胜功德广大，此经定后，昔老人微小，灸重病愈

节善时乐 人心正直，今彼同像尺寸长短，心胆日食 同病根

暂重 显艾量定，病轻重顺，一培二培 增疾病 悉愈，诸人疑起勿，是从为（无法判读）

之后文本中有身擦灸典卷上的题，从《明堂经》的引用开始（卷下无记载）。

岐伯［khiɦ（平 11）pɪĕ（平 9）[1]］《明堂经》中说："八寸线 算 一尺八分线 一寸，人 身高矮 肥瘦 故 [illegible]（经穴图）顺 定 谓。手中爪算，目线一寸计 悟，人间或身长手，[illegible]（经穴）定（圆）顺定谓。"唐代孙思邈《明堂典》中亦有如下记载：

男病右手，女病左手，亲指节□□□□□一寸算，是圆一寸随人骨灸疾病治疗多人愈。是灸点法（[illegible]）功德有故，是上定灸点测书，身体直平，四肢曲，或坐曲 勿膝平 傍 偏 勿。

若是从为则针灸经穴□□肉□□经空疾楚受休益得无，疾病人先始上方揉灸，后，下方，灸。始[illegible]（艾）少后艾多（使）艾间好好测思。经穴上艾置艾跟长三分程望，若三分[illegible]（育）即经穴中，经（脉）细粗和是育失（[illegible]）也，若经粗气穴漂流各缠□所计艾置经穴中，火力深及能疾愈得也。

昔老病（人）灸据八种树（[illegible]）以艾烧病增愈难，柏（[illegible]）树以烧精气伤汗，竹（[illegible]）树以烧筋伤目眩，榆（[illegible]）树以烧骨伤心乱。桑（[illegible]）树以烧肉伤瘦乾。枣（[illegible]）树以烧中伤穴吐。只（[illegible]）树以烧气脉大伤。橘（[illegible]）树以烧则若细脉粗沈[2]。火珠，日明蓬（[illegible] puɦ（平 27））置火出，彼以火以艾烧痛所灸甚（[illegible]），特别脚低（[illegible]），人是火得觉沈，

---

① 西夏语的再构成使用了笔者的体系（1980 年）。虽然想修改很多遗留的问题，但是依据了之前的观点。《西夏语韵图〈五音切韵〉的研究》（上、中、下）《京都大学文学部纪要》20–22（1981—1983 年）。

② 这八种树与下面《资生经点艾火法》的记述一致，但在西夏文中，记载了使用后的具体症状。

资生点火法，下经云古来灸病忌松柏枳橘榆枣桑竹八木，切宜避之又下经云："灸时不得伤饱、大饥、饮酒食生硬物。"又云："令下里人灸后亦忌饮酒将水灌手足。"据《针灸择日编集》（北京中图书店影印，1997 年）。

火镜日镜明蓬当火出其火亦特别，若雾天、阴天先火得即木无火以蓬烧。灸起则特别诸障及症状愈能，是油水灯举自然艾烧经穴上灸艾迹亦柔软，彼艾愈以后痛楚有，若蜜乳橙举灸特别诸人一切是八种树未堪知。

点火艾烧灸起也①。若灸，起天云雾降，风起，俄猛雨来，炎暑，天雷，电光，虹霓映暂休，晴明再艾置，饱食大酒饮，兽硬（[illegible]）（肉）等食许亦思虑，忧愁，患怒，呼骂，息叹，心忧等不吉祥一切为许，若其等为真吉祥也，若头四肢伤多灸许。

人身有三百六十五条细脉，缠全头，头为诸阳脉所集地也，熏艾过多，人头脑空回转，能观多远。

以上两张片断的内容重叠，从正文第6页第2行至第9页第1行，相互对比，能够更好地把握其内容。残片是后来写的东西，误写较多。但是由楷书书写的内容，对判读有很大的帮助。下面继续对楷书部分内容进行翻译。

若发边灸病人发边分明，《明堂经》说顺经穴中易。彼病往疾病头发悉远或特昔发额上毛无，则经穴获难者今，疾病人二眉间上方边三寸离发边见做顶后（[illegible]），则颈（[illegible]）第一节上方三寸至发边见做计测。

若灸以治病，春夏秋冬经病愈者艾（复数）十分艾迹空（[illegible]）脓血流病必愈，若艾迹空为，脓血流出则痊愈。旧烧热为《甲乙经》中说，未流出则用热灸，彼以三日艾迹上置直脓血流病自然愈。今赤皮（[illegible]）、常葱（[illegible]）根，四五枚先端洗切热灰中埋熟，漏出热艾迹上十回以上置三日以内速脓出病除。终

艾迹洗（涤）法若病治灸行终，速赤皮常葱薄荷（[illegible]）二种水中放煮也。温（[illegible]）艾迹洗周围一二寸离短风毒，稀艾迹口中流，亦粗脉中气穴往来艾迹下止艾迹空病愈。若艾迹塞（[illegible]）出桃树东南枝柳枝软时切，二种等煮寒和，艾迹洗，是二种一顺艾迹中诸[illegible]□荣，若艾迹空其后，肉烂骨干黑则先二种上等□汉语□三种煮寒和艾迹洗，新肉善增，若艾迹痛出忍受所无多愈。则上[illegible]□汉语（草名）增散四种[illegible]等煮寒艾迹洗

---

① 以下与《明堂经候天色法》记述一致。

明堂经候天色法，凡点灸时，若值阴雾大起、风霜忽降、猛雨雷电、彩虹霓暂时且停，待时晴朗即再下火灸之，灸时不得伤饱、大饥、酒大醉、食生硬物，兼忌才思虑忧愁、忧患、恚怒呼骂、吁嗟叹息、忌一切不祥之大吉。《资生经》同注（8）。

速技能现，艾迹塞改法，春秋柳棉（[illegible]），真夏竹芯处秋季新棉（使），真冬兔毛（[illegible]）副兔腹绒毛（[illegible]）是猫腹上绒毛亦特善。

此录文相当于第 6 页第 2 行到第 9 行开始部分，与上面记载的 2 枚断片重复，相互对比的话，很容易了解其内容。因为错误很多，所以笔者认为残片可能写在别的地方了。因为是楷书写的，所以有助于判读。

以上都是笔者的试译，虽然留下了还不能充分判读的部分，以及脉络不畅通的部分，但已经解读到了文章的大意。对于未知部分的内容笔者会再做探讨，日后定然能够梳理全文的意思。笔者认为西夏的医学基本上是藏族医学和汉族医学的融合，虽然没有摆脱佛教的思想理论，但因占据了丝绸之路的要道，所以拿到了周边国家的医药书籍，很好地学习了治愈疾病的知识①，充分具备关于医药学、人体组织、生理现象的知识②。

四、西夏语的针灸治疗术和人神

西夏文献中，普通人遭遇疾病的时候，有用药治者、算命者、行针灸者的记载，在民间除了医者，易士、行针灸者都会受到尊重，西夏人很大程度上依赖于针灸。在西夏官方机构中医人院与卜算院同级，为上、次、中、下、末五个等级中的中等司。造屋司、铁工司与制药司都属于末等司。

《天盛律令》（后述）卷六的“分合除籍门”中有巫者、阴阳道者、医者、内宿可等六种官员同级的规定。西夏职官中有专门负责监督的官职③，又在机构中加了阴阳道者之职，西夏也流行把人的命与天上星体的运行联系起来判定吉凶的占星术，具备特殊法力，能除去宿星带来的不幸和灾害的术师和阴阳师也得到了官职④。在《新译铜人穴针灸典》中，阴阳师为了更有效地进行针灸治疗提出了各种制约，选择日期选择时间等，具体性地展示了以下四项记述。

1. 月（复数），（[illegible]）杂厄日，（[illegible]）血忌（日）准许针灸。

---

① 特别是药，以青藏高原丰富的药材为基础，制作了有疗效的汤药、药丸、膏药等。比如使用了 30 多种药材的紫菀丸（称对所有疾病疗效的万能药）的调配方法和其效用，记载病例的医药书现存于科兹洛夫收集品中。

② 关于西夏人的四大不和谐的思路，可参考拙文《西夏语佛典目录编纂上的诸问题》。

③ 克恰诺夫从科兹洛夫的收集品中发现了被称为《官阶封号表》的断片，之中附有卜算位、巫位等六种职名，但是其具体的职位内容完全不明。史金波的《西夏文〈官阶封号表〉考释》（《中国民族古文字研究》第三辑，天津古籍出版社，1991 年）也是对其的研究。

④ 虽然还不为人熟知，但科兹洛夫收藏品黑水城出土汉文文献中有《六壬课秘诀》。

各月下小写的十二支表示该日，而血忌日是指出穴后难以停止的日子。

正月丑，二月未，三月寅，四月申，五月卯，六月酉，七月辰，八月戌，九月巳，十月丑，十一月亥，十二月子。

2. 二十（十二直之误），部（敍膔緩），人神［叕䝘 ndžĭu（平 2）si（上 10）］，准许在居所针灸。

十二部相当于十二直，所谓十二直是指借北斗七星的运行和十二支方位而占卜吉凶，是阴阳道的占术。如上所述，西夏社会也流行阴阳道主张的物忌。而人神是指汉文《铜人腧穴针灸图经》中“避针之诀”，其注释是“（人神）位于天中央，监视四面八方，四面八方看人的邪恶监视，之是禁忌部位，此文的出处不是千金方”①。

十二直的各日之后记载着禁忌的身体部位和时刻：

绡 建日 忌足 申刻灾厄［緩 为禁忌（妨碍）原义］

稀 除日 忌目 酉刻灾厄

覣 满日 忌腹 戌刻灾厄

礽 平日 忌脊 亥刻灾厄

㤩 定日 忌心（心脏）子刻灾厄

𣧑 执日 忌手 丑刻灾厄

膔 破日 忌口（嘴）寅刻灾厄

䕱 危日 忌鼻 卯刻灾厄

䨼 成日 忌唇 辰刻灾厄

䘎 收日 忌头 巳刻灾厄

絉 开日 忌耳 午刻灾厄

覣 闭日 忌目 未刻灾厄

十二直是西夏语中重要的词汇组，这里发现了许多以前未知的词汇，意义重大②。

---

① 据《训注铜人腧穴针灸图经》(丸山昌朗训注续文堂，1974年)。

② 在艾尔米塔什博物馆有数枚纸贴在下面的小断片。其中1张上面的3个字作为词条使用䘎䘎、覣（䘎緭䕱是危的对应字），因为这3个字与十二直的“危、收、闭”对应，所以判定断片是为了记录十二直的吉凶。其判断内容如下：

收 商卖 仆受，库开□工，嫁入，旅行，出产 凶

闭 坐所道屋 缺闭 葬式，埋葬 吉，嫁入 目 治疗 凶

衷心感谢萨玛秀克研究员允许笔者拍摄这一片断。笔者对医药学以及针灸方面也完全不具备专业知识，但为了西夏语言文字的研究目标，笔者会努力去了解医药学和针灸方面的知识。

3. 二十（十二之误）允许在上针灸

子刻怀居 丑刻头居 寅刻耳居 卯刻目居 辰刻项居 巳刻口居

午刻膝居 未刻胃居 申时胁居 酉刻脊居 戌刻腰居 亥刻股居

以上时刻表示每小时人神居住的身体部分。

4. 二十（十二的误）部，年中人神居日准许

对以下内容，笔者不能很好地理解。另外，括号里的汉字表示原文中使用了汉字。

一年十（三）二十（五）三十（七）四十（九）六十（一）(七)(十三）八十（五）年中人神居二年十四二（十六）三十（八）五十六十（二）七十（四）八（十六）人神在喉居三年［三（十九）五（十一）写入右侧］十（五）二（十七）六（十三）七（十五）八（十七）年人神在头居四年十（六）年二（十八）四（十）五（十二）六（十四）七（十六）八（十八）年人神在肩居五年十（七）二（十九）四（十一）五（十三）六（十五）七（十七）八（十九）年人神在脊居六年十（八）三（十）四（十三）六（十六）七（十八）九（十）年人神在腰居七年十（九）三（十一）四（十三）五（十五）六（十七）七（十九）九（十一）年人神在胃居八年二（十）三（十二）四（十四）五（十六）六（十八）八（十）九（十二）年人神在○居九年二（十一）三（十三）四（十五）五（十七）六（十九）八（十四）九（十三）年人神在足居十年二（十二）三十（十四）四（十六）五（十八）七（十）八（十二）九（十四）年人神在膝居十一年二（十三）三（十五）四（十七）五（十七）七（十一）八（十三）九（十五）年人神在手居十二年

No.2630 到此就结束了，但笔者认为同一笔迹的 No.8213 是它的续写。

二（十四）三（十六）四（十八）六（十）七（十二）八（十四）九（十六）年人神在股居

九部人神的居时允许针灸 句悟正读

脐 心 肘 咽 口 头 脊 膝 足

一 二 三 四 五 六 七 八 九

此为西夏人的日常生活，可以推测，作为行动禁忌的标志，阴阳思想可能已经渗透到西夏人的日常生活中。西夏和日本一样，都是中国文化圈的一员，对此我深有感触。

五、西夏法典《天盛旧改新定律令》

最后，笔者在此提一下黑水城出土西夏文献中已为人熟知的重要资料——

《天盛改旧新定律令》。这本书是包含刑法、诉讼法、行政法、民法、商法、军事法的综合性法典。每个条文都没有任何案例和注解，如果不能充分把握全部内容的话了解西夏历史与社会是很难的。因为法律条文是很难理解的，所以尚未出现日语翻译的版本①。

笔者认为是仁宗天盛年间（1149—1169 年）撰写的，蝴蝶装上下单栏，左右双栏，在中国雕版印刷史上被当作与宋刻本和金刻本有同等价值的版本来看待。全 20 卷，卷十六仅留下 6 页，其他全部散佚，卷十缺一部分，其余的 16 卷虽然各有不同程度的散佚之处，但从整体来看几乎是完整的。全书共计 150 门，有 36 门项目名可以理解，但内容不明。人们很早就知道这本书，涅夫斯基称之为《天盛年变新民制学》，王静如将其改名为《天盛年变更定戒教》（国立北平书馆刊 4 卷 3 号 西夏文专号 1932 年）。

1963 年，戈尔巴切瓦、克恰诺夫编《西夏文写本和刊本》（莫斯科发行的）中有《天盛年改新定禁令》，每三个字都标有“年”字，笔者在斯坦因收藏品中看到标题（缺下半部分）的小断片照片（格林斯塔德氏提供），发现这个字不是[illegible]“年”字，而是人字偏旁之间没有一竖的[illegible]“旧”字。笔者于 1967 年在京都大学内陆亚洲研究会上做了《关于〈西夏部姓〉》为题的报告②，报告将“年”改为“旧”的意见相符，现在除两三个例外，“年”字已改为“旧”字。

在当时，俄罗斯以外的研究者谁都不能使用科兹洛夫收藏品中的资料，列宁格勒东洋学研究所分所的克恰诺夫教授花了十几年时间完成了俄语译本，其成果和原文图版一起整理成四本书籍③，真是积年大作。以此为基础，以史金波为代表的中国研究小组发行了中文丛书（中国珍稀法律典籍集成甲篇第 5 册《西夏天盛律令》，科学出版社，1994 年④）。在相同的内容上添加了若干修正和数页的译名对照表，新装订的《中华传世法典·天盛改旧新定律令》由史金波、聂鸿音、白滨译注，于 2000 年由法律出版社出版。现在中国和日本的研

① 2003 年，整理之后的研究在日本发行。岛田正郎：《西夏法典初探》，《东洋法史论集》2003 年第 8 期。

② 这在冈崎精郎《唐古特古代史》（东洋史研究会刊 1972）第 347 页中有记载。认为笔者将书名改为《天盛旧改新定律令》，但是比起中文中现在采用的《天盛改旧新定律令》，或者《天盛改旧定新律令》更为正确。

③ Е.*И. Кыччанов Измененнй и заново умверюсбеннныи кобекс бевиза чарсмвования Небеснное чрочвемание*（1149—1169）Москва Hayka，1987.

④ 在此之前翻阅了译克恰诺夫的著作《西夏法典》（宁夏人民出版社，1988 年）；拙著《西夏王国的语言与文化》（岩波书店，1997 年）第 327 页。

究者在研究西夏法典时，几乎都是利用这套中文丛书[1]，应该大力赞扬俄语译本、汉文译本的价值，但是问题仍然很多。

的确，这个法典是西夏社会文化研究的一大支柱，是西夏语研究领域应该研究的对象，现阶段未解的文字也不少，没有其他使用案例的话，解读那些字是极其困难的。

笔者虽然在法律方面缺少专业知识，但是想研究一下其中使用的西夏文。笔者在拙论《西夏语语法新探》中[2]归纳了西夏语语法的特征，总结了 4 项（简略记载）。第一，明确地把握了动作、发起行为的主体和客体，是主格、对格语言。根据以哪个为中心来考虑，出现两种视点文，这与动词的两种词干后接的人称代词的照应有着密切的关系。第二，动作发起者和其他成员的关系除了主格、对格、与格和属格（3 者同形）之外，重点表示场所和工具，特别是把动作、行为和场所的关系将接点细分化表现。第三，重视动作、行为的方向性指示（接头辞 A 类）和书写者（说话者）的意志、愿望的表达（接头发 B 类）。特别是后者的作用增大了该语言的表现力。第四，除了词素的基本形以外，在某种条件下也出现了很多变异形。

笔者对这部法典研究的结果是：第一，主体客体虽然由助词表示，但动词只使用 A 词干，没有视点文。如“兴”只有[illegible]出现，[illegible]不出现。第二，格表示中，根据少数格助词的接点细分较少。第三，动词词干先行的接头辞 A 类与 B 类一起使用，特别是 B 类比意志、愿望更能表达命令、指示的功能，出现得非常频繁。第四，几乎不被认可的变异形的出现。笔者想举出几个例子：

[illegible]（卷十）

当依各自所定高低而坐（[illegible]的例子也很多）

[illegible]、[illegible]（卷十）

经略司者，比中书枢密低一品，然大于诸司

……[illegible]（卷七）

事务多少当派遣晓业者

第 3 例将接头辞 B 进行两种连记[3]，应是汉文翻译。

---

① 王天顺主编：《西夏天盛律令研究》，兰州：甘肃文化出版社，1998 年；杨积堂：《法典中的西夏文化——西夏〈天盛改旧新定律令〉研究》，北京：法律出版社，2003 年。

②《汉藏语研究》，载何大安等编《敦煌城先生七秩寿庆论文集》，台北：“中央研究院”语言学研究所，2004 年，第 353—381 页。

③ 在其他文献中也有连写两个接头辞的例子。参见拙文《西夏语研究的新领域》，《东方学》2002 年第 104 辑，第 9 页。同样重叠 B 类使用得很少。

在利用汉文翻译语时，应该与原文进行对照[①]，[illegible]或[illegible]。另外大多数人将原文翻译为[illegible]或[illegible][②]。

黑水城出土文献，不管世俗文书还是佛教典籍，都是非常珍贵的文献，今后会发现什么完全无法预料，它就是一个无法预测的大宝库。

---

① 这个原文已收录在《俄藏黑水城文献》第 8 册，上海：上海古籍出版社，1998 年。很容易从中看到五种不同种类的摹本上所刻的刻本被称为甲种本，斯坦因的收藏品中也可以发现它的残卷：

卷十（408—443 页），卷十二（552—561 页）

括号内的页码为克恰诺夫上载书第三册（1989 出版）表示图版所在的地方。斯坦因的书虽然缺上半部分，但这本是同一刻版。再者卷十八（科兹洛夫缺所部分）中只有 1 张比较完整，有很大的价值。

② 上述拙论（2002 年）第 7 页及注 23 中对应字的使用中有遗漏或误读之处。

西夏语研究与《法华经》（一）[①]

一、《法华经》对研究西夏语的作用

1904 年，毛里瑟（morisse）出版了解读《法华经》的著作《对于研究西夏的文字和语言的初步寄与》，这本书对研究西夏语有着划时代的意义[②]。此书是 1898 年西夏文字被正式确认后，于 20 世纪初所刊发的优秀的研究成果。10 年后，罗福成所著《西夏译莲华经考释》（山东学社刊印）问世，这本书是当时居住在京都的罗福成将羽田亨博士所赠三张《法华经》的照片与毛里瑟公开发表过的一张照片，以及《添品妙法莲华经》相对照，并尝试着进行分析西夏文的研究成果。

如上文所说，西夏语研究的初期阶段都与《法华经》产生了密不可分的联系。尽管如此，西夏文《法华经》的研究依旧没有丝毫进展，直至 21 世纪，这种状况依旧没有得到任何改善[③]。

在初期，笔者一直认为《法华经》对研究西夏语并没有什么特别的作用，然而在笔者目睹了科兹洛夫收集品（卷六、卷七）中的《法华经》照片时，改变了之前的看法。

《法华经》里的西夏文与《华严经》等不同，有着极其重要的特征，隐晦难懂。通俗来讲，就是在《华严经》等中所见到的西夏文，并非带有我所说的疑似汉文体，而是带有异文体特征。到《法华经》为止，西夏语研究工作不能继续顺利展开的原因正在于此，将其与汉字原文逐一对照时，竟然无一匹配之

① 本稿原本在本年三月出版的《西夏文妙法莲华经》中，但因其他原因现以这种形式单独公布。

② conturibution préliminaire ά lécriture et la langue Si - hia.Paris，1904.

③ 1960 年的《西夏语研究》I（座右实刊行会 1964 年）中能看到。最近的研究概况有史金波的《西夏学百年回顾》，载《中国民族研究年鉴 2000 年卷》，北京：民族出版社，2001 年。

处，且不能释读之处甚多。不论是毛里瑟还是罗福成，虽都未能解明此西夏文之来龙去脉，但二者都将其与《添品妙法莲华经》进行了相互对照。在这里必须要提的是，在现存的西夏文《法华经》里，明确记载有“姚秦三载法师鸠摩罗什汉译”等字样。

二、现存西夏语译本

若撇去诸多小的断片，那么下面所列诸本皆有幸（刊本，写本）在各地得以保存。

（一）以毛里瑟旧藏书为主的绀纸金泥8卷本

1. 柏林国家图书馆（staatabibiothek zu BerLin）藏本

卷一、卷三、卷四、卷五、卷七的五卷绀纸金泥写本（参考石滨纯太郎[①]）

2. 法国国立图书馆（Musée Guimet）藏本

卷二、卷六、卷八的三卷（据笔者的调查[②]）

釉纸上的字以金泥为书写材料，并采用流畅且漂亮的文体书写，在12.3cm×32cm的上下栏之间，以24.9cm的大型折本放进卷二的“帙”里，各卷的封面上贴有草色布，并且以金粉装饰。正文方面，天地父子一栏共1折6行，每一行排满19字，在若干几处写有一行文字，这是在书写时因行头为相同的文字而写漏一行至数行后又进行了添加。据推测其所书写年代应为后期。

若稍微详细来说的话，卷二为《譬喻品》第三、《信解品》第四，共101折，卷六为《如来寿量品》第十六、《分别功德品》第十七、《随喜功德品》第十八、《法师功德品》第十九，共92折，卷八为《观世音菩萨普门品》第二十五、《陀罗尼品》第二十六、《妙庄严王本事品》第二十七、《普贤菩萨劝发品》第二十八，共幸存69开，在卷八的卷首处有2开的佛教文献，其右上角有一方框，方框内写有𘜶𘟣𘟪𘟫（第八变相）。

卷八的最后两行西夏文载有“普贤等诸菩萨与舍利子等诸声闻以及诸天、龙、人、非人等一切之大会均皆大而欢喜焉，先受持于佛语随敬礼而去之”等

① 毛里瑟旧藏书和北日图分别拥有了三册，法国国立图书馆和德国国家图书馆记录了收录情况，后者收藏的五册情况不详。石滨纯太郎的《西夏遗文杂录》（1925年）、涅夫斯基《西夏文字航班表》的序（大阪东洋学会亚细亚研究四号1926年）中，德国国家图书馆所藏本一、三、四、五、七卷，那些好像都被想象成是毛里瑟的旧藏书，为了方便研究，笔者把毛里瑟旧书全部读完了，各卷的卷首附了说法图，它的图版在拙文《西夏文妙法莲华经》中有补写（上记，2005年）。

② 这是1970年11月份进行的调查。

字句,《妙法莲华经》第八与尾题在其后,最后附有占两行的“恭闻”二字。

> 图摄于一心玄妙法界而无余之诸佛之知见,有情则皆普之不遗而终,乘即悟而似难也为宜随设方便而籍和入宝之三圆七喻……

罗福成在上述书中收入了毛里瑟著作卷一的8行(毛氏藏本)和羽田亨博士所赠的照片卷七的55行西夏文(东洋学院藏本),暂且不管二者中都载有“姚秦三藏法师鸠摩罗什汉译 今上皇帝 奉诏再度校正”等字句,最意想不到的是罗福成将其作为一个重要例子列举了,隋三藏崛多笈多三法师《添品妙法莲华经》第一和第七(根据宋大藏本),并对西夏文进行考释,考释结果如下:

> 经查,此经由常不轻菩萨品为伊始,至妙音菩萨品而终,显而易见第七卷正与宋本《添品法华经》相同,原本藏于安南河内东洋学院,另外,以此校毛氏所藏之序品,须置行款、格式、书法,因东土之传本甚少,今将以上两种本以玻璃板影印而附于书后,资于参考。

将罗福成收入的第七卷与鸠摩罗什所译对照,二者高度契合,只是卷七的《常菩萨品》第二十[《大正新修大藏经》p.50(中)24行—(下)4行,p.51(上)26行—(中)26行]与《妙音菩萨品》第二十四部[《大正新修大藏经》p.56(中)13行—(下)1行最后]所对应的部分是以行书的形式书写的。另外,在当时越南河内的远东学院保存有西夏文的事情并没有被外界所知。据推测,毛里瑟旧藏本最初应该是保存在远东学院,而后才被转移至XX国立图书馆。不管怎么说,在目前所能触及到的范围内,《添品妙法莲华经》的西夏语译文并没有留存下来。

(二)科兹洛夫的收集本

俄罗斯科学院东方文献学研究所圣彼得堡分所收藏的科兹洛夫收集本,根据1999年出版的克恰诺夫所著《西夏语佛教典籍目录》可知,被整理出的《法华经》抄本、刊本数量相当多,除此之外,从未被整理的断片中也极有可能包含《法华经》的残卷。接下来笔者想展示一下先前公开过的《西夏文妙法莲华经》的文本内容。

西夏文法华经 Cat.218

发掘号码	卷数	内容
6253	序	抄本 序与序品第一，残存35行[1]。
787※[2]	序	刊本序文残存10行，卷三包含《化城喻品》第七之一部。
2436	卷一	刊本 序品第一（完），方便品第二（尾缺），卷七《药王菩萨本事品》第二十三（残存10行）。
4562※	卷二	刊本 经题与尊号3行，《譬喻品》从第三行首开始剩五行。
805	卷二	刊本《譬喻品》第三（头缺），《信解品》第四（尾缺）。
3900※	卷三	刊本 经题和尊号3行，药草御品从第五行开始剩五行。
7231※	卷三	刊本《化城喻品》从第七残存10行，头尾缺，从787的后半部分开始。
2317	卷四	刊本 五百弟子受记品第八（完），《授学无学人记品》第九（完），《法师品》第十（完），《见宝塔品》第十一（尾缺）。
67	卷五	刊本 提婆达多品第十二（完），《劝持品》第十三（完），《安乐行品》第十四（完），《从地涌出品》第十五（完）。
719	卷六	抄本 如来寿量品第十六（完），分别功德品第十七（完），随喜功德品第十八（完），法师功德品第十九（完）。
782	第六	刊本 如来寿量品第十六（完），分别功德品第十七（完），随喜功德品第十八（完），法师功德品第十九（尾缺）。
4674※	卷六	刊本 法师功德品第十九，最后7行残存。
6452b	卷七	刊本 常不轻菩萨品第二十（首缺），如来神力品第二十一（完），嘱累品第二十二（完），药王菩萨本事品第二十三（完），妙音菩萨品第二十四（尾缺）。

① 格林斯塔德编西藏《大藏经》的《法华经》卷一（刊本）包含数页（第1502—1506页）。其内容为科兹洛夫收集的2436方便品续第二部分，其结尾一行不清楚，读作“……印面 雕者 道顺（筍膏）和尚□慧□”。

② ※ 符号表示单色印刷部分。

6452g	卷七	刊本 从药王菩萨本事品第二十三（剩 8 行），到妙音菩萨品第二十四之首（剩 12 行）。
6452g	卷八	刊本 观世音菩萨普门品第二十五（首缺），陀罗尼品第二十六（完）。妙庄严王本品第二十七（完），普贤菩萨劝发品第二十八（尾缺）。

圣彼得堡东方学研究所的挚友索罗宁氏（K.Ju.solonin）在“A brief note on the Tangut Translation of《妙法莲华经》preserved in St. Petersburg Institute for Oriental studies ”（MS 未发表）中，将科兹洛夫收集本《法华经》分为以下六种。

（Tang.218）

1. old edition	（8 卷本）	1 折 5 行，1 行 17 字
2. old edition	（8 卷本）	1 折 5 行，1 行 16 字
3. New edition	（8 卷本）	1 折 5 行，1 行 16 字
4. New edition	（8 卷本）	1 折 5 行，1 行 16 字
5. 抄本	折本	1 折 5 行，1 行 17 字

（Tang.219）

6. 普门品的断片　多数

与上面的列表相对照，即可得以下结论：

old edition type I（8 卷本）

1. 3900 折本

a. 卷三《药草喻品》(第五本虽作为完整文本，但实际上仅残存 8 行）

b. 见宝塔品第十一（10 行）

c. 陀罗尼品第二十六（9 行）；妙庄严王本事品第二十七。

d. 不详（5 行）

e. 与妙庄严王本事品第二十七同（10 行）

old edition type II（在上面的列表中没有）

2. 6723 序（？）4 开

3. 7966

a. 从地涌出品第十五（3 开）

b. 譬喻品第三（1 开）

New edition type I 开本

4. 6452 上面的列表里没有

a. 分别功德品第十七（26 开）

b. 常不轻菩萨品第二十（107 行）；如来神力品第二十一（完）；嘱累品第二十二（完）；药王菩萨本事品第二十三（完）；妙音菩萨品第二十四（131 行，110 折）。

5. 6452 观世音菩萨普门品第二十五（108 行）；陀罗尼品第二十（完）；妙庄严王本事品第二十七（完）；普贤菩萨劝发品第二十八（105 行，85 开）。

6. 927 上面的列表里没有

a. 安乐行品第十四（20 行）

b. 从地涌出品第十五（61 行 12 开）

7. 67 卷五与上面列表相同

a. 提婆达多品第十二（115 行）

b. 劝持品第十三（完）

c. 安乐行品第十四（完）

d. 从地涌出品第十五（完）

8. 4674 卷六与上面列表相同

《法师功德品》(6 行 1 开）(实则仅残存 7 行，笔者）

9. 782 在上面列表里有

a. 如来寿量品第十六（完）

b. 分别功德品第十七（完）

c. 随喜功德品第十八（完）

d. 法师功德品第十九（205 行）

10. 4631 在上面列表里没有

a. 序（与大藏经不同），序品第一（10 行）

b. 序品第一（3 行）

11. 6723 在上面列表里没有

序品第一（9 开）

12. 4562 与上面列相同，卷二

譬喻品第二（4 折）

13. 4011 在上面列表里没有

序品第一（(16 折）

14. 66 在上面列表里没有
方便品第二（27 行）
15. 7231 在上面列表里没有
化城喻品第七（4 折）
16. 6310 在上面列表里没有
信解品第四（8 折）。
17. 2317 在上面列表里有，卷四
a. 五百弟子受记品第八（完）
b. 授学无学人记品第九（完）
c. 法师品第十（完）
d. 见宝塔品第十一（91 开）
18. 2436 在上面列表里有，卷一。但是与 c 的分量不同。
a. 序品第一（完）
b. 方便品第二（160 行）
c. 药王菩萨本事品第二十三（30 行 91 开）
19. No.？ 在上面列表里没有
譬喻品第三（偈文）(19 开）

New edition type II 折本
20. 7350 在上面列表里没有
a. 化城喻品第七（20 开）
b. 观世音菩萨普门品第二十五（6 开）
c. 信解品第四（6 开）
d. 药王菩萨本事品第二十三（5 开）
e. 同 d（1 开）
21. 6621 在上面列表里没有
a. 化城喻品第七（3 开）
b. 法师功德品第十九（2 开）
c. 同 2（4 开）
d. 序（4 开）
e. 同 2（3 开）
22. 6310 在上面列表里没有

a. 上喻品第三（16 开）
b. 信解品第四（6 开）
c. 不详
d. 受记品第六（2 开）
e. 观世音菩萨普门品第二十五（4 开）
f. 同 c（7 开），授学无学人记品第九（2 开）
23. 6723 在上面列表里没有
a. 信解品第四（6 开）
b. 见宝塔品第十一（5 开）
c. 不详（偈文 2 开）
d. 如来寿量品第十六（3 开）
e. 不详（经谶文 2 开）
24. 2665 在上面列表里没有，不详（西夏文序）（3 开）
25. 2264
a. 序（完）包括西夏语译的纪年重要的序
b. 化城喻品第七（2 开）
26. 7178 在上面列表里没有
观世音菩萨普门品第二十五（7 开）
27. 7791 在上面列表里没有
a. 妙音菩萨品第二十四（4 开）
b. 不详（偈文）
28. 7726 在上面列表里没有，不详
29. 7323 在上面列表里没有
见宝塔品第十一（2 开）
30. 7762 在上面列表里没有
a. 观世音菩萨普门品第二十五（完）
b. 陀罗尼品第二十六（完）
c. 妙庄严王本事品第二十七（完）
d. 普贤若菩萨劝发品第二十八（完）
e. 西夏文后序 佛名谶及木板图画（完，91 开）
31. 580 在上面列表里没有
a. 授学无学人记品第九（5 开）

b. 法师品第十（5 开）
32. 805 在上面列表里没有
a. 譬喻品第三
b. 信解品第四（33 开）
33. 692 在上面列表里没有
譬喻品第三（16 开）
34. 583 在上面列表里没有
序品第一（7 开）
35. 7467 在上面列表里没有
a. 五百弟子受记品第八
b. 授学无学人记品第九（完）
c. 法师品第十（完）
d. 见宝塔第十一（75 开）

写本 折本 1 开 5 行 1 行 17 字
36. 6253 a、b 与上面列表相同
a. 序品第一（1 开），2）序（完）
b. 妙音菩萨品第二十四（5 开）
c. 普贤菩萨劝发品第二十八（2 开）
37. 64 在上面列表里没有，卷四
a. 五百弟子受记品第八（完）
b. 授学无学人记品第九（完）
c. 法师品第十（50 行 42 开）
38. 719 在上面列表里没有，卷六
从寿良品第十六到法师功德品十九卷六（完，88 开）
39. 719 在上面列表里没有
从常不轻菩萨品第二十到妙音菩萨第二十四卷七（75 行 65 开）
40. 63 在上面列表里没有
a. 法师品第十（56 行）
b. 见宝塔品第十一（完）
41. 65 在上面列表里没有
劝持品第十三（2 开）为形式上略不同的抄本。

42. 5838 在上面列表里没有

药草喻品第五（2 开）

43. 3259 在上面列表里没有

化城喻品第七（16 开）

观世音菩萨普门品第二十五的别行本（上册目录里没有）①

44. 586 木板图书本开本 1 行 20 字 1 行 10 字（4 开）

45. 221 同 586（15 开）

46. 757 无画本 1 开 5 行 1 行 12 字（10 开）

47. 758 同（4 开）

48. 760 同（2 开）

如上所列，索罗宁共将这 48 处放在表中。对于索罗宁的 Old edition 与 New edition 的分类是否得当，由于笔者不能获得其文本的实物或复印件，因此暂且不能提出意见。

1999 年，克恰诺夫在上面目录中对于将其这样分类的标准究竟是什么并没有明确说明，而是将《法华经》进行了明确的分类：

Tang.218	No.78	抄本类
	No.79，80	刊本类
	Tang.430No.81	妙法莲华心经（抄本）册子装
	Tang.219No.82	普门品别行本（无书本）
	No.83	普门品别行本（书入本）

此分类虽与索罗宁的分类并没有太大差别，但是在附于各类文本的编号上却有非常大的出入。

基于克恰诺夫的分类，下面举出上述索罗宁的分类代码（小圆圈的数字表示卷数）。

克恰诺夫的分类	发掘号码	索罗宁分类的号码
No.78 抄本类	6253 ①	36[1) 2)]
	5838 ③	42

① 在别行本《妙法莲华经观世音菩萨普门品》《西夏研究专号》的卷首附着《水月观音图》，克恰诺夫的《西夏佛教典籍目录》卷末具有单色图版（1999 年京都大学，第 760 页）。

3259 ③	43
64 ④	37
63 ④	40
719 ⑥	38
68 ⑦	39
6253 ⑦⑧	36[3)4)]

索罗宁 41No.65《劝持品》第十三（2 开）在克恰诺夫的列表里没有，或许是克恰诺夫在列表里省略了某些小断片的缘故，以下也一样。

克恰诺夫的分类	发掘代码	索罗宁分类号码	发掘代码	索罗宁的分类代码
No.79 刊本 · 折本	2436 ①	18	66 ①	14
	564 ①	没有	4631 ①	10
	4011 ①	13	6723 ①	2，11，23
	4562 ②	12	7231 ③	没有
	3900 ③	1	2317 ④	17
	6452 ④	没有	67 ⑤	7
	927 ⑤	6	782 ⑥	9
	4674 ⑥	8	3901 ⑥	没有
	4502 ⑦	没有	6452 ⑦	4，5
	7231 ⑧	15		
No.80	692 ②	33	805 ②	32

除此之外，上述索罗宁所列举的以下代码并没有收入在克恰诺夫的分类里，发掘代码之后所列举的乃是索罗宁的分类代码。

7966–3，6310–16，7350–20，6621–21，6310–22，2665–24，2264–25，7178–26，7791–27，7726–28，7232–29，7762–30，580–31，583–34，7467–35，6253–36。

No.82 普门品别行本（无书本）

574，575，576 没有在索罗宁的分类里。

757–46，758–47，760–48。

No.83 普门品别行本（书入本）

221–45，758–44，940– 在索罗宁的分类里没有。

最后所举的《观世音菩萨普门品》单独别行本（木板开本），在“《法华经》与丝绸之路”展中所展出的图录代码为 28–2，涵盖了经典的上部分，是个极其珍贵的文本，且展出期间又根据图进行了解说，貌似得到了很好的普及，同类的文本均于1958年在敦煌莫高窟宕泉河东岸的佛塔中发现，现藏于敦煌文物研究所（《敦煌研究》1985年第3期介绍）。

Tang.430《妙法莲华经》（发掘代码4072）是个册子装7cm×5cm的小型抄本，共27页，一页3行，一行7字。

（三）斯坦因收集本

英国图书馆（The British Library）所藏斯坦因收集的西夏文献里，仅残存上述科兹洛夫收集本中被当作Tang.430《妙法莲华经》抄本（卷资本）的残片部分，除此之外没有一本完整的《法华经》。BM No.3862《妙法莲华经心》残存17行（西田龙雄《西夏文华严经Ⅲ》p.46）。

（四）北京图书馆本

笔者之前说过，在北京图书馆（国家图书馆）藏有卷一、卷四、卷七（抄本）、卷二和卷三（刊本）。这是根据格林斯塔德（Grinstead）的西藏《大藏经》所作，但最后还是错了，这些抄本实为科兹洛夫的收集本，皆在北京图书馆，之前曾由周淑迦介绍过，现在应该像史金波所举的那样，仅卷二（刊本）收藏于北京图书馆，这应该是正确的。但是，为何连史金波也称其为《添品妙法莲华经》卷第二（《西夏佛教史略》p.373），笔者不得而知。

1974年，虽然在中国甘肃省武威市的下西沟岘所发掘的文物中，发现了蝴蝶装的《妙法莲华经》（《考古》1974年第3期）①，但是其详情并没有向外界公布。如上所述，现存本大都是开本（仅BM是卷子本残片），蝴蝶装则甚为罕见。

三、对诸文本校勘的尝试

对于西夏语佛典的研究来说，各文本之间的校勘工作是非常重要的。但遗

① 史金波的《国内现存出土西夏文献简明目录》（上记，西夏研究专号所收第222页里记载着"《添品妙法莲华经》卷第二，刻本，经文共110面，面6行，行16字"。据此，中国国内现存西夏文《法华经》应与下列一样。

七、甘肃省博物馆藏品

（一）天梯山石窟发现 1.《妙法莲华经》 抄本 2面 面6行

（二）张义下西沟岘发现 8.《妙法莲华经》 抄本 蝴蝶装 32面 其中10面空白

（三）好像那个抄本在《考古》1974年里介绍过。

十三、内蒙古文物考古研究所藏品

18.《妙法莲华经观世音菩萨普门品》刻本 残页一纸 封面（第230页）

具体情况并不了解。

憾的是，在几乎所有文本都没有完全被公开的情况下，这项工作不得不仅限定在某一部的校勘之中进行。

关于《法华经》，笔者特别将科兹洛夫收集本中的抄本和刊本（木活字本）与科兹洛夫收藏本、巴黎和柏林图书馆藏毛里瑟旧藏本进行校勘分析。

虽然笔者清楚这项工作会给我们带来很重要的研究成果，但是，在此笔者仅能对以下的两种文本进行校勘。

1. 毛里瑟公开的文本 = 罗福成收入的文本（序品之初的部分）与科兹洛夫收藏本之间的校勘。

2. 笔者曾在法国国立图书馆中抄录的陀罗尼品之陀罗尼与科兹洛夫收集本之间的校勘。

接下来将对二者依次进行校勘

序品开头部分的校勘[1]

科兹洛夫本与毛里瑟本的异同。科兹洛夫本相对陈旧，而毛里瑟本由于疑似被后人修改过，因此，决定以科兹洛夫本为参考来比较他们的异同（下线部分处表示异同）。

科兹洛夫本	毛里瑟本	汉译本	异同的内容[2]
1 [illegible]	[illegible]	其（代名词）	平声：上声上声
thaɦ（平20）	thaɦ（上17）	是对的	
2 [illegible]	——[illegible]	阿若　陈如	
$^{?}$a ^{n}džǐa$_2$ kǐəw tšhǐən ńzǐu		žǐu	ńz–：ž–
（?）（上16）（平45）（平16）（平2）	（上2）		平声：上声
3 [illegible]	[illegible]——	摩诃迦叶	
məɦ xaɦ kaɦ šǐa	maɦ ŋạ		–əɦ：–aɦ
（上42）（上14）（平20）（平19）	（上14）（上56）		x–：ŋ–
			–aɦ：–ạ
4 [illegible]	[illegible]——	优楼频螺迦叶	
$^{?}$yǐəw ləw phǐən ləɦ	$^{?}$yǐəw		上声：平声

① 以下，西夏语音的再构成使用了笔者的体系（1980年方案），但有些不足，《西夏语韵〈五声切韵〉的研究》（上、中、下），《京都大学学文部研究纪要》1981年，第83页。

② 两种教材的异同，表示声母、韵母和声调的关系，上段是声音形式不同的部分，下半部分是把不同的地方表现出来。

（上40）（平43）（平16）（平49）　（平45）

5 [Tangut]　—[Tangut]——　迦耶迦叶

khaɦ ˀyĭan　ˀyaɦ　–ĭan：–aɦ

（平17）（平26）　（上17）

6 [Tangut]　—[Tangut]——　大目揵连（大是意译）

大 mbʊ khĭan lĭen　mbɔw　–ʊ：–ɔw

（平5）（上24）（平42）　（上45）

7 [Tangut]　[Tangut]—[Tangut]　摩诃迦旃延

mɔɦ xaɦ kaɦ tšĭa ˀyĭan　maɦ ŋa̜ tšĭə ˀyĭan　（与上记 3 相同）

（上42）（上14）（平20）（平19）（平26）（上14）（上56）（平19）（上24）　平声：上声

8 [Tangut]　—[Tangut]——　阿㝹楼驮

ˀa ndəw ləw thon　thĭᵉw　nd：th–

（?）（平43）（平43）（平54）　（上41）　–əw：–ĭᵉw

9 [Tangut]—　[Tangut]—　劫宾那

劫 pĭən nɔɦ　kaɦ　意译：kaɦ

10 [Tangut]　[Tangut]—　离婆多 li 是上声：平声

li phɔɦ ton　li phɔɦ　phɔɦ [Tangut]同音异字

（上9）（平49）（平53）　（平10）（平49）

11 [Tangut]　——[Tangut]　毕陵伽婆蹉 tš–：tšh–

pĭən lĭen kaɦ phɔɦ son　phɔɦ son　phɔɦ 和 son 同为同音异字

（平16）（平42）（平20）（平49）（平54）（平49）（平54）

12 [Tangut]　—[Tangut]——　薄拘罗

phu kĭəw lɔɦ　kĭəw　kĭəw 是同音异字

（平1）（平45）（平49）　（平45）

13 [Tangut]　[Tangut]—[Tangut]　摩诃拘絺罗

mɔɦ xaɦ kĭəw tši lɔɦ　maɦ ŋa̜ tšhi　mɔɦ xaɦ：maɦ ŋa

（平45）（上9）（平49）　（平14）（上56）（上9）　与上记 3 同

14 [Tangut]　[Tangut]——　孙陀螺

swən thon lɔɦ　swən　swən 是同音异字

（平15）（平54）（平49）　（平15）

15 [Tangut]　—[Tangut]——　富楼那弥多罗尼子 tɔɦ：ton

xu ləw nɔɦ miɦ tɔɦ lɔɦ ŋi 子 ton　子 是意译

（平1）（平43）（平49）（平11）（上42）（平49）（平10）（平54）			
16 □□□	□□□	须菩提	
sǐuɦ phu thiɦ	sǐuɦ phɔɦ tǐen$_2$	sǐuɦ 是同音异字	
（上3）（平1）（平11）	（平3）（平49）（平42）	phɔɦ tǐen 菩提之译语	
17 □□□□	—□——	耶输陀螺 šǐu：šǐʊɦ	
ˀyaɦ šǐu thon lɔɦ	šǐʊɦ		平声2韵：平声7韵
（平17）（平2）（平54）（平49）	（平7）		
18 □□□□□	—□□——	菩萨摩诃萨	
Phɔɦ tsaɦ mɔɦ ŋaɦ tsaɦ	maɦ ŋɑ		mɔɦ：maɦ
（平49）（平17）（上42）（上14）（平17）	（上14）（上56）		ŋaɦ：ŋɑ̣
19 □□□□	—□——	阿耨多罗	
ˀa nʊ tɔɦ lɔɦ	ton		tɔɦ：ton
（？）（上5）（上42）（平49）	（平54）		

除此之外，两种文本之间也有许多相同之处，如□□□□ nɔɦ thiɦ kaɦ šǐa 那提迦叶、□□□□ kǐəw xʷən phɔɦ 憍梵波提、□□ ˀa naɦ 阿难、□□□ lɔɦ xəw lɔɦ 罗睺罗等。这些译名是在鸠摩罗什译的汉字音写的基础上转换成西夏语的，因此与原梵文不能直接对应。

上面所列举的科兹洛夫本与毛里瑟本之间为何会有如此差异呢？如若真的是同音异字的话不会出现这么多差异，而且平声字与上声字之间不应该有如此大的差异，但要是在其他方面，如西夏语自身的变化，或者是译者基础语言之间的差异，很有可能造成这种情况，如与 ńzǐu：žǐu、多与 tɔɦ：ton、菩与 phu：phɔɦ、目与 mbʊ：mbɔw、耶与 ˀyǐna：ˀyaɦ，其中摩诃的音写字的差异更为明显，要想看到耶输陀尼的“输”字 šǐu（平2）与 šǐʊɦ（平7）这样的近似音，后期可通过西夏语来反映两韵统合的情况。ndǐᵉw（上41）和 ndəw（平43）或许也一样。另外，须菩提的“须”字在科兹洛夫本中解释为□ šǐuɦ，意为“药”，而之后的□（提）解释成“喝”的意思，完全是无稽之谈。

四、汉字音写与西夏文音写之间的对应

毛里瑟在20世纪之初虽尝试着对照梵语音去推敲西夏文字音，但是现今西夏语音研究已经到了根据韵书中所记载的反切等标准来再度构拟的阶段。

关于这两个文本之间的差异，须从汉字音与西夏语音是否存在着规范性的置换方法等方面去考察。

笔者所考察的虽只在限定范围之内（序品第一的起首部分），但对汉字音与西夏字音的大致对应关系也一并列入了考察范围之中（K= 科兹洛夫本，M= 莫里瑟本）。

韵类		汉字音写		西夏文字的音写
1	支	离	来支	^{K}□ li（上 9）=^{M}□ li（平 10）
		弥	明支	^{KM}□ miɦ（平 11）
2	脂	尼	泥脂	^{KM}□ ŋ̣i（平 10）
		絺	絺脂	^{K}□ tši（上 9）≠ ^{M}□ tšhi（上 9）
		利	来至	^{KM}□ rir（上 72）
3	齐	提	定齐	^{K}□ thiɦ（平 11）≠ ^{M}□ tǐen（平 42）
4	鱼	如	日鱼	^{K}□ ńžǐu（平 2）≠ ^{M}□ žǐu（上 2）
5	虞	拘	见虞	^{K}□ kǐəw（平 45）≠ ^{M1}□ kǐuɦ（平 3）
		须	心虞	^{K}□ sǐuɦ（上 3）=^{M}□ sǐuɦ（上 3）
6	模	普	并模	^{K}□ phu（平 1）≠ ^{M}□ phɔɦ（平 49）
7	真	频	并真	^{KM}□ phǐen（平 16）
		宾	帮真	^{KM}□ pǐen（平 16）
		陈	澄真	^{KM}□ tšhǐən（平 16）
8	魂	孙	心魂	^{K}□ swən（平 15）=^{M1}□ swən（平 15）
9	阮	揵	群阮	^{KM}□ khǐan（上 24）
10	寒	难	泥寒	^{KM}□ naɦ（平 17）
11	仙	延	余仙	^{K}□ ˀyǐan（平 26）=^{M}□ ˀyǐən（上 24）
		连	来仙	^{KM}□ lǐen（平 42）
		施	章仙	^{K}□ tšǐa（平 19）=^{M1}□ tšǐa（平 19）
12	宵	憍	见宵	^{KM}□ kǐew（平 45）
13	歌	诃	晓歌	^{K}□ xɑɦ（上 14）^{K}□ ŋɑɦ（上 14）≠ ^{M}□ ŋạ（上 56）
		罗	来歌	^{KM}□ lɔɦ（平 49）
		多	端歌	^{K}□ tɔɦ（上 42）≠ ^{M1}□ ton（平 54）
		驮	定歌	^{KM}□ thɔɦ（平 49）
		陀	定箇	^{KM}□ thɔɦ（平 49）
		那	泥箇	^{KM}□ thɔɦ（平 49）
14	戈	摩	明戈	^{K}□ mɔɦ（上 42）≠ ^{M}□ mɑɦ（上 14）
		婆	并戈	^{K}□ phɔɦ（平 49）≠ ^{M}□ phɔɦ（平 49）

15	麻	伽	群麻	^{K}□ khaɦ（上 17）　^{KM}□ kaɦ（平 20）
		迦	见麻	^{KM}□ kaɦ（平 20）
		耶	徐麻	^{K}□ $^{?}$yǐan（平 26）≠ ^{M}□ $^{?}$yəɦ（上 17）
16	蒸	陵	来蒸	^{KM}□ lǐen（平 42）
17	尤	富	帮宥	^{KM}□ xu（平 1）
		优	影尤	^{K}□ $^{?}$yǐəw（平 45）= ^{K}□ $^{?}$yǐəw（上 40）
18	候	楼	来候	^{KM}□ ləw（平 43）
		睺	匣候	^{KM}□ xəw（平 43）
		㝹	泥候	^{K}□ ndəw（平 43）≠ ^{M}□ ndǐ^{e}w（上 41）
19	凡	梵	并梵	^{KM}□ x^{w}an（上 25）
20	屋	目	明屋	^{K}□ mbʊ（平 5）≠ ^{M}□ mbɔw（上 45）
21	铎	薄	并铎	^{KM}□ phu（平 1）
22	药	若	日药	^{KM}□ ^{n}džǐa$_{2}$（上 16）
23	叶	叶	书叶	^{KM}□ šǐa（平 19）
		劫	见叶	^{M}□ Kaɦ（平 20）

在《广韵》里，也有与涉切和式涉切，与西夏语音的反切相当，笔者将以上对应关系总结如下。

1 支脂　–i，–iɦ　齐 –iɦ

2 歌戈　–ɑɦ，–ɔɦ，–on　麻 –aɦ　寒 –ɑɦ　凡 –^{w}an

药叶　–ǐa，–aɦ　阮 –ǐan　仙 –ǐan，–ǐa，–ǐen　蒸 –ǐen

3 模　–u，（–ɔɦ）　屋 –ʊ（–ɔw）铎 –u

鱼虞　–ǐu，–ǐuɦ

4 候　–əw　尤 –ǐəw　宵 –ǐəw

真　–ǐen　魂 –^{w}ən

为了更好地理解上述所举例子，可将声母的对应原则进行如下归纳：

1. 在汉语的无声无气音里，西夏语的无声无气音与之相当。

帮母：p–（x–）见母：k–　端母：t–　章母：tš–

2. 在汉语的无声出气音里，西夏语的无声出气音与之相当。

彻母：tšh–

3. 在汉语的有声闭锁、破擦音里，西夏语的无声出气音与之相当。

并母：ph–（x^{w}–）定母：th–（t–），群母：kh–（k–）澄母：tšh–

4. 汉语的鼻音与西夏语的鼻音或者伴随着前出鼻音的有声闭锁音相当。

明母：m–，mb–　泥母：ŋ̥–，n–，nd–

5 . 另外，摩擦音、流音等的对应关系如下：

心母：s–　书母：š–　晓母：x–（ŋ–）　匣母：x–　喻母：$^{?}$y–

影母：$^{?}$–　日母：ńz–，^{n}dž　来母：l–

以上是从《陀罗尼品》中所见到的陀罗尼音写之考察。接下来，笔者将《陀罗尼品》第二十六中的药王菩萨陀罗尼之音写与科兹洛夫本和毛里瑟本进行对照，经此次对照发现，两文本之音写虽有差异，但是仍能表现出带有某种程度上的对应性，因而得到的结论是毛里瑟本的音写法不仅能反映出西夏语音的变化，更能够接近其音值，还参照了梵文音（可能以藏人僧侣的读音为媒介），并在音写方法上下足了功夫，是反复修改后的一种语音写法。

K= 科兹洛夫本，M= 毛里瑟本①

1　安（影寒）而（白纸）　Skt. anye

（K）[illegible]　$^{?}$an（平 24）ži（平 10）

（M）[illegible]　$^{?}$a（？）neɦ（上 33）

2　曼（明愿）而　　Skt. manye

（K）[illegible]　mbɑn（平 24）ži（平 10）

（M）[illegible]　maɦ（平 20）neɦ（上 33）

3　摩（明戈）祢（泥荠）Skt. mane

（K）[illegible]　mɔɦ（上 42）niɦ（上 10）

（M）[illegible]　maɦ neɦ

4　摩摩祢　Skt.mamane

（K）[illegible]　mɔɦ mɔɦ niɦ

（M）[illegible]　maɦ maɦ neɦ

5　旨（章旨）隶（来荠）

（K）[illegible]　tši（上 9）li（上 9）

（M）[illegible]　tsiɦ（上 10）teɦ（上 33）

6　遮（章麻）梨（来脂）第（定霁）Skt.　carite

---

① 汉译达拉尼分解是岩波文库本《法华经》，只是文库本“郘楼哆郘楼哆$_{\text{三十八}}$惰舍略$_{\text{三十九}}$”被改成“郘楼哆$_{38}$郘楼哆惰舍略$_{39}$。XX 反”音注不清楚是否被译成西夏语。

塚本启祥《法华经陀罗尼品的笔记》《法华文化研究》第四号（1978）和辛嶋静志的《妙法莲华佛教词典》，符合梵文的形式。

（K）[illegible] tšĭa（平 19）li（上 9）thiɦ（上 10）

（M）[illegible] tsaɦ（平 20）rir（平 79）teɦ（上 33）

7 赊（书麻）咩[①]（？）(羊鸣音）Skt. śame

（K）[illegible] šĭa 平（19）miɦ（平 20）

（M）[illegible] šĭa（平 19）miɦ（平 36）

8 赊履罔稚反（明旨）多（端歌）玮（云尾）Skt. śamitāvi

（K）[illegible] šĭa li ton（平 54）$\mathrm{v^w}$ɪ（平 8）

（M）[illegible] šĭa miɦ（平 11）taɦ（平 20）长 mbiɦ（上 10）

9 羶输千反（书先）帝（端霁）Skt. sante

（K）[illegible] šĭan（平 26）tiɦ（上 10）

（M）[illegible] šĭa（平 19）nɨ（上 28）长 teɦ（上 33）

10 目（明屋）帝（端霁）Skt. mukte

（K）[illegible] mbɔw（上 45）tiɦ（上 10）

（M）[illegible] muɦ（平 19）kɨ（上 28）teɦ（上 33）

11 目多履（来旨）Skt. muktatame

（K）[illegible] mbɔw ton li

（M）[illegible] muɦ kɨ təɦ 长 tɨ（平 30）meɦ（平 36）

12 沙（山麻）履 Skt. Same

（K）[illegible] sɔɦ（上 42）li（上 9）

（M）[illegible] saɦ（平 20）meɦ（上 33）

13 阿（影歌）玮沙履 Skt. avisame

（K）[illegible] ˀa（？）$\mathrm{v^w}$ɪ sɔɦ li

（M）[illegible] ˀa（？）mbiɦ（上 10）šĭa meɦ

14 桑（心唐）履 Skt. sama

（K）[illegible] sɔɦ（上 42）li（上 9）

（M）[illegible] saɦ（平 20）maɦ（上 33）

15 沙履 Skt. sama

（K）[illegible] sɔɦ（上 42）li（上 9）

（M）[illegible] saɦ（平 20）meɦ（上 33）

---

①“咩”是羊叫拟声词，《龙龛手鉴》里的“迷尔切”是 mie。

16 叉（初麻）裔（余祭）Skt. kṣaye/jaye　kṣaye

（K）[illegible]　tšha（平 18）ˀi（平 10）

（M）[illegible]　^{n}dzaɦ（平 20）ˀyaɦ（上 17）khɨ（平 30）šĭa ˀeɦ（平 36）

17 阿叉裔 Skt. akṣaye

（K）[illegible]　ˀa tšha ˀi

（M）[illegible]　ˀa khɨ šĭa ˀeɦ

18 阿耆（群旨）腻（泥至）Skt. akṣiṇe

（K）[illegible]　ˀa khiɦ（平 11）ŋ̥i（平 10）

（M）[illegible]　ˀa khɨ ši（平 10）neɦ（上 33）

19 羶（书先）帝 Skt. śānte.

（K）[illegible]　šĭan（平 26）tiɦ（上 10）

（M）[illegible]　šĭa（上 16）nɨ 长 teɦ（上 33）

20 赊（书麻）履 Skt. śame

（K）[illegible]　šĭa（平 19）li（上 9）

（M）[illegible]　šĭa（平 19）meɦ（平 36）

21 陀（定歌）罗（来歌）尼（泥脂）Skt. dhārani

（K）[illegible]　thon（平 54）lɔɦ ŋ̥i

（M）[illegible]　ndaɦ（上 17）长 rar（82）niɦ（平 82）

22 阿卢（来模）伽（群麻）婆（并戈）娑苏奈反（心泰）簸（帮过）蔗（章码）毗（并脂）叉腻 Skt. ālokabhāṣe pratyavekṣaṇi

（K）[illegible]

ˀa lu（平 1）khaɦ（上 17）phɔɦ（平 49）sɔɦ（上 42）pɔɦ（平 49）tšĭa（平 19）phiɦ（平 11）tšha（平 18）ŋ̥i（平 10）

（M）[illegible]

ˀa lɔɦ（平 42）ŋgaɦ（上 17）paɦ（上 17）长 seɦ（平 36）pɨ（平 30）rar（平 82）tyaɦ（上 17）fɛɦ（上 32）khɨ（平 30）šĭa（平 19）niɦ（上 10）

23 祢毗剃（透舞）Skt. niviṣṭe

（K）[illegible]　niɦ（上 10）phiɦ thiɦ（上 10）

（M）[illegible]　niɦ（上 10）miɦ（平 11）teɦ（上 33）

24 阿便（并线）哆都饿反（端个）逻（来歌）祢履剃

Skt. abhyantaraniviṣṭe

（K）[illegible]

ˀa phĭen$_2$（平 42）tɔɦ（上 42）lɔɦ thiɦ（上 10）li thiɦ（上 10）

（M）[illegible]

ˀa myah（上 17）nɨ taɦ rar niɦ wi（上 9）Siɦ（平 29）teɦ

25 阿坛（端旱）哆波（帮戈）隶输（书虞）地途卖反（定卦）

Skt. atyantapāriśuddhi

（K）[illegible]

ˀa tan（平 24）tɔɦ（ 49）pɔɦ（平 49）li šĭu（平 2）šĭɛ$_2$（上 31）

（M）[illegible]

ˀatyaɦ（上 17）nɨ taɦ（平 20）paɦ（平 20）rir（平 79）šĭʊɦ 平（7）ndeɦ（上 33）

26 汇（影侯）究（见宥）隶 Skt. ukkule

（K）[illegible] ˀəw（平 45）kĭəw（平 45）li（上 9）

（M）[illegible] ˀu（？）ku（平 1）leɦ（上 33）

27 牟（明尤）究隶 Skt. mukkule

（K）[illegible] mɔɦ（上 42）kĭəw li

（M）[illegible] mu（上 4）ku leɦ

28 阿罗隶 Skt. arade

（K）[illegible] ˀa lɔɦ li（上 9）

（M）[illegible] ˀa rar（平 82）ndeɦ

29 波罗隶 Skt. parade

（K）[illegible] pɔɦ（平 49）lɔɦ li

（M）[illegible] paɦ（平 20）rar ndeɦ

30 首（书有）迦差初几反（初旨）Skt. Śukākṣi

（K）[illegible] šĭəw（上 40）kaɦ（平 20）tšhi（上 9）

（M）[illegible] šĭʊɦ（平 7）ŋgĭaɦ（平 21）khɨ ši（平 10）

31 阿三磨三履 Skt. asamasame

（K）[illegible] ˀa san（上 19）mɔɦ san li

（M）[illegible] ˀa saɦ（平 20）maɦ（平 20）saɦ meɦ

32 佛（并物）驮毗吉（见质）利帙（澄质） 帝 Skt. buddhavilokite

（K）[illegible]

fʷiɦ（平 29）thon（平 54）phiɦ kɨ li tšɨɦ（平 29）tiɦ（上 10）

（M）[illegible]

mu（平 1）ndaɦ mbiɦ（上 10）lɔɦ（上 42）keɦ（平 36）tiɦ（上 33）

33 达（定曷）磨波利差猜离反（清支）帝 Skt. dharmapariksite

（K）[illegible]

thaɦ（上 14）məɦ（上 42）pəɦ（平 49）li tshiɦ（ 11）teɦ（上 10）

（M）[illegible]

ndaɦ rɨr maɦ（平 20）pa ɦrir C 长 khɨ ši（平 10）teɦ

34 僧（心登）伽涅（泥屑）翟（群虞）沙袮 Skt. samghanirghosani

（K）[illegible]

sən（平 15）khaɦ ^{n}dǐeɦ（上 35）khǐuɦ（上 3）ša niɦ

（M）[illegible]

saɦ（平 20）ŋʷʉɦ（平 27）ŋgaɦ（上 17）rɨr ŋgəɦ（平 49）šia niɦ

35 婆舍（书马）婆舍输地 Ski. bhāṣyābhāṣyā sodidihī

（K）[illegible] pəɦ šia pəɦ šia šɪě（平 9）šǐε$_2$（上 31）

（M）[illegible] paɦ ˀyaɦ 长 paɦ ˀyaɦ šəɦ（平 48）ndaɦ niɦ

36 曼哆罗 Skt. mantre

（K）[illegible] mban（平 24）thon ləɦ

（M）[illegible] maɦ nɨ tɨ rịẹ

37 曼哆罗叉夜多 Skt. mantrākṣayate

（K）[illegible] mban thon loɦ tšha ˀyaɦ ton

（M）[illegible] maɦ nɨ tɨ rar khɨ šǐa yaɦ 长 teɦ

38 邮（云尤）楼哆 Skt. rute

（K）[illegible] ˀyǐəw ləw təɦ

（M）[illegible] rǐur（上 70）teɦ

39 邮楼哆恀舍咯卢遮反（来麻） Skt. rutakausalye

（K）[illegible] ˀyǐəw ləw təɦ kǐəw šia lǐaɦ（上 18）

（M）[illegible] rǐur taɦ kəɦ（平 49）šia leɦ

40 恶（影铎）叉逻 Skt. akṣaye

（K）[illegible] ˀaɦ（平 17）tšha ləɦ

（M）[illegible] ˀa khɨ šia ˀyeɦ

41 恶叉治（余马）多治 Skt. akṣayavanatāya

（K）[illegible] ˀaɦ（平 17）tšha ˀyaɦ ton ˀyaɦ

（M）[illegible]

ˀa khɨ šia ˀyaɦ vʷaɦ（平 17）naɦ（上 17）taɦ 长 ˀyaɦ

42 阿婆卢 Skt. abalo？

（K）□□□ ˀa pɔɦ lu（平 1）

（M）□□□ ˀa paɦ lɔɦ

43 阿摩若荏蔗反（日祃）那多夜 Skt. amanyanatāya

（K）□□□□□□ ˀa mɔɦ ^{n}džĭa2 nɔɦ ton ˀyah

（M）□□□□□□□□ ˀa maɦ nɨ d̥ia naɦ tah 长 ˀyeɦ

上述声母和韵母在两个文本之间大致是一致的，但在音写方法上却有着根本的差别。造成这种差异的原因或许是毛里瑟本参考了别的什么汉译本，又或许是受了藏语译本的影响，表现出如上述一样接近于梵语的形式。

如达磨（定曷）（明戈）(dharma）的音写在科兹洛夫本里用了□□ thaɦ（上 14）mɔɦ（上 42）二字，显然是从汉译之达摩转换而来的。虽然在毛里瑟本里使用了□□□ ndaɦ rɨr maɦ（平 20）这样的与 –r– 相当的字，但是仍跟梵语的 dharma 相近。在西夏语译佛教文献里，前者的音写形式较为常用。

另外，同样对陀罗尼（定歌、来歌、泥脂、dharani）来说，比起科兹洛夫本的□□□ thon（平 54）lɔɦ（平 49）n̥i（平 10），毛里瑟本的□□□□ ndhɦ（上 17）长 rar（平 82）niɦ（平 10）更加接近于梵语。

这是因为在一般经典里大多使用前者，同时也能证明在初期的译语中这种形式占有很大的比重。正因如此，笔者想指出毛里瑟本音写的第一个特征便是其文本整体都与梵文语音接近。

具体来说，首先是在陀罗尼的例子中用汉字音写将之与其对应的□（变长）进行小写来表示长母音。其次是末尾音 –n、–η、–k，是用西夏文字小写来表示。采取这个方法仅仅是因为当时的西夏语里有鼻音化母音，明确表示末尾的鼻音或者 –p、–t、–k 是不存在的。

汉字音写	科兹洛夫本	毛里瑟本
羶 śān	□ šĭan	□□ šĭa–nɨ
亶 tyan	□ tan	□□ tyaɦ–nɨ
便 bhyan	□ phĭen$_{2}$	□□ myaɦ–nɨ

□与□二字无论如何都是在□（上 10）与□（平 11）里添加□（上 17）的反切合成字。

汉字音写	科兹洛夫本	毛里瑟本
曼 man	□ mban	□□ maɦ–nɨ
摩若 manya	□□ mɔɦ ^{n}džĭa$_{2}$	□□□ maɦ–nɨ–d̥ia

僧 səṃ（gh）	[illegible] sən	[illegible] saɦ–ŋʷʉɦ（平 27）
目 muk	[illegible] mbɔw	[illegible] muɦ–kɨ

[illegible]三字，各自代表 –n、–η、–k。

最后，必须列举二重子音的音写法：

（1）kṣ 型

在汉字音写里，使用着与 tšh、kh– 相当的一个汉字，在科兹洛夫本里是以 1 个西夏字将其替代，而毛里瑟本却用 2 个西夏字来表示梵语的原本形式。

Skt.	汉字音写	科兹洛夫本	毛里瑟本
kṣa	叉	[illegible] tšha	[illegible] khɨ–šĭa
kṣi	差	[illegible] tšha	[illegible] khɨ–ši
kṣi	耆	[illegible] khiɦ	[illegible] khɨ–ši
kṣi	差	[illegible] tshiɦ	[illegible] khɨ–ši

（2）tr– 型

例子虽然少，但是可以看出科兹洛夫本（thon lɔɦ）与毛里瑟本（tɨrar、tɨrĭe）的区别。

Skt.	汉字音写	科兹洛夫本	毛里瑟本
mantra	曼哆罗	[illegible] mban thon lɔɦ	[illegible] maɦ–nɨ tɨ rar
			[illegible] maɦ–nɨ tɨ rĭe

先前所举的《陀罗尼品》在陀罗尼音写的声母对应关系中虽然并没有完全跳出之前的原则，但是在汉字音写的照系与知系的声母里，毛里瑟本与科兹洛夫本的 tš–、tšh– 不同，但与 ts–、tsh–、ⁿdz– 等相当。并且在喻母里科兹洛夫本使用了 vʷ–，毛里瑟本却使用了 mb–。

科兹洛夫本与毛里瑟本韵母之间的对应，可以总结如下：

	科兹洛夫本	毛里瑟本
支	–i	–iɦ
脂	–i，–iɦ	–i，–iɦ，–ir
微	–i，	–iɦ
齐，祭	–i，–iɦ	–eɦ
佳	–i	–i
虞	–ĭu	–ĭuɦ
模	–u	–ɔɦ

质	–ɨ	–eɦ
物	–ɨ	–u
元	–ɑn	–aɦ，–aɦnɨ
寒	–ɑn	–aɦnɨ
曷	–ɑɦ	–aɦ
仙	–ĭan	–ĭaɦnɨ
宵	–ɔɦ，–on	–aɦ
歌	–ɔɦ，–on	–aɦ
戈	–ɔɦ，–on	–aɦ
麻	–ɔɦ，–ĭa	–aɦ
唐	–ɔɦ	–aɦ
铎	–aɦ	–aɦ
尤	–ɔɦ，–ĭɔ	–u
侯	–əw	–u，–ĭuɦ，–ĭur
登	–ən	–aɦŋ^{w}ʉɦ
谈	–ɑn	–aɦ
屋	–ɔw	–uɦkɨ
药	–ĭaɦ	–ɑ
叶	–a	–ĭa

虽然科兹洛夫本的陀罗尼音写颇为粗糙，但是在毛里瑟本中可以看到他改良之后的形式。在此之后，通过后期翻译的《金光明最胜王经》和元代居庸关刻文的音写形式可以看出这种音写形式已经流行了很长时间。

《金光明最胜王经》里有[illegible] i nɨ ndɨ（上 28）rar Skt.indra、[illegible] mukɨ teɦ Skt.mukte、[illegible] sĭuɦ kɨ rir Skt.sukṛti、[illegible] khɨ šĭa Skt.kṣa、[illegible] khɨ ši Skt.kṣi、[illegible] tɨ rir Skt.trir 等例子。居庸关刻文同样有[illegible] taɦ thaɦ 长 ŋgaɦ taɦ Skt.tathāgata、[illegible] naɦ ŋ^{w}ʉɦ Skt.nāṃ [illegible] saɦ ŋ^{w}ʉɦ Skt.saṃ、[illegible] tɨ rĭẹ skt.trai. [illegible] tɨ rarSkt.tra、[illegible] mun dɨ rẹ Skt.mudre 等例子，但没有使用 –k 的例子，不过能看见[illegible] naɦ nɨ Skt.naṃ（平 30）和[illegible] šĭa tɨ.Skt.ṣat 的例子。

必须要考察其在其他经典之中的音写例子，且在将佛教典籍全部翻译为西夏语的过程中，笔者认为梵语音写形式被改良的时期是确确实实存在过的，而这种音写形式在随后所编纂的甲种书《华夷译语》和《元朝秘史》中所采用的根据汉字的语音写法，有可能将其往前推进并使其更加明了了。

语音问题作为译经史中重要的问题之一，请容笔者另做探讨。

附录

虽说西夏译《法华经》刊本里包含木活字本的可能性很大，但是很难断定《华严经》等的情况也是一样，有 1 张印在右边中部的表示丁数的文字。例如[illegible]（莲华第一）一次印刷 20 行，按照惯例，每五行都要折叠成 4 个，笔者已得知的折叠法有 3 种（也有其他折叠法的可能性，但对于本篇所涉及的《法华经》来说只有 3 种）。

A 型　每 5 行折叠。将表示丁数的部分放入没被叠进纸缝前的 1 张之下，也就是说在有纸缝的地方折叠。

B 型　在纸缝前的一张右侧错开一行折叠，也就是说在纸缝右侧错一行处折叠。

C 型　折痕在后面的第一张第二行，也就是在纸缝左侧错一行处折叠。

个人觉得使用 A 型的话纸缝更容易偏离。

西夏语研究与《法华经》（二）

一、西夏语的诞生与终结

西夏李元昊于1032年建立政权后，对外为宣扬国威，对内则为彻底结束各部落间分裂的局面，以及为发扬西夏文化，命人创造了属于自己的语言和能够准确记录该语言的一种新型文字体系①，以此来替换长久以来一直被使用的藏语和汉语，而这种语言和文字被称为西夏语和西夏文字。这一重大国家工程，被按部就班地迅速向前推进，终于在1036年完成了此项宏伟的事业，并在西夏全境推广。西夏语言文字的创造对西夏社会的发展带来了深远的影响，在位于西北一隅的西夏，出现了西夏文字圈。

西夏境内的部族以弥族和密纳克族为首，其大部分都讲着从同一个祖语所脱胎出来的语言（也就是党项语的方言）。二者虽有极其相似的特征②，但是在音韵、语法形态，以及词汇形式上却有着相当大的差异，从下面所举例子中便可以看出弥语和密纳克语在自称上的差异。

弥族（弥）　　　　　　　　　　密纳克族（弥诺）

[illegible] miɦ（上10）[illegible] nĭaɦ（平21）　[illegible] mɨ（上28）[illegible] nĭaɦ（上18）

西夏语的自称在弥语里是上声10韵miɦ，与此对应在密纳克语里是上声

①西夏及其周边地域在11世纪时分布着多种藏语族群和彝缅语群的语言。但作为其中较大的部族，以羌族为首的嘉绒族、普米族也都没有自己的语言。这或许是因为自7世纪以来，藏语的影响力过于强大的原因吧。

李元昊建立的西夏从这种压力中摆脱出来，继而创造了这个属于自己的语言——西夏语，这为西夏文字的创造提供了坚实的基础。

西夏是一个自8世纪以后或者在这之前就分布着除党项语之外还有如汉语（西北方言）、藏语等多种语言的地区。

②西夏族是不存在的，西夏人称自己为[illegible] miɦ-ⁿdzĭəɦ（西）夏人。这个自称表示部族语言特征的同时，在探求西夏语本身的构造上有着很大的意义。

28 韵 mɨ，“黑”在两族中虽都发 nǐaɦ 音，但是在弥语中发音为平声，在密纳克语中发音则为上声。

[illegible] ŋʷwɪ-miɦ（平 11）指皇族嵬名，后面的音节 miɦ（平 11）也极有可能是其对应形式，难道是魏之弥族之意？①

于 1036 年创作出来的西夏语作为官方书面语，通过对佛教典籍、中国古代典籍的翻译，以及其独创的文学作品等的检验，其作为一种新型语言文字体系的活力大为增强，随后在西夏崇宗、仁宗朝迎来了发展的鼎盛②时期。但随着国力的逐渐衰弱，又频频面临危机，直至 1227 年，蒙古军队入侵，西夏灭亡，其语言文字也出现了危机。

值得庆幸的是西夏语言文字在元朝受到了优待，得以继续发展，其中最大的动力便是元代刊发的西夏文《大藏经》。西夏故地同西藏一样在元代属统制院管辖（即之后的宣政院），西夏人作为色目人而受到优待。元世祖想通过传播佛教来达到其控制各民族的目的，因而要制作西夏文《大藏经》，地点就在元大都。虽然成宗即位时，曾一度停止了《大藏经》的制作，但是不久后，又在杭州万寿寺得以继续进行。最后被称为河西《大藏经》的西夏佛经终于完成，共 3620 卷，并在西夏故地各寺院内推广施行，前后历经 70 余年。

从日本善福寺所藏的《大宗第玄文本论》里佩里奥发现的西夏文佛经，以及天理图书馆藏的残片等记载来看，应该可以确定上述这些工作已经完成了③。笔者于 1970 年在瑞典斯德哥尔摩博物馆发现了其实物的一半，那里所藏的佛典里附有“白上大国新译三藏圣教序”等文字，共保存有以《佛说月光菩萨经》《佛说了义般若波罗蜜经》为首的共记六种经典与已遗失卷首、卷尾或仅残存下半部分、标题不明的佛教经典，除此以外还有三种断片（A、B、C）④。从新译本来看，其应是西夏第 2 期制作藏经的产物，但无法判明里面的经文中到底包含了多少经、律、论，到底刊发了多少册也不得而知。因此可以推测，这些就是西夏仁宗朝所整理的经、律、论的重刊本与新译的佛教典籍。而此项事业之所以能够切实有效地实行，主要是因为 14 世纪中期西夏语言还在使用，西

---

①在此之外也使用[illegible]和[illegible]。或许是别的什么强大的部族群也使用由汉字转化的偏旁。

②笔者认为《法华经》是惠宗时期翻译的，参见拙论《关于西夏语译法华经》，《东洋学术研究》2002 年第四十一卷第 2 号。

③拙论《关于西夏的佛教》《南都佛教》，由后来的拙著《西夏王国的语言和文化》所收，据《元史》所载，从大德六年至仁宗皇庆元年，河西《大藏经》共刊发五次。

④参考拙著《西夏文华严经》Ⅱ（1976 年），“后记西夏天译经难记”。

夏文字也是人们记录日常生活、言行的主要文字。

1345年，在中原通往西域的重要关卡——居庸关建造了一个过街塔（就是一种在内部有通道且可以通过的塔），并在其内壁以六种文字刻写了陀罗尼经典和建塔的缘由。这六种文字中就包括了西夏文字，虽然此时距西夏灭亡已经118年了，但是西夏曾傲立于西北200余年这一史实已深入人心。而在居庸关所刻的西夏语中动词的B语干虽然已经完全消失，且视点文也呈现出衰弱之象，但是从第二人称前缀被灵活运用来看，这里的西夏语仍然完好地保持着其基本的构造①。

在居庸关刻文之后，明洪武五年（1372年）虽有有纪年的《高王观世音经感德序》（29行，故宫博物院藏），但在其发愿文中前缀B仍被广泛使用②。

从北京南部的保定韩庄发现的八面石幢、相胜幢③所刻西夏文字的情况来看，当时西夏文已是濒临灭亡的文字了，此石幢或许就是当时被强行移居到元大都的西夏人后裔建造的。因为建造时间为明弘治十五年（1502年），所以这已是西夏灭亡275年之后的事情了。虽然在上面的西夏文里仍发现有前缀A的使用情况，但是动词B语干及视点文均已不见踪迹，仅仅列举了官职名、人名等固有的名号，给人一种仅作为文字进行点缀，已脱离其作为一种语言文字体系的印象。也就是说当时的西夏人或许都已经忘记了本民族的语言，仅是对本民族的文字进行了传承。在此后的岁月里，西夏的语言文字逐渐被人遗忘，最终彻底消失在人们的视野中。西夏文字从1036年被创制出来之后，在历史的长河中共历经了450年④之久。我认为文字的消亡与语言的消亡应在不同的层面上去考虑。

---

① 拙文《西夏文大字刻文》“西夏小字刻文”等，村田治郎编著《居庸关》，京都大学，1958年。

② 史金波、白滨：《明文西夏文经卷和石幢初侦探》，《考古学报》1977年第1期。

③ 与上述注相同。

④虽想在别处叙述西夏语的历史，但对于13世纪的河西各文献有必要调查一番，总的来说，西夏语文体大致有两个支流，

1. 单纯文体：虽经常使用两种前缀，但动词仅有一词干且没有后置的代名词，对应关系相异的两种视点文也不被承认。

2. 复杂文体：除使用两种前缀外，动词有两种词干，后置的人称代名词之对应关系构成了不同的两种视点文。

前者是拟汉文体，被整理成文章继续发展，除用于各种碑文、公文的书写外，在佛典的译文上也经常使用，后者能很好地反映部族的形态，因而主要被用于佛典的翻译。

二、文字组织的分析与语言体系的复原

笔者虽从20世纪50年代便开始对西夏语和西夏文字进行研究，但常常在文字组织的分析与解释、语言体系的复原这两个层面上停留，并努力保持两者之间的平衡。在语言学的研究中，与其相对应的文字层面上和语言层面上的研究绝不能混为一谈，这是条铁律。当一方的研究有进展时，也能促进另一方的研究。尤其是在西夏语和西夏文字这二者的研究上，这种影响更为显著。因为西夏文字和西夏语言之间有着密不可分的关联，所以只能通过以西夏文字为主线来探索其背后的西夏语，而字形上的差异又反映了些许语言形式上的差异①。

笔者提出的双生字、复双生字对研究西夏语言文字有很大的帮助②。虽然具有类似字形的双生字在语言层面上形成了各种统一或对立的情况，但这个问题在这里是站不住脚的。

字形上的差异反映着语言单位上的差异，也就是说反映了语音形式上的差异。简单来说，就是某个字形应采取何种读法，是由其字形、语意及语法来决定的。然而其与此语言的音韵体系有紧密的关联，甚至与此语言系统论的研究也有着千丝万缕的联系。20世纪60年代初期，笔者在此研究阶段主要以字书《同音》的组织为基础，曾试图对音韵体系③进行重新组合，而在此后的20世纪80年代，笔者详细考订了韵图《五声切韵》与韵书《文海（实韵）》《文海杂类》的构成部分，并提出了重新修改校订的建议。在那之后，学术界虽已接受了笔者的修改方案，但是仍有很多问题须继续探讨。主要有以下几点：第一，平声韵与上声韵对应关系再考，这关乎着上声韵声母的复原。第二，从形态论的视角须再度考察声母、韵母。如自动词有声音，他动词无声无气音；根据非使役动词非紧喉母音、使役动词紧喉母音等的对立关系中去推测声母④。

---

① 在西夏文的语言上，虽说是同一个单位，但依据字形的差异来表示视觉性的进行之意的情况也不少。例如：

老人 [illegible] mah（平 20）ˀụ（上 51）

老畜 [illegible] mahɦ 平 20）ˀụ（上 51）

以相同的 ˀụ 来分写人类和家畜。无论 Maɦ 还是 ˀụ 都代表老了的意思。

② 自拙论《西夏文字新考》1997 年发表以来，《西夏文字的特性》在 1998（沈阳学会论文）中提出了双生字这个概念，同被收录在西田龙雄先生古稀纪念会编《西夏语研究新论》1998 年。

③拙著《西夏语的研究——西夏语的再构成和西夏文字的解读》I，宝刊行会发行，1964 年。

④ 拙论《西夏语韵图〈五音切韵〉的研究》(上、中、下)《京都大学文学部研究纪要》1981 年。

关于这些问题会在新作中提到，这里我想通过《法华经》与其他资料来尝试考虑，如这些文字所表示的是何意等基本问题。

《三才杂字》《同义一类》《番汉语要集》等资料可以说是当时的西夏人留给后人进行研究的宝贵资料①，毫无疑问，这对于解读西夏语言文字有着极为重要的参考价值，但在这里笔者暂且放在考察之外。

三、意思的解读

确定意思除了要灵活运用单词本意以外，字书的注释、韵书的解说都为我们提供了重要的依据②，但无论是什么都必须通过对比两种语言的形式，就比如拿汉语和藏语的对照关系来举例。

首先以简单的“佛”字为例。絣字代表“佛”的意思，这早已在毛里瑟研究阶段就已释读完毕，这个字是在西夏语研究的初期阶段就已释读完成的文字之一③，虽说此为毛里瑟所发现，但是在《法华经》原文的旁边已有一个汉人在此处用汉字标注上了。现阶段笔者关于絣字有如下看法：这个字形属《文海宝韵》17 韵，读 thaɦ。虽然最初只作为 2 音节单词馡絣 fʷɨɦ thaɦ 来使用，但是到后期不知为何仅以 thaɦ 来表示“佛”。这是因为絣原本也并非西夏语而是借用语，fʷɨɦ thaɦ 是将 buddha 的汉字书面语佛陀替换成西夏文字的形式。在汉语里将其第 1 个音节 bud 的对应形式作为后来的佛字使用，相对于此事，西夏语里其第 2 个音节 dha 陀对应的形式应代表“佛”④之意。

西夏语佛典的翻译者们有现成的可依赖的译语，即有汉译又有藏译，并不是直接从梵语译过来的，在此过程中还将大量的汉语之音写语替换成西夏语的音写语。其中若干音写语已在佛典中取得了常用语的地位，即所谓的假名书

① 平声小类重出韵的存在也是个问题，在这里称为形态论的视点，笔者认为在 mbeɦ 毛（上 33）高、豗 mbe（平 61）提高等的对应关系中应将后者改成 mbc，但此后，即便在接头词系列 A 与 B 之间也同样将 -eɦ、-ɛɦ 混淆，从中可以看出，西夏语中，-e 和 -ɛ 在某种条件下难道是可以任意移动的吗？这个问题笔者一直在考虑修正。

另外，还有一个须继续探讨的大课题，即《文海宝韵》的体系是否是部落语诸体系之总和，参见拙论《西夏语语法新探》2004 年。

② 拙论《西夏语〈月月乐诗〉研究》，《京都大学文学部研究纪要》1986 年，被拙著《西夏王国的语言和文化》修改后收录。

③《文海宝韵》的解说也有与文献上所使用例子不符合的情况，比如 胤 hlʷɨu̥ 在《六韬》中是“旬”的意思（10 天时间），但在文海的解说（平 59 韵）中完全没有涉及（拙论《西夏语译六十四卦与针灸书》2004 年）。

④毛里瑟《对于西夏文字与语言研究的初步寄与》1904 年。

写语[1]。

西夏人又创造了许多[illegible] thon loɦ ni 陀罗尼，[illegible] thaɦ moɦ 为达摩的音写语[2]，在陀罗尼中，其事物之名称比较容易掌握，笔者手头上就有七宝的陀罗尼名称，如在卷六《随喜功德品》（18）中有：

金	银	琉璃	砗磲	玛瑙	珊瑚	琥珀
Kịe	ŋɔɦ	naw ʔ yɨ	ləw nĭeɦ	nʷịkʷɨn	šʉkhʷʉ	liɦ tšĭʷəw
[illegible]	[illegible]	[illegible]	[illegible]	[illegible]	[illegible]	[illegible]
（平 66）	（上 42）	（上 20）（平 69）	（上 38）（平 39）	（上 60）（平 32）	（平 28）（平 28）	（平 29）（上 40）

在卷四《宝塔品》（11）中将珊瑚、琥珀替换成了珍珠与玫瑰。另外在叙品中有摩尼与颇梨的音写语。

珍珠	玫瑰	摩尼	颇梨
nʷɪ ʔyĭɛ	lĭʊɦ nɔɦ	mɔɦ ŋi	phɔɦ li
[illegible]	[illegible]	[illegible]	[illegible]
（上 60）（平 34）	（上 6）（上 42）	（上 42）（平 10）	（平 49）（上 9）

当然，佛教的专业术语也可以从《法华经》中引用。其中多数是以汉译语之意替换的形式。如以六波罗蜜为例：

布施	持戒	忍辱	精进	禅定	智慧
ziɦ mɪɦ	kɪĕʔĭeɦ	pĭɔɦ žĭᵉw	khu ⁿdžɛɦ	šĭan ndĭen	sɛ ʁzɨr
[illegible]	[illegible]	[illegible]	[illegible]	[illegible]	[illegible]
（平 11）（平 14）	（平 9）（平 39）	（平 51）（上 41）	（平 1）（平 35）	（平 26）（上 37）	（上 54）（上 77）

音写语[illegible] poɦ loɦ miɦ 已是波罗蜜的固定译法。如来二字经常以 mĭor

---

① 骆驼[illegible] xʷoɦ（上 42）– thaɦ（平 17）的"驼"表示了同样的对应关系。西夏语里表示骆驼的除此之外还有[illegible] laɦ–ndɨ 和[illegible] mɨn–tšĭu，但其来源完全不明。另外还有佛塔[illegible] mbʉɦ–nduɦ，应是借鉴了汉语的"浮屠"（浮图）二字。

② 拙文《西夏语研究和法华经》Ⅰ，《东洋学术研究》2005 年第四十四卷第 1 号。

（平 76）pĭu（61）来表示，若直译的话是“实来”，并非汉语的“如来”之译，而是藏语（旧译）yang-dag-par-gsegs-pa 之译，应该是比较古老的译语。

□□ rĭur（平 76）pĭu（平 59）世尊，除了以世和尊崇的结合形式而被翻译外，也有将藏语 bcom-ldan-ḥdas 转为音译的例子。在音写语的使用方面有将梵文 bhaganvat 之音写语薄加梵替换成 phoɦ khaɦ xʷan 与 mbaɦ ˀaɦ mbaɦ 的形式。后者或许是在《摩利天母总持》中能见到的接近于梵语形式的新译语。

各种译语贯穿《法华经》的各卷，都在使用□□ ^{n}džan（上 23）tšhĭu（上 2）二字，此形式如“含情者”与玄奘所翻译的“有情”对应，也有称之为□□ seɦ（上 33）ndiuɦ（平 3）“情、有”的佛典。这与将菩萨译为□□ ^{n}džan-tseɦ（上 23）“悟情者”比较相似（藏语 sems-can，byang-chub sems-dpah）。

这些佛教用语也被用于中国古代典籍的翻译方面，如与《六韬》“盈虚”第二对应的“以法度禁邪伪”被翻译为□□□□□□□□□“以质直心而摧伏邪伪”。质直、邪伪、摧伏都为《法华经》所使用，□□ tšhĭa（上 16）tụ（平 58）□□ ^{n}dzəw（上 38）1ʷọ（平 94）□□ kin（平 32）žĭ^{e}w（上 41），最后一个例子在《真宝妙经》里与“摧伏、镇押”对应。《六韬》的译文是经过了严格推敲的。于《六韬》中六守、守土、守国之“守”字以 3 种译语呈现。

六守　□□ ˀĭeɦ（平 39）（第六守，仁，义，忠，信，勇，谋）

守土　□□① ˀĭẹ$_2$（平 34）国土防卫

守国　□□ žon（上 47）国家保持

虽然能看出表示“守”字的□ ˀĭeɦ 、□ ˀĭẹε$_2$、□ žon 之间互有关联，但是若想弄清三者之间的异同则甚为困难。

在《法华经》中，有□□“受持”、□□ žonžẹ（平 61）“执着”等用法。

四、 西夏语词汇的体系化

西夏语词汇还未形成系统的体系，这也是研究中一个很重要的课题。首先，在西夏人创作的《月月乐诗》或《大诗》里是可以明显看到两个层面②。这反映了作为西夏族群重要构成部分的弥族、密纳克族，以及统治阶层的来源等重大问题。笔者现今虽将其分为 I 层和 II 层，但被推测为雅语第 I 层的来龙去脉仍不明了，而笔者所说的西夏语只是常用语第 II 层的词汇。

①□有“受”的意思。

②对此在拙论进行了详细说明。

西夏人创作的诗中，还有《番汉合时掌中珠》中所代表的日常词汇以外所使用的佛教用语。从汉语、藏语借来的借用词（音写语）不仅很容易辨别，还可以确定像以数词、代名词为主的十天干、十二地支、十二直、十二缘生、十二星宫、二十八宿等一系列的单词群。

将这些单词形式从各种资料中寻找出来是很有必要的。十二缘生在通过以《十二缘生祥瑞经》为首的若干佛典中可以列出以下几种。这个虽然在《法华经》中也存在，但遗憾的是，与其对应的西夏语译文①缺失了。

无明	行	识	名色	六处	触	受	爱
徾緍	皝	膧	緰緳	纇緂	祲	緎	叕
Mbǐu meɦ	^{n}džiɦ	seɦ	mǐeɦtsụ	tšhǐewndɔɦ	tsǐụ	?	^{n}dzu
（平 2）（平 36）	（?）	（上 33）	（上 35）（上 68）	（平 46）（上 42）	（平 59）		（平 1）

取	有	生	老死
hl^{w}iɦ	ndǐuɦ	wlěɦ	tar（？）sɨ
肜	𢇇	䂎	毹槞
（平 11）	（平 3）	（平 12）	（上 73）（平 30）

十二直的词汇群可以从《新译铜人针灸典》②中找到。但出乎意料的是数词甚为麻烦，只要是上亿的大数字则怎么也不出现，且最为不幸的是《法华经》里不仅没有垓（亿的一千倍）蘶 mǐẹ（上 68）③，也没能发现千的特别形式。“千”祇蕟 rar（平 80）–naw（上 19）④，仅此而已。但是表示分数的却在卷五《从地涌出品》（15）里发现。即有如下形式：

緅	皸	構	矛	皸	四分之一［卷五（15）］
ɬịr	mb^{w}aw	khaɦ	$^{?}$a	mb^{w}aw	
（平 92）	（上 20）	（平 17）	（?）	（上 20）	

①以下取自西夏语译《十二缘生祥瑞经》。

② 杨富学：《榆林窟回鹘文题记译释》，载《西夏敦煌宗教论稿》，兰州：甘肃文化出版社，1998 年，第 79 页；拙论《关于黑水城出土西夏文献》，《日本学士纪要》2005 年第六十卷第 1 号。

③这个垓是从《七佛八塔菩萨陀罗尼经》中出来的，绛瓪豥皝蘶百千万亿垓，汉译里使用女字旁的垓。

④祇蕟 rar-naw 可能不是 I 层的意思，緞 tu（平 58）确实是彝缅语形。西夏 -ụ：缅语 -ɔng、-ɔk 对应如下。緞 tu（平 58）千：缅语 tɔng^{2}，蕟 lu（藰 58）石：缅语 kyɔk<klɔk，蕟 lu（平 58）蛆：缅语 lɔk。

四分之一

□　□　□　□　□　亿万分之一［卷五（15）］

rir　khɨ　mbʷaw　khaɦ　ləw

（上 72）（上 28）（上 20）（平 17）（平 43）

亿万分之一

其实东西南北也是词汇群中之一，但它的表现形式与顺序则颇为有趣，《法华经》的□□□□ wɨ（上 61）le（？）kzɨr[2]（平 86）lạ（平 64）实为汉语直译，没有表现出什么特别之处，在西夏语中其原本的顺序一直被认为是如同《番汉合时掌中珠》中□□□□东南西北，从东开始以顺时针方向旋转。在《法华经》中也被译为以顺时针方向旋转，这一点与藏语的表现形式完全一致，因而在《华严经》里采取了以东西为轴将汉语直译过来的形式[①]。

汉语	东南	西南	西北	东北
《法华经》	□□	□□	□□	□□
《华严经》	□□	□□	□□	□□
藏语	shar–lho	lho–nub	nub–byang	byang–shar
	东南	南西	西北	北东

人称代词在《法华经》中仅出现了以第一人称□（上 14）□（上 44）为主的多种形式，仅从使用例子上去判断其之间的关系是很难的。主要有以下几种：

□ ŋgaɦ（上 17）对应吾

□□ ŋgəɦ-miɦ（上 10）吾等二人

□□ ŋgɨ（上 28）–miɦ 吾等二人

□ naɦ（上 17）对应汝

□ naɦ–miɦ 汝等二人[②]

这些词语形式与第一人称代词属格形式□ ŋʷʉɦ（上 25）“我”、□□□□□

①参照拙著《西夏文华严经》（Ⅰ、Ⅱ、Ⅲ）京都大学文学部，1975 年。

②在《金刚经忏悔灭罪传》里把两个字单独使用。

“我的孩子” [illegible] “我的身量” 等在其他文本中都鲜少见到。

在西夏文《法华经》里出现了不少在语法上有鲜明特征的使用方法。

1. 经典中的夹注

在斯坦因所收集的黑水城文献中有的带有标题为《念观门（……[illegible]……）》的小残片（缺上部）。残片里使用的[illegible] tšĭa（平 19）^{n}dzʊ（上 5）在《金刚经忏悔灭罪传》里被单独使用，但标注着[illegible]“用左脚押着右脚”的字样，与汉语的结坐、结跏趺坐对应，或许是指半结坐（吉祥坐）。类似这样根据夹注而解释其意的字句很多，这是为了正确理解其意而附上的解释。

2. 韵书的解说

韵书《文海宝韵》的解说也为我们提供了很大的启发。如对平声 43 韵的[illegible] təw 卵有如下的解释：

[illegible]，[illegible]，[illegible]

所谓 təw 乃 ^{n}džan 也，鸟生而未孵则为卵，孵则为 naɦ žiɦ。也就是说 təw 是 ^{n}džan，并附有卵孵化之后则是雏的说明，^{n}džan 或许是汉语卵 lŭan 的借用形式，而 naɦ ziɦ 则表示卵之子“雏”。还有 ŋaɦ 或许与藏语 sgo–ngɑ 同源。

[illegible] ^{n}džan 与 [illegible] ŋaɦ 是汉夏双生字。如在《法华经》《金刚经》里有[illegible]“卵生”的使用例子。

五、从佛典翻译中看到的对译关系

要了解每个西夏文字之意，切实有效的方法之一便是如上所述，以汉文佛典翻译过来的西夏文佛典为对象，与汉文原文进行逐一比对。

的确，这种相互对照的方法创造出了双语文本，是迄今为止最为有效的翻译方法，虽然这种方法已为众多研究者提供了很大的帮助，但是如果仅仅依靠这样的方法进行对照的话，会陷入一种意料之外的深渊之中。

特别是《法华经》，甚为难懂，首先必须要排除，只跟汉译文对照的话，与其相对应的西夏文字便立马有了先入为主的观念。西夏人在翻译典籍的时候，实际上是时而意译，时而随意确定其意思，因此在这种本身就非常难懂的情况下，光靠简单的汉夏文对照，常常会出现错译或错解。

1. 单纯文本

以《法华经》为例，笔者想将其实际形态作为脉络和研究对象进行具体叙述。首先举个简单的对比例子。

（1）意思相反的词汇

汉文　①而时 ②弥勒菩萨 ③从座而起 ④偏袒右肩 ⑤合掌向佛

西夏文 ①[illegible] ②[illegible] ③[illegible] ④[illegible] ⑤[illegible]

这篇文章在佛典中经常出现，西夏文也被译为18个字，且与汉语原文基本一致。就算将为首的“在那时”放在别处，也是四言句并立，从这点上看，西夏文与汉文也是完美契合的。

①和②是没有问题的，在西夏语中被音写为“弥勒”miɦ（平11）– h（7），“菩萨”则被意译为“悟情（者）”。若将③的西夏文直译的话则译为“坐处（由）而起”。在动词 wɔr（平89）中续接有表示方向的后缀 ˀa（在上方），同时也有表示此项动作已完成之意。⑤为“向佛合掌”之意，并没有发现与汉文之间有较大的差异。

有问题的是④。粗略一看，貌似是规规矩矩按照汉文意思直译，但是在西夏文里“实”字并非含有“右”“袒（特指脱掉衣物露肌肤）”的意思，而是含有“左”和“着”（即穿着衣物）的意思。在汉文中为“偏袒右肩”，而与其相对应的西夏文处却有“（仅）着左肩单侧”的意思。[illegible] phaɦ（平17）为“单方面”“单侧”之意；而[illegible] ŋgʷiɦ（上10）则意为“着”。如若不能正确了解这些西夏文的意思，将会出现把“左”当成“右”，把“着”当成“脱”的错误理解，这与原文意思截然不同。

（2）随意的意译

译者根据自己的理解去翻译西夏语的情况很普遍。先要掌握、理解中国古代典籍原文的意思，再用西夏语去表述。

如《六韬》上卷“文韬”第一对应的“最后，见太公坐茅以渔（周文王）”（卒见太公坐茅以渔）在西夏文里被译为①[illegible]②[illegible] ③[illegible]④[illegible] ⑤[illegible]，对译为①那时②太公自己③在茅舍旁④放针而捕鱼⑤（文王）看。在西夏语句子“放针而钓鱼之人，太公之位置置于茅舍旁”中，除把句意表述清楚外，还表示出此情形时下周文王的动作。

又如，在《黄石公三略》（中略）中所记载的（御圣王之世为观盛 衰而度得失，而以为制）“圣王御世，观盛衰度得失，而为之制”一文，在西夏语里被译为①[illegible] ②[illegible] ③[illegible] ④[illegible]⑤[illegible]，对译为①圣帝为②观盛衰③

① 西夏语译《黄石公三略》全部为意译，因为没有逐字对应而难以理解。

度利害（之事）④即⑤乃帝王之事。而笔者觉得西夏文较之汉文更容易理解[①]。

2.《如来寿量品》之探讨

下面将用一个稍复杂的文章作为对比例子来试着探讨一下《如来寿量品》第十六部中的一部。（日语译文即乃西夏文之译，以下相同）

（1）汉文 我说燃灯佛等　又复言其　入于涅槃

西夏语 [illegible]　[illegible]

虽然汉文有 2 节（14 字），但在西夏文中仅以 1 节（10 字）而译，且其意解读困难。最后的 ˀyɨ“谓”之主语，即指文首之“我”字，这是没有异议的。teɦ（平 36）ni̤（上 61）thaɦ（平 17）“燃灯佛”与 nǐeɦ（上 35）– pan（平 24）“涅槃”是固定译语。

（2）汉文 如是皆以　方便分别

西夏文 [illegible]

此为将汉语的动词句用西夏语翻译成名词句的例子，是在表现“……[illegible]……[illegible]…”“……为……也”的基本造句形式。与汉文主动词“分别”对应的动词在西夏文里没有。[illegible] ʁiɦ（上 10）“一切，皆”，使用带有后缀 A“说，讲”的形式。rɨr²–tshǐeɦ，“方便”tšǐěr（平 78 之上声）– ˀyǐu（上 2）乃是固定译语。

（3）汉文 若有众生 来至我所 我以佛眼 观其信等 诸根利钝 随所应度 处处自说名字不同 年纪大小 亦复现言 当入涅槃

西夏文 [illegible] [illegible] [illegible] [illegible] [illegible]

[illegible] [illegible] [illegible] [illegible] [illegible] [illegible]

大致来看，虽然像是对四字句进行了逐句翻译（有一处六字句），但若详加查看则会发现，汉文“亦复现言当入涅槃”中的“现”字在西夏文里并没有与其对应的西夏字，因动词“入”持有第一人称代词的对照形式，所以我们可以知道此文章实际突出的是行为者的视角。其代名词“我”与最初所提示的主语（行为者）ŋaɦ 对应（下线部分），动词词干→代名词→未来时称助词，这样的配置是标准语序，“名字之不同”“年纪（身材）之大小”等虽传达的意思相同，但“随所应度”被译为“随应（适宜）而度脱”，“众生”则是固定译语，“度、脱”“演说”等共同被载于《同音》中。

（4）汉文 如来 见诸众生 乐于小法 德博垢重者 为是人说 我少出家得阿耨多罗三藐三菩提 然我实成佛已来 久远若斯

西夏文 [illegible] [illegible] [illegible] [illegible] [illegible]

[illegible] [illegible] [illegible] [illegible]

在西夏文里，主格、对格几乎不用格助词，仅出现了“从成佛伊始”的 ˀaɦ（上 14）与格和从格助词。

在汉文“我少出家”（少年出家）中，“少”字没有被翻译成西夏语，而与之对应的是“因此，立即”mɨ（平 30）–rur（平 75）。mɨ rur 在《同音》里可互用的注释仅有 1 个单词，在《文海》中被注释为“新，立即，比起这之意也”。在《法华经》中也经常使用。

mɨ–ndeɦ（上 33）为“……虽也，然而”之意，“乐于小法”被译为“爱乐小法”^{n}dzu（平 1）– ŋ^{w}I（平 8）。

最后一句“犹如久远之事”被译为“度过这些时间”，“这些”在用词上并没有使用[illegible] thaɦ–nɨ 二字，而是使用了[illegible] thaɦ–ŋ^{w}ĭər（上 78 ）。ŋ^{w}ĭər“数”与藏文书面语 grangs“数”、缅甸书面语 kra 的“复数指标词”为同源语。

在此之后的部分被译为“良医譬处”。

（5）汉文 诸子于后 饮其他毒药 药发闷乱 宛转于地

西夏文 [illegible] [illegible] [illegible] [illegible]

汉文的“于后”和“他毒药”的“他”没有被译成西夏文，“药发”以“毒动”作表示，“毒”有平声字和上声字，虽说尚且不知二者之间究竟有何差异，但在此处都使用了上声字。

[illegible] ndɔɦ（上 42）毒草（食物的毒？）取草编

[illegible] ndɔɦ（平 49）蛇毒[illegible] phĭow（上 43）和“蛇”有关

总之，汉语的“毒”与藏语的 dug（毒）、缅甸语的 a–tɔk（毒）等均为同源词①。ndoɦ–ti（平 67）“毒物”中的 ti 为食物之意，除此之外[illegible] ndon（上 63）有“使毒盛”（《孝子传》）、muɦ（上 25）– mieɦ（平 39）“闷乱”的意思，在《同音》里，“闷”与“葬”虽类似但不是同一个字。

[illegible] mʉɦ（上 25）闷（2B7）

[illegible] hliɦ（上 10）葬（47A2）

“地上转”[illegible] ^{n}dʑʉ（上 26）–ňʑĭɛ（上 31），即“宛转”作为一个单词被收入《同音》中。

（6）汉文 是时其父 还来归家 诸子饮毒 或失本心 或不失者 遥见其父 皆大欢喜 拜跪问讯 善安稳归 我等愚疑 误服毒药 愿见救寮 更赐寿命

---

①《千手千眼观世音菩萨陀罗尼经》中，蛇虫的毒以平声字[illegible]（平 49）而记，毒药的毒以上声字[illegible]（上 42）而记。另外《七佛八菩萨陀罗尼经》中出现了数个毒字，但都是平声字。

西夏文 [illegible]

[illegible]

[illegible]

虽然“那时”“诸子”与“或者 tšhǐo（平 57）……或者……”超出了范围，但其余均被译为四字一句的形式。

动词“归”loɦ（平 48）、“来”ɬẹ（上 54）、“喝”thiɦ（平 11）、“失”^{n}dzǐụ（上 52）、“赐 ”ʁzǐor^{2} 均采用前缀 A，以完成态示之。另外主格、对格均无标识，仅与格使用了助词 ndɔɦ（上 42），k^{w} ɨ（平 69）mbǐʊɦ（平 7）“跪敬”之 k^{w} ɨ 或许是借用了汉语的“跪”字。“来安稳 nɔɦ（上 42）–ndɛ（上 30）– 汝为”虽为行为者视点文，但与汝对应的主语（谁之父）在其周围并没有出现。“唯，愿”ləw（平 43）–ti（平 67）之“唯”与“一”ləw 是相同的形式，或许是同一个形态音素吧。ŋgǐʊɦ（上 6）“救”是汉语“救”的借用形，与“敬”类似，但其实是别的字形。

[illegible] ŋgǐʊɦ（上 6）救（汉语“救”等）

[illegible] rẹ（上 66）敬（藏语 zhe–sa“敬语，敬礼”缅语 rou–“敬”）

“赐”为 ʁzǐor^{2}–wi“赐给”，采用的是使役形式。

（7）汉文 父见子等 苦恼如是 依诸经方 求好草药 色香味美 皆悉具足

捣筛和合 与子令服

西夏文 [illegible]

[illegible]

在此西夏文中，主格、对格依旧无标识，仅在最后一句使用了与格助词 $^{?}$yeɦ。

“逐渐接受苦恼”hle（？）–ndɛ（上 33）的 ndeɦ（上 33）表现的是进行时态。

“香”li（上 9）、“味”wị（平 67）借用了汉语的“味”。“好”ŋạ（上 56），藏语形为 kɔng–，纳西语为 ka^{33}，羌语为 na，关于各种语形可以想象成同源词或者是借用语。“全部一切”tɔɦ（上 42）– žiɦ（上 10）可能也与藏语的 thams–cad 是同源词。təw（平 47）–wi“捣”借用了汉语的“捣”，thu（平 1）“筛”、hlụ^{2}（平 58）“混合”与 tị（平 67）在相同构成里均依据紧喉元音化来表示使役形态的形成。

thu 是 ti^{2} 在藏语中“振兴”的同源语。

[illegible] tị（平 67）让喝 [illegible] hlu^{2}（平 58）混在一起

[illegible] thiɦ（平 11）喝 [illegible] lu²（平 1）混合

3.《五百弟子受记品》之探讨

继续尝试分析稍微长一些的文章。如《五百弟子受记品第八・贫人击珠喻》中的“我等，应得如来智慧，而便自以小智为足”，下面用西夏语进行翻译：

（1）汉文 ①我等④应得②如来智慧⑤而便⑥自以⑦小智⑧为足

西夏文 ①[illegible] ②[illegible] ③[illegible] ④[illegible] ⑤[illegible] ⑥[illegible] ⑦[illegible] ⑧[illegible] ⑨[illegible] ⑩[illegible]

汉文与西夏文在传达的内容上虽大致相同，但在表现方法上却有着相当大的差异。如“我等”“如来”“智慧”等是没有问题的，将“应得”译为“应得到”也没有问题，但“而便自以小智”被译为“并由自己得以小智”就不太容易理解了。两个“得”被写成同一形态音素的双生字，即被分写为 [illegible] rir（平 79）与 [illegible] rir（上 72），平声字与上声字，这或许是反应了由环境而引起的变调现象。（平 / 上—上 / →上 / 平—平 /）也就是说本来是平声的 rir“得”，在平—平的环境中即转为上声，继而又以上声字来表示其变调形式（参照附记 1）。

“为足”被译为“被看成替代大”。[illegible] niɦ（上 10）是一个没有发挥的文末助词。[illegible] ˀuɦ（平 4）“替”有 [illegible] ˀuh-tu（平 58）“替换…”的用法，附以 [illegible] sɛ（平 33）“数”后变为 ˀuɦ-sɛ，与汉语的“以为”之意对应。这种用法常在《长阿含经》等中被使用。

（2）汉文 ①世尊 ②譬如 ③有人 ④至亲友家 ⑤醉酒而

西夏文①[illegible] ②[illegible] ③[illegible] ④[illegible] ⑤[illegible]

“至亲友家醉酒而卧”被译为“在亲友家醉酒而卧”，没有与“至”和“酒”对应的西夏文词汇，“醉酒而卧”在其“醉”“卧”等词后均附以完成时前缀，并没有使用连用形表现形式，[illegible]（上 42）表示场所。[illegible] ndaɦ（上 17）[illegible] naɦ（平 20）是动词前缀 A。

（3）汉文 ①是时②亲友③官事⑤当行

西夏文 ①[illegible] ②[illegible] ③[illegible] ④[illegible] ⑤[illegible]

② neɦ（上 33）-wị（平 67）“亲近之友” ③ kon（上 47）-nạ（上 56）“公事，公用” ④ ⁿdzeɦ（上 33）-lĭẹ（上 68）“别人” ⑤ šiɦ-（平 29）-kĭɛ（上 53）“欲行”，-kĭẹ 为欲求之助动词。

① [illegible] ⁿdzen（平 42）与⑤ [illegible]（上 33）均表示“时”之意，使用上几乎没有差别。此篇文章中，汉文的 8 个字被译成 13 个西夏字。

（4）汉文 ①以无价 ②宝珠 ③系其衣裹与之④而去

西夏文 ①[illegible]②[illegible] ③[illegible] ④[illegible] ⑤[illegible]

① pǐu̱（平 59）–meɦ（平 36）“无价” ② ʁzi̱^{2}（平 68）–ž^{w}i̱（上 60）“宝珠” [illegible] ŋgɨ（上 28）“某 一 个” ③ thaɦ（平 20）“他 的”、la（上 15）–mǐe̱（上 68）“醉者”，$^{?}$yeɦ（平 36）“的” 为属格助词④ phon（平 54）“怀” 、$^{?}$u（上 1）“……的中” ⑤ tšhǐu（平 2）–wi（10）“使其有，使其持有”，–wi 为使役动词③汉文“击……而现” 被译为 “使其持有”，并将其置于 “怀中” ④没有与汉文 “而去” 对应的西夏文，汉文 13 个字被译成 14 个西夏字。

（5）汉文 ①其人醉卧 ②都不觉知 ③起已 ⑤游行 到于 ④他国

西夏文 ①[illegible] ②[illegible] ③[illegible]④[illegible] ⑤[illegible]

① la（上 15）–^{n}dzǐɔɦ（上 44）“醉 人” ② mɨ（平 30）–^{n}dz^{w}ʉ̱（平 27）“不知” ③ $^{?}$aɦ（？）–mɪ（上 7）–ti̱（上 60）“使其醒目” ④ nǐo（平 57）“后” “把诸国”（无标）⑤ thaw（上 19）–^{n}dzɛɦ（平 35）“游行”。

（6）汉文 ②为 ①衣食故 ④勤力求索 ⑥甚大⑤艰难

西夏文 ①[illegible] ②[illegible] ③[illegible] ④[illegible] ⑤ [illegible] ⑥[illegible] ⑦[illegible]

① ^{n}dziɦ（上 10）–ng^{w}iɦ（上 10）“食 衣” ② $^{?}$ǐu（上 2）“求”、nǐo（平 57）“因而，为了” ③ rǐur（平 76）–rǐur “种种”（藏语：re–re）④ $^{?}$Iě（平 9）tsɪr（平 77）“卖力” “被雇用而劳动” “帮助”（《孝子传》）⑤ ŋɪě（平 9）–xǐe̱（平 74）“难行” ⑥ ^{n}džɛɦ（平 35）“甚大” ⑦ la（上 15）“经过”。

（7）汉文 ①若少②有所得 ③便以为足

西夏文 ①[illegible]②[illegible]③[illegible]

① ʁzi̱r（平 92）–žɛ̱（平 61）“微少” ② $^{?}$war（上 73）“财、物”、rir（平 72）“得到” ③ wiɦ–hlɨ（？）“足够”、$^{?}$uɦ（平 4）“换”、sɛ（平 33）“数”、$^{?}$uɦ–sɛ “看作”。

（8）汉文 ①于后 ②亲友 ③会遇见之 ⑤而作是言

西夏文 ①[illegible] ②[illegible] ③[illegible]④[illegible]⑤[illegible]

① ku̱（平 58）–^{n}dzeɦ（上 33）“此后” ② rir（上 72）“和” 为格助词③ $^{?}$a（？）“偶然遇见” ④ hmɨn$_{2}$（上 29）–ŋ^{w}u（上 I）为 “骂” 的连用形⑤ na̱（上 56）–$^{?}$yɨ（上 28）“说”，虽然为 12 字，但是在汉文里并没有 “骂” 字，却在西夏文中添加了。

（9）汉文 咄哉 ①丈夫 ③何为④衣食 乃至⑤如是

西夏文 ①[illegible] ②[illegible] ③[illegible] ④[illegible]⑤[illegible]⑥[illegible]⑦[illegible]

① niɦ（上 10）“汝” ② seɦi（平 36）“今” ③ theɦ（上 33）–sĭɔɦ（上 44）“因何” ④为乞求食衣而⑤ thɨ（上 28）–sĭuh（上 3）“如是” ⑥ tšɨ（平 67）^{n}džɛɦ（平 35）“甚为痛苦” ⑦ hli（上 60？）“得到”的 B 形式，附以添接代名词 naɦ（上 17），成了与主语 niɦ “汝”对应的行为者视点文，与汉字 12 字对应的西夏文是 14 个字。

（10）汉文 ①我 ②昔 ③汝得安乐 ④五欲 ⑤自恣

西夏文 ①[illegible] ②[illegible] ③[illegible]④[illegible]⑤[illegible]⑥[illegible]⑦[illegible]

① naɦ（上 14）“我” ② ši（平 10）“昔，以前” ③“将你”，$^{?}$yeɦ 为对格助词，nɔɦ（上 42）–rẹ（上 66）“安乐” ④ ŋ^{w}ʉɦ（平 27）–kĭẹ（上 53）“五欲” ⑤ $^{?}$yeɦ（平 36）–^{n}dzĭuɦ（上 3）“自主 = 自在” ⑥ wɛɦ（上 32）–hle（？）“希望接受”，附以祈求前缀。hle（？）为 A 形式，采取规范的文章形式。至于 $^{?}$yị（上 58）“谓”究竟为何被插进去的尚不明朗⑦ nio（平 57）“因而”。与汉文 12 字对应之西夏文共有 14 个字。

（11）汉文 于 ①某年 ②日月 ③以无价宝珠 系汝衣里

西夏文 ①[illegible] ②[illegible]③[illegible]

① waɦ（上 14）“何”，为疑问代名词。在藏语 bha 佛典中被使用的“某甲”，通常情况下会被译为[illegible]“某某”。kĭəw（平 45）“年”，hli（上 60）“月”。② hnɨn（上 29）mbı（上 7）“白日，白昼”、khĭu（平 3）“……的基础”。③参照第 179 页，在这里，–wi “做……”的词干 A 形式之后都将添加代名词第二人称 naɦ，与先前的与格、对格助词分别和 niɦ $^{?}$yeɦ “汝”对应，从而构成受益者、被动者（与格、对格）视点文。

（12）汉文 ①今故 ②现在 ③而汝不知 ④勤苦尤恼 ⑥以求 ⑤自活⑧甚为疑 ⑨也

西夏文 ①[illegible]② [illegible] ③[illegible]④ [illegible]⑤[illegible]⑥[illegible]⑦[illegible] ⑧[illegible]⑨[illegible] ⑩[illegible]

① thɨ（上 28）–wɨɦ（上 27）“比之，现今” ② mĭor^{2}（平 90）有“现在”“现实上”之意③参照第 179 页④ tšị（平 67）–žị（平 67）“苦恼” ⑤ wĭor^{2}（平 90）–neɦ（平 36）“身高与喉咙”与汉语“自活”对应，是“衣服”和“事物”的西夏语特有的表现[1]。⑥ kĭụ（平 59）–$^{?}$yĭɔɦ（上 44）“乞求”，$^{?}$yĭɔɦ 为[illegible] $^{?}$yĭu（上 2）之 B 词干形式。naɦ 是与主语对照的行为者视点文。⑦ taɦ（平 20）为

①拙著《身高与咽喉》被《西夏王国语言和文化》（1997 年）所收。

主格或主题之助词⑧ žʉɦ（上 25）“愚”、ˀyĭɛ（平 34）“真” ⑨ ŋʷu₂（上 1）为不变化词“变为……”，naɦ“汝为”果然与主语对应。⑩ lɨɦ（平 29）为文末作为断定的助词（缅语：–lei）。

（13）汉文 汝现可以此宝①贸易 ③所须 常可 ④如意 ⑥无所乏短

西夏文 [illegible]①[illegible] ②[illegible] ③[illegible]④[illegible] ⑤[illegible] ⑥[illegible]

① ndaɦ（上 17）–žiɔɦ（上 44）–naɦ“汝卖”，žĭɔɦ 为[illegible] R ?“卖”的 B 语干形式，nah“汝”是与主语对应的行为者视点文。② ku（平 1）“立即” ③ šoɦ（平 48）–šoɦ“必要之物”与“所须”对应。④ phiɦ（平 11）–mbĭuɦ（平 3）“如意” ⑤ žiɦ（上 10）–ndĭuɦ（平 3）“一切借有” ⑥ miɦ（平 11）–meɦ（平 36）“无事之事”。汉文 18 个字，被译为西夏文的 17 个字。

六、结语

从以上所举例子中可以看出，《法华经》的西夏文译本保持着一种颇为工整的状态，已超越了西夏书面语的初期阶段，继而通过翻译大量的经典，成了能代表西夏语的经典作品。

西夏语中以动词两种词干的使用来区别作为基础的行为者（主语）的视角与受动者、受益者（目的语）的视角，均以鲜明的形态被经常使用。变调现象也会被很好地记录，笔者想将《法华经》放在此处，借此来反映在西夏全盛时期的西夏文书面语所能代表的水平。

附记 1

1. 由于声调变化在西夏口语中产生得很有规律，因而西夏人创制了记录变调形式的专用字。除上述的[illegible]（平声字）与[illegible]（上声字）之外，如[illegible]“低”“高”（阶级）由原来的上声—上声的连续变调为平声—上声的连续，所以记录其变调的形式有很多。那种口语形式的记录除在《番汉合时掌中珠》中有[illegible]（人有阶级之分）的使用例子之外，在《法华经》中亦可被确认。将“可能婆婆世界里有高下而不平等”的“高下”没有写成[illegible]而写成[illegible]（平声—上声），此正是口语形式的反映。

相较于在汉字里用字形不能辨别语言的现象，西夏人则是想到了用字形本身去辨别的办法。以字形去辨别声调的对立、变调现象、品词之异、动词的折射形式等。这种能辨别音调的字形，可以说是能与汉字和日文假名相媲美的创新。

2. 上面所列举的西夏语分数的表现形式与藏语形式并不一致，而（数词）X 中的（数词）Y 的表现，接近羌语（桃坪）、普米语、阿依语、傈僳语、错那门巴语。

羌语	dʐʅ^{33}	xdʒo^{33}	xte^{31}		a^{31}	xdʒo^{33}	四分之一
	四	分	中（的）		一	分	
普米语	sãu^{13}	by^{55}	go^{55} ɣu^{13}	nãu^{13}	ti^{13}	by^{55}	三分之一
	三	分	之中	的	一	分	
阿依语	som^{53}	ʈhɯ^{55}	ɖuŋ^{31} kha^{31}		thi^{31}	ʈhɯ^{55}	三分之一
	三	分	中的		一	分	
傈僳语	ȵi^{31}	tshʅ^{44}	fu^{55}	khua^{44}	ŋua^{31}	fu^{55}	二十分之五
	二	十	分	中的	五	分	
错那门巴语	sum^{53}	ko^{31}		neŋ^{35} ki^{31} ŋua^{31}	the^{ʔ53}	三分之一	
	三	个		中 的	一		

在斯坦因所收集的大手印关系佛经的断片（经名不祥）中可以见到[illegible][illegible][illegible][illegible]三分之一、[illegible][illegible][illegible][illegible][illegible]三分之二，他们同样使用了[illegible] phiě（上 8），表现形式也为分数，而此译文或许是从藏文翻译过来的。

藏语	gsum cha cig	三分之一
玛曲安多方言口语	hsəm tɕhi ɦȵi	三分之二
哈尼语	sɔ^{31}bi^{55} tɕhi^{31}bi^{55}	三分之一
	三 分（的）一	
基诺语	sø^{44} pø^{44} thi^{44} pø^{44}	三分之一
	三 分（的）一分	

3. 卷五可能是活字本，有个别地方的活字均为上下颠倒。卷七也极有可能是活字本，不仅字形大小不统一，还对个别地方的印面进行了改正。

附记 2

下面想附加木雅语的形式：

rə̱^{33}　tə^{53}　mbə^{33}　ɣ̱æ̱^{33} tɐ^{33}　tə̣^{53}　mbə^{33}　四分之一
四　分　中的　一　分

参考文献

《法华经》汉文版是参考坂本幸男、岩本裕译注的《法华经》(上、中、下)，岩波书店，1976年。西夏文是参考西田龙雄编《西夏文〈妙法莲华经〉写真版》(鸠摩罗什译对照)，俄罗斯大学东洋学研究所圣彼得堡，2005年。

注释中所举例的现代藏缅诸语言的形式是参考了以孙宏开编著的《羌语简志》为主的各种语言简志，以及黄布凡主编的《藏缅语族语言词》，中央民族学院出版社，1992年。木雅语是参考了黄布凡主编的《木雅语概况》，《民族语文》1985年第3期。阿侬语是参考了孙宏开、刘光坤的《阿侬语研究》，民族出版社，2005年。玛曲藏语则参考了周毛草的《玛曲收藏语研究》，民族出版社，2003年。

西夏语研究与《法华经》（三）

——关于西夏文抄本与刊本（刻本与活字本）

一、序言

西夏语研究至20世纪后半叶，经各国研究人员的共同努力，已取得了明显的进步。尽管如此，对于了解其语言结构仅是冰山一角，并没有复原其全貌。虽说西夏语研究整体上还处于研究阶段，但是未来还是有很大的开拓空间。

仅通过大量的西夏语文献作为研究媒介来对西夏文字进行了解是远远不够的。作为书写体系能保留至今，一定有未被外界所了解的部分。

1036年，西夏文字被创制完毕后，李元昊便下诏进行推广使用。关于此事，在中国史籍中均有记载①。但具体是以什么样的形式进行推广，至今尚不明了。据学者推测，或许是与6000个汉字对照后，以书籍或公文的形式在政府各部门推行使用。但详细的情况已无从得知，而上述所说也仅仅是一种推测。

不久，李元昊便设置了称为蕃汉二学院的机构，让官吏学习西夏文字，并下诏让国人也使用西夏文字②。西夏人翻译了《孝经》《尔雅》《四言杂字》，其中，《孝经》与《四言杂字》的译本被保存至今。但是西夏文字想要被广大民众大规模使用，是需要一定时间的。不久，西夏文字便渗透进了西夏人的社会

①《宋史·夏国传》中载有“元昊自制蕃书，教国人以纪事之文用蕃书”。可以说西夏文字是以西夏第一文人野利仁荣为中心的西夏学者与汉人群体共同创制出来的文字。中岛敏：《西夏之政局的推移与文化》，《东方学报》第6册，1936年。

②元昊设立的蕃大学院与汉大学院是政府的机关，聂鸿音强调，不能将野利仁荣主持的“蕃学”和后来崇宗制定的“国学”（1101年）、宋仁宗建造的“汉太学”（1145年）混淆。后3个是学所并不是政府的机关，是由皇帝崇尚儒学所开始建造的学校。聂鸿音：《“蕃汉二字院”辨证》，《宁夏社会科学》1998年2期。仁宗为了人才的招纳与汉文化的吸收与推广，模仿中原设置了科举制度。

生活，且使用范围逐步扩大，西夏文字的创造赋予了西夏鲜明的文化特色。

西夏时期为后世留下了以《法华经》《华严经》为首的诸多佛典译文，以及如《孟子》《论语》等中国古代典籍①译文，还有西夏诗集、格言集、《三才杂字》等单词集，除此之外，以《文海》为首的韵书类，以《天盛旧改新定律令》为主的法律文书，以及借贷、医药、历日等文书大量留存至今。特别是用草书体书写的大量借贷文书的发现，说明西夏文字在民间已十分普及②。

另外，西夏时期的印刷技术水平之高也超乎想象，重要的书籍是以雕版或者（木）活字印刷的方式进行刊发。活字印刷对于字数有限的西夏文字应该是最为有效的，貌似使用时间上要早于中原，以活字印刷而刊发的典籍很多都保存至今。

政府为印刷工作而设立了纸工院和刻字司，任命数名总监总管印刷事务，以儒家典籍与佛教经典优先，同时用汉文和西夏文进行了印刷，印刷对象除上述两种典籍之外还涉及藏文典籍③。

二、西夏语文献的出土与管理

目前，在全世界范围内收藏有西夏语文献的博物馆为数不多，倘若以各地

---

① 䄯都六年（1062 年）毅宗向宋朝献马五十匹，宋太宗御制诗草，求隶书石本，另外还决定建设藏书阁，求“九经”、唐书、《册府元龟》。宋仁宗给予了西夏“九经”《易》《诗》《书》《礼》《春秋》《孝经》《论语》《孟子》《周礼》。目前已知道的是《孝经》《论语》《孟子》用西夏语翻译了，是否翻译了全部“九经”已不得而知。

② 行书、草书的贷借文书（契）多数都包含在后述的科兹洛夫及斯坦因的收集品中，但目前大部分还未解读。

③西藏《大藏经》一直是以手抄本的形式传世，15 世纪时期，明朝首次印刷了《甘珠尔》木版（永乐版）。此后在 18 世纪西藏本土那日单版被造，相继在デルゲ寺、チョーネ寺里开印木版大藏经。在清朝时出现了北京版。另外 19 世纪也出现了拉萨版。它们的各个版本散布在全世界。现已得知存在比永乐版更早的丽江版。

黑水城出土文献中包括西藏《大藏经》的事实（河西版），可以把藏文的印刷追溯到 12 世纪，而且令人吃惊的是其中还包含有蝴蝶装体裁。史金波在《最早的藏文刻本考略》中介绍了此事（《中国藏学》2005 年 4 期），其实早在 1993 年俄罗斯为举办黑水城文化展示会所制作的小册子中就已公开了其样本的照片和内容。The state Hermitage Museum，Lost Empire of the silk road，Buddhist Art from khara khoto，（Ⅹ－ⅩⅢth century），edited by Mikhail Piotrovsky，Thyssen–Bornemisza Foundation，Electa，Milano，1993，p 87: Buddhist Text Late 12thCentury “Butterfly” book Xylograph XT–67 有德文版也有中文版，有以版心为中（样本里照片没有版心）的左右两页，从左到右，版心处没有向下行移，跨越版心续接右页，也就是说采用了通读横跨 1 页的左右两面的形式。当然西夏是不可能有此体裁的，这是一种蝴蝶装的新形式，据史金波讲，除 XT–67 之外，63 和 68 号貌似也是一样的（笔者未见实物）。另外，笔者想强调在西夏文中有与贝叶本（梵贝装）相近的形式，天理图书馆藏的《摩利天母总持》即是如此，1996 年，在科兹洛夫收集品中发现了持有与藏经更近的体裁（西田龙雄《西夏王国的语言与文化》岩波书店，1997 年，第 434 页附记 5）。在经文印刷的体裁上，西夏与西藏相互影响这点是非常有趣的。

所收藏品数量的多寡来排列的话，依次为俄罗斯、英国、中国、日本、德国、瑞典。虽说藏品种类是多种多样的，但大多数均是在 20 世纪发掘出土的。笔者首先就发掘的年代、地点、保存现状及管理范围进行简要说明。

（一）北京发现的 8 册《法华经》

这 8 册相传是在白塔附近发现的，多数被保管在各个寺院，后被北京的古籍书店所得，随后又被转让给当时在京的外交官。一开始莫里斯得到其中 3 册，法语通译官贝尔托得到 3 册。毛里瑟本曾一度在伯希和手中，上述 6 册外的 2 册最终被收藏在柏林图书馆[①]。据说伯希和在越南河内把它制成了照片集，并将其中一部带到了日本，请京都的罗福成和罗振玉观看过[②]。1913 年，京都东山社印所刊发了罗福成《西夏译莲花经考释》里附的 3 张照片，但里面并没有标明是从伯希和处得到的照片，反而标注为由羽田亨博士赠与[③]。伯希和本有 3 册被收藏在巴黎雪泽吉梅。

石滨纯太郎于 1924 年远渡欧洲，在柏林看到过《法华经》，并对其所收藏的 5 册进行了确定[④]，但是完全没有接触到雪泽吉梅的藏本，可能当时还没有被收藏。不可思议的是，笔者的手里有 8 册《说法图》的照片复印件。

（二）黑水城出土文献

1. 俄罗斯科兹洛夫收集本

1908—1909 年，科兹洛夫（kozlov）所率领的俄罗斯皇室地理学探险队前后共 3 次到访哈拉浩特（黑水城），第二次在位于城西北的古塔（suburga）中挖掘出当时的图书室。发掘出了包含有西夏文抄本、刻本、活字本在内的数千份文献。并用 40 头骆驼将其驮回了俄罗斯，最后收藏在艾尔米塔什博物馆（后来的东方学研究所），这些宝贵遗产在黑水城的地下沉睡了近千年，在重见天日之后并没有将其公之于众，反而再次沉睡于博物馆的一隅。《孙子》《文海》《新集锦合道理》（格言集）《天盛律令》《类林》（类书）等数份重要文献在俄罗斯进行了研究，其研究成果与文本一同自 1979 年后逐渐被公之于众。之后，中国的研究人员将所取得的研究成果进一步修正，并在此基础上继续开展研究工

---

① 请参考拙文《关于西夏语译法华经》，载《西夏文妙法莲华经》，创价学会刊，2005 年。德国国家图书馆所藏本貌似行踪不明。

② 此为伯希和自身所叙。

③拙文《西夏语研究与法华经（Ⅰ）》，《东洋学术研究》第四十四卷第 1 号，参照注 4。

④石滨纯太郎《西夏遗文杂录》（1925 年），涅夫斯基《西夏文字抄览》（大阪东洋学会亚细亚研究四号 1926 年）的序。

作。另外，若干文献被各国的学者陆续进行介绍。虽然剩余文献的核心——佛典类的文献详细目录于1999年在日本刊发，但各佛教典籍的详细内容至今不明①。

后来中国上海古籍出版社出版的《俄藏黑水城文献》，为我们研究提供了便利，但其中没有包含西夏文佛典类文献。

在北京图书馆所藏的西夏文经典中，有亚洲博物馆刊印的典籍——《大般若波罗蜜经》，这实为科兹洛夫收集品的一部分，于1957年由俄罗斯东方学研究所转交至北京图书馆保存②。

2. 英国斯坦因收集本

科兹洛夫在两次挖掘黑水城后，1914年，英国的斯坦因探险队也从肃州（甘肃酒泉）进入黑水城，发掘了同一个遗迹，出土了包括残存文书和汉文古文献断片在内的大量文物，并将其中一部分带到了印度的新德里，大部分则被带回了英国伦敦。斯坦因收集品目前被保管在英国图书馆，里面包括了科兹洛夫收集品中没有的重要文献。

斯坦因收集品也被收录进《英藏黑水城文献》，并于2005年由上海古籍出版社出版发行，共5册③。

3. 中国的发掘调查

中国于1976年将黑水城作为发掘对象进行了发掘调查工作，发掘出土有《同音》断片8张。在此后的1983年和1984年，又先后两次对黑水城进行了发掘调查④。黑水城遗址上层为元代断层，因而元代遗物占据多数；下层为西夏时期断层，发现了许多陶瓷碎片和文书，相关西夏文断片除出土了《同音》断片25片外，还出土了除新刻《慈悲道场忏罪传》之外的数份佛典残片，但详

---

① 那个目录出自1963年，И.Горбачева ИЕ.И.Кычанов，*Тангутскиерук2си 从 ксилографы*. mockba：ИЗ arejbctbo boctoчhoйnhtepatypы《西夏文抄本与刊本》。笔者主要对314处佛典在《西夏佛典目录》《西夏文华严经》Ⅲ（京都大学学文学部1979年）中试着进行了确定。此后总结性的佛典目录刊行了。E. M. Кычанов 编，西田龙雄序，*kamanoz mahzymckux bydduickzx namamhuxo6*，京都大学，1999年，以下文献Cat根据1963年的目录，TG根据1999年的目录。

②宁夏大学学西夏学研究中心、国家图书馆、甘肃五凉古籍整理研究中心编:《中国藏西夏文献（Ⅰ）》，兰州：甘肃人民出版社，敦煌文艺出版社，2005年。1930年整理的周叔迦的目录里没有收录大般若经（《西夏文专号》《辅仁学杂》）。另外，北京图书馆所收藏的西夏语文献以《中国国家图书馆藏西夏文献》为书名，由上海古籍出版社刊行（2005年已刊发两册），另外，此古藏书没有被复印。

③ 其第1册在拙评《东方学报》第八十七卷第3号中。

④《文物》1987年第7期里有关于其的报告，另外收录于拙文《黑城和西夏语文》、拙著《西夏王国的语言和文化》（岩波书店1997年）中。

细情况不明，目前收藏在内蒙古文物考古研究所。

科兹洛夫探险队的发现可以说纯属偶然，科兹洛夫本人当时或许也不知道西夏的存在。但是自斯坦因以后的发掘调查均是以收集西夏文献为目标的。

4. 清野谦次氏旧藏断片集

清野谦次旧藏的西夏文断片集是在昭和十二年在北京得到的。他在昭和十三年返回日本京都之后，于二战后将断片集移交给日本天理图书馆收藏。清野的笔记中记有以下文字：

> 宁夏位于甘肃绥远之间，土地干燥，其省都黑城土语谓曰哈喇浩特khara-photo荒虚之义，本书所收古文书及古书均在黑城附近的流沙之中发现，发掘时之状态未探查，黑城在往昔之时实为宋元时代之西夏都城而★，因而在本卷中收藏有公元纪年的文书和西夏文古文书实为理所当然，不必惊诧，余等古文书均在昭和十二年于北京所得，昭和十三年初返回京都之际，将其装潢整理，现今为就其进行些许说明而置于此…… 昭和十三年四月二十九日天长节于京都记之（★为误）。

昭和十五年，文字研究学家中西亮先生认为其手中的数份西夏文书（是否到手不明）或许是其残部，但笔者持怀疑态度，其照片现在在笔者的手中（后述[①]）。

（三）敦煌莫高窟出土文献

1. 伯希和收藏本

伯希和在1908年的调查中，从莫高窟第17窟（即藏经洞）中拿走了大量的汉文文书，并带到法国巴黎，此事已广为人知。同时又从莫高窟第181和第182窟中发现了西夏文佛典断片，但关于其调查情况至今不明。另外，伯希和在敦煌北区石窟中也发现了西夏文献，并将其带回法国巴黎，它们目前被收藏在法国国家图书馆。

---

①虽依赖此照片的鉴定，含有“圣胜慧彼岸到功德集颂”的断片5件，并将此事告之于中西亮先生，但5件中的2件实物疑似已转移至他的手上，先生去世后被转到国立民族学博物馆保存，不是很珍贵的刊本。此外也有《同音》的小断片。荒川慎太郎：《关于国立民族学博物馆所藏中西收藏品的西夏文——〈圣胜慧彼岸到功德宝集颂〉断片》，《内陆亚洲语言研究》XVⅢ 2003年。荒川写道：“……含其 来历，无论如何没有确定在此经历中是否进行了装裱”。

在伯希和早期的汉文收集品中发现了介绍管主八将《大藏经》置于文殊寺舍利塔所施行的发愿文[①]，但并没有言及有关西夏文献之事。

曾于1920年到访巴黎的石滨纯太郎也没有看到伯希和所收集的西夏文献[②]，但是在伯希和收集品中是有西夏文献的。笔者于1970年对此进行了调查，不仅没有见到完整且整理过的典籍，就连些许归纳了的残卷也没有看到[③]。之后，松泽博利用微胶卷开始了确定全体目录和经典名称的工作[④]。

2. 张大千旧藏本

张大千从1941年到1943年一直从事着敦煌壁画的临摹工作[⑤]。笔者将张大千旧藏本分为三种[⑥]。其中第三种主要是以草书体写的经济文书，因而不易识读。第一种和第二种虽为楷书版本，但大部分都是断片，其中也包含了被 译为西夏文的著名经典《大方广佛华严经》《金光明最胜王经》《慈悲道场忏法》《佛顶心观世音菩萨陀罗尼经》《地藏菩萨本愿经》等。除此之外，还包含有《圣无量寿宗要经》和《圣摩利天母总持》等其他收集品中见不到的重要经典[⑦]。

3. 由敦煌文物研究所与中国科学院民族研究所发掘调查所出土的文献

1964年，由上述两个研究所共同完成了对敦煌石窟的调查[⑧]。莫高窟中具有西夏题记的石窟数目从之前已被确认的几所变为百余所，负责此次调查活动的主要负责人史金波说，已将敦煌纳入到西夏学研究的范围内。

在那之后，对莫高窟北区的发掘工作继续进行，莫高窟北区所出土之物中虽多为断片，但同时也出土了其他重要的西夏文献。所出土的西夏文献内容与上述张大千旧藏的“敦煌遗片”属同类，正好可以证明日本天理图书馆所藏张

---

①关于管主八的发愿文，可参考拙著《西夏王国语言和文化》(1997年)。

②参照石头滨纯太郎《西夏遗文杂录》。

③因为1970年当时笔者所记录的调查笔记下落不明，所以在这里不能详细叙述。

④松泽博《伯希和将来〈敦煌〉》西夏文书初稿》目录于1988年8月30日作成，未公开。

⑤常书鸿2005年所著《敦煌守灵神》。

⑥拙文《关于天理图书纪念馆所藏西夏语文书》Ⅰ、Ⅱ《比比利亚》9、11，1957年、1958年。还可参考拙著1997年。

⑦拙文:《关于天理图书馆藏西夏文〈无量寿宗要经〉》,《比比利亚》(富永先生华甲纪念古版书志论丛)1962年第23期。

⑧史金波的报告论文《敦煌莫高窟北区西夏文献译释研究（一）》，载敦煌研究院编《敦煌莫高窟北区石窟》，文物出版社，2000年，第358—370页;《敦煌莫高窟北区出土西夏文文献初侦探》,《敦煌研究》2000年3期。除此以外，彭金章:《敦煌莫高窟北区石窟新发现文献及其学术价值》，载《新世纪敦煌学论文集》，巴蜀书社，2003年，第66页，也介绍有出土品。

大千旧藏本断片应出土于莫高窟北区。

（1）《金光明最胜王经》卷五封面题 11 字（B53 窟）①

（2）《大方广佛华严经》卷二封面题 12 字（B53 窟）

（3）《金刚经》残页（B121 窟）和仅剩下半部分的六行残片（经名不祥）（B53 窟）

（4）（南朝宋）求那跋摩译《龙树菩萨为禅陀迦王说法》残页于经末上揭处（第 366 页，注 15）的长方形框架里印有《管主八之愿文》（汉文两行）

（5）《地藏菩萨本愿经》残页（4 纸 B59 窟）（3 纸 B159 窟）

（6）《种咒王阴大孔雀大明王经》残 6 行

（7）《诸密咒要语》残页（B121 窟）

（8）世俗书：《新集金碎掌置文》残片（B56 窟）

《三才杂字》（465，B56，B184）

《番汉合时掌中珠》残片（B184 窟）

另外，还出土了户籍本、契约书等社会文书（均由史金波勘定）。这些社会文书也同属张大千旧藏本之第三档系列。

（四）宁夏灵县出土文献②

1. 北京图书馆藏本

1917 年，宁夏灵武县知事余鼎铭在修缮灵武城墙时，在城墙内挖出了 2 箱西夏文献，随后送到了宁夏镇守使署。其中小部分散失到了各地，大部分被运到了北京。1929 年，北京图书馆斥巨资购入，现在北京图书馆所藏的西夏文经典文书的大部分都是那时购入的。1931 年，周叔迦将其目录（《书志学的概说》）刊登在《辅仁学志》（第 2 卷第 2 期）上。1932 年，《北京图书馆刊西夏文专号》也出版了更为详细的目录。前者已收入周叔迦所著《周叔迦佛学论著集下集》（中华书局，1991 年，第 732—741 页）中。

2. 日本京都大学所藏本（11 册）

《大方广佛华严经》共 11 册，藏于日本京都大学。卷一至卷五藏于文学部，卷六至卷十和卷三十六分别收藏在日本人文科学研究所，与北京图书馆所藏本为同类木活字本，而不是刻本。上述这些实为元和邵氏旧藏本，但是如何

---

① B 是指北区石窟，B53 是北区第 53 窟的意思。

②根据张思温：《活字版西夏文“华严经”，卷十一至卷十五简介》，《文物》1979 年第 10 期的注③和《中国藏西夏文献（1）》史金波的序。

被收藏到日本京都大学的则不得而知，账簿中也没有记载此事[①]。

3. 甘肃张思温藏本（5 册）

甘肃张思温手中也藏有木活字本《大方广佛华严经》，卷十一至卷十五，现均收藏于京都大学[②]。

（五）甘肃省武威县出土文献

1972 年 1 月，在甘肃省武威市（天梯山石窟和张义下沟岘）出土了西夏遗物，同时又发现了西夏文佛典和世俗文书[③]，但是数量并不是很多，具体如下：

1.《佛说观弥勒菩萨上生兜率天经》的后半部

2. 一部《三才杂字》

3. 医药书（楷书）

4. 会款单、占卜书（行书），目前由甘肃省博物馆保管

我一直对黑水城以外的西夏故地和未出土的文献抱有很大的期待，但后来除了拜寺口方塔处出土了文献之外，并没有什么大的发现。

（六）元刊本西夏《大藏经》残卷

瑞典首都斯德哥尔摩的民族博物馆收藏有以“白上国新译三藏圣教序”为题的序文，除此以外还收藏有元刊《大藏经》的一系列经典文书[④]。

1.《佛说月光菩萨经》（大正 No.166）

2.《佛说了义般若波罗蜜多经》（大正 No.247）

3.《圣无能胜金刚火陀罗尼经》（大正 No.1236）

4.《毗俱胝菩萨一百八名经》（大正 No.1114）

5.《佛说菩萨修行经》（大正 No.330）

6.《大方等无想经第六》（大正 No.387）

此外，残存下半部分且经题不详的断片有三种，都有西夏字函号。这无疑

---

① 2005 年印刷刊行的《中国国家图书馆藏西夏文献》第 1 册（全 5 册两册已刊，上海古籍印刷刊行社）的解说中李范文写道：日本天理图书馆收藏的断片应该是从灵武出土的。因叙述天理图书馆藏断片而被收藏。一个是张大千的旧藏本，如叙述的一样，已大致确定是从敦煌北区石窟所出土的。另一个是清野谦次旧藏本，是在北京获得的。在这件断片中有黑水城文书的题记。虽然没有包含灵武出土物品的可能性，但笔者认为并非如此，因为没有包含 1 个木活字本。

②张思温：《活字书的西夏文“华严经”，卷十一至卷十五简介》，《文物》1979 年第 10 期。

③参照天梯山石窟发现、张义下沟岘发现、《甘肃武威发现一批西夏遗物》（《文物》1978 年 8 期），以及拙著《西夏王国的语言和文化》（1997 年）、《西夏语研究和法华经（Ⅰ）》（《东洋学术研究》2005 年，第 210 页注 9）。

④ 参照拙著《西夏文华严经》Ⅱ（京都大学文学部 1976）后记《西夏译经杂记》。

是西夏灭亡后印刷发行的元刊西夏《大藏经》，最初收于函套中，这对于证实杭州万寿寺所印刷刊发的元刊本为实体提供了极为重要的实物资料。

卷首有八开的说法图和祝赞牌，牌中记有以下赞词：

①世祖圣德神功　文武皇帝贤刻

②今上皇帝贤印

③ 天威圣盛仁慈懸明　寿先皇太后贤印

④正宫皇后贤印

从这个赞词可以看出世祖皇帝下令雕版，今上皇帝（成宗）、皇太后、皇后等付印，与《元史》记载吻合，世祖下令制作河西版《大藏经》，持续至成宗即位，即至元三十年十一月丁巳（1294 年），虽一度暂停雕版制作工作，但此后不久又在杭州万寿寺中继续进行雕版工作，而上述这些祝赞牌应该就是当时制作出来的雕版。

（七）银川市拜寺口方塔所出土文献

1991 年，在西夏的都城——兴庆府，现在的银川市拜寺口方塔处发现了除《吉祥遍至口和本续》9 册之外的数种佛典（木活字本）。这部《吉祥遍至口和本续》是至今仍不为人知的佛经，可以说是一个重要发现[①]。其文本于 2005 年公开，但其研究成果还没有对外公布[②]。

在黑水城出土的文献中，科兹洛夫和斯坦因两大收集品里，原来缺失卷首和卷尾的文本占多数，没有序和跋，连纪年都不是很清楚的书籍较多。上述文献可以说是西夏文化的精华[③]。

西夏第四代统治者崇宗（1086—1139 年 ）、第五代统治者仁宗（1140—1193 年）朝时译经活动最为盛行，印刷事业也随之活跃起来。

---

①拙著《西夏王国的语言和文化》，1997 年，第 436 页，附记（3）。

② 宁夏文物考古研究所编著：《拜寺沟西夏方塔》，北京：文物出版社，2005 年。《文物》1994 年第 9 期所载牛达生的报告（上揭，注 29）之后，聂鸿音的《贺兰山拜寺沟方塔所处〈吉祥遍至口和本续〉的译者传》发表于《宁夏社会科学》2004 年 1 期，笔者虽未能通读此文本，但觉得与梵文的对应存在问题。如刻：[illegible] nafiŋafirar=Skt. nakhara 爪，[illegible]：[illegible] safirarpafi-Skt. śrava 耳，[illegible]：[illegible] rar …… na=Skt. rasana 舌头等，仅为个人意见。

③ 从贺兰山山麓的西夏陵园中出土了数座已被破坏的碑文，但没有出土纸质经典文书。《西夏陵墓出土残碑粹编》，北京：文物出版社，1984 年。另外在西夏语碑文里有凉州感应塔碑（1094 年）、贺兰山陵墓碑（数基）及居庸关内壁六体刻文（1345 年），明代保定韩庄石幢（2 基，1502 年）。

三、西夏文刊本的种类

西夏文刊本分为刻本和活字本，前者又分为官刻本、私刻本（坊刻书）和寺院刻本三种，后者有泥活字本和木活字本。

（一）刻本

1. 官刻本

官刻本是由西夏政府刻字司所雕版印刷的书籍，用纸也是由内部制造，归纸工院负责。西夏的行政组织分上、次、中、下、末五个等级，其中刻字司和纸工院排在最后，《天盛律令》卷十有如下规定[①]：末等司木工院、砖瓦院、纸工院，设头监 4 人；刻字司、织绢院设头监 2 人。刻字司头监中有大学院学士曾任其职，这一点可以从《大诗》的跋中得知[②]。

《大诗》乾祐乙巳十六年四月朔一日

刻字司头监　御前金唐管高　御史正　番学士　跋奴文茂（[illegible]）

刻字司头监　番三学院　百法博士　坐主

骨勒善源（[illegible]）

笔持和尚　刘法 泽（[illegible]）

《礼诗文》《大诗》《月月乐诗》《道理诗》《智慧诗》等作品都是由刻字司于 1183 年所刊发的官刻本[③]。

因为《同音》和《文海宝韵》都是为普及西夏文字而编纂的字书和韵书，因此可以说是政府印制的书籍。由于《文海》的序和跋都已遗失，因此无从得知刊发的具体情况。幸运的是《同音》（旧版）里序和跋至今留存，刊发的原委都有记载，跋末尾处的 3 行记年仅缺一行，其余大都得以保存：

> 现今之（西）夏文字，乃祖帝之世为易搜检，祈愿兴盛之故，继而由刻字司所造之字。（西）夏学士即任头监而雕版印面，遂于向世间刊发而，

① 西夏时期的法典《天盛旧改新定律令》已被史金波等译为了中文，使用起来很方便了。史金波、聂鸿音、白滨译注：《中华传世法典·天盛改旧新定律令》，北京：法律出版社，2000 年，引用时需注意。拙文《关于黑水城出土的西夏文献问题》，《日本学士院纪要》第六十卷第 1 号 2005 年。

② 拙论《西夏语〈月月乐诗〉研究》，《京都大学文学部纪要》第 25 号 1986 年，修改后收入拙著《西夏王国的语言与文化》，1997 年。

③ 各书的内容略有不同，《西夏王国的语言和文化》，1997 年。

至后由于某些雕版印刷者及非局员为谋取薄利，和开书场（印刷刊发所），更有甚者将书场移至他处而私自造字，其人亦不知字且不能校正，因而其所造 之印面首尾缺落，偏旁混杂，学者也迷于其中，为私义及心安，不断修改校善 至终，与先之繁杂之处虽异，但为眼见顺畅，若有微许不同之处，也请智者勿介怀，德治（正德）壬子六年（1132 年）十月二十五日。

根据 1980 年的调查，笔者从科兹洛夫收集品 No.208 中得知，其中包含与新版《同音》第 1 页至第 4 页对应的部分，发现其第 1 页为新版的序，1981 年，录文与本人的翻译一同公开发表，译文改定后如下[①]。

《同音》(新版）序：

由于同音中，起初雕版有切韵博士 helɦ（?）rĭur khwɨ pụ 与 □mbar kĭọn pụ（𗃮𗼃𗲀𗢳 □ 𗗙𗤶𗢳）等，而后又增加了新字，因而将学士 xən □ phĭow wịɦ mbĭu khʷiɦ mbĭe（𗏁 □ 𗒹𗠁𗨁𗲀𗫍）等与新字在内的别的同音合为一本。如新旧二类各自 □ 其之节亲主（𗰗 □ 𗅋）嵬名德照（𗍳𗵘𗪲𗴿）夏文甚为详细，旧版则非常繁杂，就连新字也会在他处出现（夹注：原序之中有“混先集微”等四句），是实本。于是招（学）士兀罗文信，将新 旧总和为一部而造之。(夹注:《三才》之序中有“大臣发悲”等四句）今，是之本为其也，其亦，欠照料，学识浅（由于），故而见德育是之文，忧杂乱处，继而与《文海宝韵》详加勘校比对，校正“手镜”与韵调类[②]。不仅校正遗忘丢失处，且又增加新造字，优秀君子查验此书之时，勿引嫌识之恶，增减之由为（以下缺）。查验《三才杂字》之序时确有“大臣发悲”等四字，其前后写着如下字句。

如诗文之辩才皆不肯，而后大臣发悲（𗤁𗣼𗑗𗖰），雕版“同音”，收集新旧（本），校正平上。国人应专心学乃实（𗭪）也，呜呼（哀哉）(𗏹𗥃)，□ 村落之人，春时耕地，夏日则以锄耕地，秋期摘果，至冬缘宿之。

---

①拙论《西夏语韵图〈五声切韵〉的研究》(上),《京都大学文学部研究纪要》第 20 号 1981 年，虽对第 110 页进行了试译，但在此想改译而示之，另外旧版《同音》之译已刊登在拙著《西夏语的研究》I，1964 年，第 16 页。但仍有需要更正之处。旧版的翻译刊登在李范文《同音研究》(宁夏人民出版社，1986 年）。

② 虽现在没有旁证，但笔者觉得还存在有称为𗂧𗉁“手镜”或“手鉴”的韵书。

四季皆无暇之中，也应学习文中无多义之事，休闲则甚为愚蠢。

将这些根据慈愍而向至要删之，又造《三品杂字》，随设此三才，识文君子，见此文，不可因文而将志从之，至今不足之处望今后人增减之，杂字一品，上天第一。

《同音》将西夏字的标准字形以原样展示出来，而《三才杂字》(《三品杂字》是否是正确的书名不得而知）是将《同音》中常用的单词简化后编纂的用语集。

此外，在对比《同音》旧版的跋与新版的序时，笔者发现《同音》前后共刊发了五种版本，能看出是在逐渐修订《同音》的过程中，雕版了《三才杂字》。

切韵博士 helɦ rĭur khʷɨ pụ 等为刻字司的初刻本；刻字司以外的人发行的非官刻本；学士 xən □ phĭow wɨɦ mbĭu khʷɨɦ mbĭe 等造的改订本；节亲主嵬名德照聘请学士兀罗文信所整理的增加本——旧版《同音》；梁德育的再校订本——新版《同音》。

此后是否还出了新的改订本现已无法得知。新版《同音》问世之时，《三才杂字》好像已经存在了。在《同音》新版的序与《文海宝韵》相校勘时，很详细地校正了韵调类，这与《三才杂字》序里的“集〈同音〉旧、新本校正平上”的记载一致，而且将新版《同音》的平声韵字与上声韵字分别整理，最重要的是与各小类新版的特征也相当吻合。

旧版《同音》中记载，其于正德六年（1132 年）刊发。新版《同音》虽没有纪年，但编者梁德育于 1176 年去世，因而可以推断，新版是在天盛或乾祐年间旧版刊发不久后刊发的①。

科兹洛夫收集品《三才杂字》(Cat.23 No.2355) 虽为抄本，但明显是刊本的手抄本，曾一度驻笔，字迹拙劣，应出自后世。Cat.19 的杂字在刻本中虽种类繁多，但序却没有幸存下来。或许《三才杂字》的编者也是梁德育，虽是官刻本，但应该也是被数次雕版过的。

《同音》新版里作为原序（[illegible]）纳入了《同音》旧版的序。但是省略了旧版序中的收录字数，即大字六千一百三十三，注字六千二百三十字。之

①斯坦因的收集品《同音》之残片中包含有大小各种形态，但都是新版的残片。

前，笔者偶然发现与新版《同音》的跋对应的小残片中记载有“同音一类终 通数（总数）大字五千八百四 注字六千七百一”的字样。与旧版相比，新版收录的字数少了 300 字。旧版发行以后可以看到删除了不常用的字[①]（No.6183）。

类书之一的《类林》与相当于西夏百科全书的《圣立义海》均是官刻本。《类林》卷四的末尾处明确载有“乾祐辛丑十二年（1181 年）六月二十日由刻字司印”的字样；《圣立义海》卷一的末尾处也载有“乾祐辛丑十三年（1182 年）五月朔十日由（[illegible]）新印行（[illegible]）”等字句。

这两本均为刻字司先后刊发的版本。笔者认为，同为梁德育编的“同义一类”应该也是由刻字司所刊发的。科兹洛夫收集本中的 1 本（Cat.24 No.2539）虽为抄本，但实为手抄刊本，已缺失上半部分。在斯坦因收集品中，虽然发现每一页都有与左下部对应的残片[②]，但近年来，也从科兹洛夫收集品中发现了数页的刊本残片（相当于 No.7562 蝴蝶装 8 页）。

No.2539 中记有如下内容[③]：

《同义一类》终　和尚　梁习宝书
乾祐戊申十　九年三月十五日（1188 年）终
校勘者为御史承旨西夏学士　梁德育
书写者为 ˀɔɦ tsĭhen$_2$（[illegible]）舅荣势

虽没有记载刻字司的名号，但从残片来看，因为与《三才杂字》的体裁相类似，所以由刻字司所刊发的可能性极大。

由此可以看出应是乾祐年间刻字司刊发的官刻本。

《德行集》也是一部流传很广的书籍。笔者觉得其内容与先前所见不同，

①拙著西田龙雄先生古稀纪念会编：《西夏语研究新论》，1998 年，第 81 页。新版《同音》与韵书残卷相比，字数多少有些异同。例如在牙音类独字 28A5 有一字，牙音类独字 28B1 有部姓字 5 字，像在 28B2 中有一字与之后所造的韵书残卷中又增加了相当多的新字形。但是在此，笔者想避开有关西夏文字总字数的问题。

②拙著《西夏文华严经》Ⅱ，京都大学文学部，1976 年，第 12 页。

③拙著《西夏王国的语言与文化》，1997 年，第 125 页。

因而分为甲本、乙本、丙本三种版本①。甲本(No.99)标题后载有“西夏大学正教授曹道乐译传”等字样，应是根据中原若干文献翻译而来，继而又进行了集中整合，并使用蝴蝶装(活字本)的装帧形式，前 4 页序文由西夏人纂写。现将其序文的后半部分进行翻译。

……因此故而起师学，至政立，分为八品，成引先辈之言语本，为其名 曰德业集，敬畏而写，于龙座之前愿上达，祈皇帝于闲居之时览阅而，上若览 则比山之所堆积之尘土高，则比集江河大水广，若为人而不弃言，增有圣知之万分之一，便不仅为臣子之福，亦是天下之福也。臣节亲 ˀyĭwan waɦ(舔豼)奉诏而敬畏纂序。

甲本(No.799)之末尾载有“德业集竟”字样，在其后载有“发起印校者，夏大学院 wĭe 除(豩豼)学士；緢蘢信照；发起印校者，夏大学院正教学士、跛奴(豥絣)文卜(莈鼧)；发起印校者夏大学院正监学士节亲文口(莈口)”等 3 名西夏大学院教授的名字②，应为刻字司所刊发。

《德行集》乙本(No.146)是蝴蝶装刻本，页数均由汉字表示，无略题，于版心处雕有“德行集”三字。由于与第 1 页右侧卷首对应的部分已缺失，所以不知其书名，但幸运的是在末尾写着“德行集一卷 竟”等字，因而可以得知其为《德行集》中的一部分。但是其内容与上述的甲本(No.799)截然不同。仅缺失第 1 页，其后 10 页均得以保留。半部为 6 行，一行 13 字，没有序和跋，也没有纪年。

最开始为“须君子所持道而说二十五业”“君子者，知三才，悟六艺，敬五

---

①笔者很早就开始关注这一文本，觉得应是对司马温公《资治通鉴》的抄译呢。《德行集》没有用复杂的语法表达，结合音节调整汉语造了很多的词。若能判明其词意则可以正确理解，对探讨其他的字义和词义的转换有很大的作用。关于这个问题笔者想另做讨论。参见拙著《西夏王国的之言语和文化》，1997 年，第 375 页。

2002 年聂鸿音的《西夏文〈德行集〉研究》出版了。笔者所说的丙种本没有被拿出来。丙种本开头写着《德行集》，但实际上以马为话题，最后有“观察马之相的善恶顺 终□□乙未年□月十五日”的字样。他的后半部分与《大唐三藏西天》(拙著收入《西夏王国的语言和文化》)的内容有重叠。

②聂鸿音将甲种本最后印版发起人的名字读为学士讹里信明、学士味奴文保、节亲文高，认为信明即为信照。其余两个名字因模糊而难以判定。表音如下(汉字的比定待考)：緢蘢 ŋwwʉn(平 31)son(平 54)；豥絣莈黼 paɦ(上 17)nduɦ(上 4)文 ˀwĭẹ(上 67)。另外节亲是指西夏皇族嵬名一族。

此外关于西夏的印刷可参考［俄］捷联提耶夫卡坦斯基著，王克孝、景永时译：《西夏书籍业》，银川：宁夏人民出版社，2000 年。

美，断四恶，除三惑，起九思，恐四知，视三镜（须）”，以夹注的形式解释了三才、六艺等用语。例如三才（[illegible]）为天地人，六艺（[illegible]）为礼乐射御书数。在汉语直译时，将其自由地解释为五美（译为五妙）、四恶、九思这样的情况。例如将四恶之第一恶“不杀而杀”说成[illegible]“起初不以教示而后杀之”，将第二恶“不戒视成”解释为[illegible]“起初不制而后以功不成而罪之”。另外将第三恶“慢令致期”译为[illegible]“以口则会无信，无期许（muɦ 上 4 推测，揣摩）因而实为害他人”，将第四恶“犹之舆人也，出内之吝”换成[illegible]“虽持财富却惜于施舍”。虽在译文中的没有使用与原文对应的“虐、暴、贼、有司”等词，但还是有四恶的内容，且都对应于《论语》尧曰第二十的词。

末尾处叙述有“我略说之语乃立身之根本也，《德行集》一卷竟”，之后载有“此德业集是于根本之汉（本之译）也”，不知道是否为官刻本。

《六韬》与《黄石公三略》[①]很有可能也是由刻字司刊发的官刻本，但因没有记载所以很难确定。

2. 私刻本（坊刻本）

因西夏的印刷出版事务均由政府掌控，所以私刻本刊发的情况并不多，但也疑似出现了官刻本的复制版，虽然没有记载印刷它们的书铺，但据推测，它们很可能是在兴庆府（中兴府）的某处被雕版印刷的，在黑水城附近或许也有类似的书铺。

---

①与《孙子兵法》齐名的兵法书《六韬》和《黄石公三略》也被翻译成了西夏语。笔者已经研究出其译文的大体，但是《六韬》的西夏语译本中有和汉语现行书不同的地方，在“虎韬篇”中加了一章谓曰：“一战与攻城”。中国社会科学院的研究生宋璐璐发表了关于它的研究（《西夏译本中的两篇“六韬”佚文》，《宁夏社会科学》2004 年第 1 期），介绍了它的主旨。虽然很难知道《六韬》古本的概貌，但是通过敦煌出土的唐代抄本残卷和山东银雀山、河北定县出土的西汉竹简也能使我们改变对古本《六韬》的认识。西夏译本所依据的底本，肯定是宋代武经七书以前的东西，这一点毫无疑问。内容比今本要多，西夏译本的解读或许可以成为《六韬》传播史研究中的新资料。例如在《太平御览》卷一三兵部战下等唐宋典籍中就有其引用。

《民族研究》2005 年第 6 期上也刊载了钟焓的《黄石公三略西夏译本正文的文献持征》。书中概括为“汉文底本不是当时官定的武经七书，也不是宋以前的古本。与武经七书和古本均有关联，与古本相契合度更高，西夏译文处在从古本至以‘武经七书’为代表的今本流传的过程之中”。像这样的研究，应该诚心欢迎，笔者从西夏语研究的立场上想坦率地说说以下想法，西夏语译文并不是把汉语底本原文进行逐字逐句翻译的，像《论语》四恶中西夏人的解释那样包含了很多改变。并没有将原文进行忠实的置换，而是通过西夏人自己的理解表现译文，因而难以理解，实为不拘泥于原文。这种观点是否得当可以作为一个研究课题。

西夏人进行的翻译工作，不管是佛典，还是古籍，都与西夏语的推敲相关，是新词汇的创作，是从字义的新搭配中孕育出新的语法继而创造语法的工作。以特定的汉文本作为定本而进行的工作，从西夏文准确复原出当时的原文是很困难的，当然像《六韬》一样，在包含有“武经七书”中没有的文章的情况时，定然是其他的古本，所以在知其内容的基础上西夏文可以作为另一个重要的线索。

作为私刻本的代表，最为著名的是《番汉合时掌中珠》，其封面书名下处残存有“茶坊角面西 张……”（以下缺失）等字样，应为出版地点。印刷时字迹损坏难以辨读，很是可惜。现在俄罗斯圣彼得堡东方学研究所以蝴蝶装的形式散乱地保存着，已难以复原。乾祐二十一年（1190 年），有纪年的版本是有“此掌中珠者三十七面内更新添十句”（对照了汉文和西夏文）的增订本，于 1190 年前后被数次印刷发行。可以看出在汉人与西夏人杂居的区域，无论是对汉人还是西夏人而言，此书都很受欢迎，需求也很大。共有 6 种刊本现存有残片，有将天形上、地形上、人形上替代为人体上的版本；也有小标题，以及天形上等周围以花形装饰的版本。

其编者是撰写序文的西夏人骨勒茂才，但骨勒茂才的生平至今不明。格言集《新集锦合辞》或许也是流通很广的私刻本。此书为日后了解西夏的社会生活提供了宝贵的资料，但科兹洛夫收集品中仅残存其刊版中的一个（Cat.35 No.765），属蝴蝶装的形式，多少有些破损，难以辨认，但序和跋都有幸保留了下来。斯坦因收集品中有手抄本，与序的上半部对应的部分得以保留，因此科兹洛夫文本中破损难以辨读之处可以从这里补充完整。这本书原本为御史承旨番大学院学士梁德育所编，在梁德育死后，由切韵博士王仁继续增补修订，这点可以从跋中得知。

乾祐十八年（1187 年）在褐□商铺，梁德育请印发（敥□秡緻絣蒶鬛麤），最后的文字其意义尚不清楚，笔者暂且将其译为“请（将）印发”。这一行实为记载着书铺名与发愿者名，但其详情不甚明朗①，《新集锦合道理》的印面可

---

①克恰诺夫刊发了 *Вновь собранные браГоченные парные изрече Москва*：Наука 1974，并发表了原文照片与俄语译文。后来又出版了陈炳应的《西夏谚语》（山西人民出版社，1993 年）。其内容的模板是参考笔者的《亚洲未解读文字》（大修馆书店，1982 年，及《亚洲古代文字的解读》，中央公论新社，2002 年）。另外松泽博发表了书志学的考察，关于西夏文《新集锦合道理》，载《小野胜年博士颂 寿纪念东方学论集》，龙谷大学东洋史学研究会，1982 年，松泽将后记的最后一行翻译为“? □商 phu-lu 须祈愿雕印”，画线部分根据克恰诺夫译本而被叙述为“荒毛商”，克恰诺夫译为“褐商（?）”，陈炳应译为“褐（布）商蒲梁尼寻印”。原文由于字形损毁而判读困难。松泽更是把附于《圣大乘大千国守护经》最后的两行列出并进行了对照。这两个后记的对照是有很大意义的，其与西夏文对比如下：

A 敥 □ 秡 緻 絣 蒶 鬛 麤（新集锦合道理）
nɔw □ 商 phu 铺 梁 niɦ 印 求
B 蘳 秡 豩 毲 豍 蒶 鬛 麤（圣大乘大千国土守护经）
木（?） 商 phaɦ 对 张 niɦ 印 求

若试着把 A 和 B 并立的话，now□（商）变为 phu（铺），siɦ（这可能是木字?）则变为 Phaɦ 商。不认为 Phaɦ 为荒毛商或者是木材商，是否是书肆的屋号呢（一屋，一店），难道是被认为的（毲 ˀaɦ 格助辞）梁氏（A）张氏（B）求印发（蒶）的又一种读法？麤 ʁzǐor^{2}（90 平）在《法华经》中有麤豩“赐”的使用例子，在这里想取“要求、依赖”之意。A 梁、B 张氏是发愿者，蒶表示的问题，待日后考虑。A 没有记录刻字人的名字，虽然缺落，但 B 有两行敝緣絨殤 tšew（平 44）sʷeɦ（平 36）sʊɦ（平 27）kɔɦ（平 49）四字名字。

谓相当漂亮。

河西版（西夏版）汉文佛典里有很多私刻本[①]。《夹颂心经》《大般若蜜多经》（TK158 M.175）就属于早期的版本。其中载有“惠宗之天赐礼盛国庆五年岁次癸丑”（干支 1073 年，据年号 1075 年）的纪年，又载有“信徒陆文政为亡父母之离苦得乐而特别出资，因大般若经灵验灼然，因此已请将此经授予良工，而雕版印行”等字句。

因西夏文《大般若蜜多经》汉译有四百卷，均为抄本而未能雕版[②]。

仁宗时期汉文私刻本很多，人庆三年（1146 年）五月，制造有《妙法莲花经》七卷（TK 1、3、4、9、10、16，M 67），均为木刻开本。科兹洛夫收集品中，有现存汉文《妙法莲花经》刊本的是河西本、宋刻本和唐刻本。河西本（TK1~4、TK9~11、TK15）的内容如下（参照孟列夫目录）。

TK1 卷一，有佛画、弘传序、叙品第一、方便品第二，序后有编者的署名“终南山释 道宣述”，然后叙品第一标题之后写有“姚秦三藏法师鸠摩罗什奉 诏译”字样，佛画的左侧栏内有 2 行仁宗皇帝的称号“奉天显道耀武宣文……”因此，此文本应是西夏仁宗时期的版本。

TK2 卷二，第三品从“龙驮无足”开始剩 43 行，第四品仅残存前 8 行，但 TK15 与卷二全品相当，末尾处记有刻工者的名字。

TK3 卷三，第五、第六、第七各品全文。

TK4 卷四，第八、第九、第十、第十一、第十二、第十三各品全文保存良好，末尾处载有敦苟埋的名字。

TK9 卷五，虽缺第一页，但第十四（首缺）、第十五、第十六、第十七四品全文保存良好，载有贺善海的名字。

TK10 卷六，有六品全文，末尾处载有王善圆的名字。

TK11 卷七，有五品全文与尾题后用小字写的题记，题记明确记载了纪年，“大夏国人庆三年（1146 年）岁次丙寅五月”（缺）（1116 年 6 月 11 日—7 月 10 日）。刻工者的姓名与刻印地也都明确记载“雕字人王善惠、王善圆、贺善海、敦苟埋等同为法朋友特露微诚以上殿室御史台正直本 为结绿之首命工镂板 其

---

①以下关于黑水城出土汉文佛典孟列夫的解释中欠缺之处很多。
［俄］孟列夫著，克孝城译：《黑城出土汉文遗书叙录》，银川：宁夏人民出版社，1994 年。

② 西夏文《大般若蜜多经》目前由北京国家图书馆保管，另外斯坦因的收集品也包含有残卷，但还不是西夏语研究的对象，文章简单，没有视点文，应为初期的译文。

日费饮食之类皆宗室给之雕印斯经……”从这可以看出该经由西夏皇室提供费用，命雕刻人予以雕版刻印之事。

除《观世音菩萨普门品》第二十五有三种类型（TK90，TK105、TK113 小型本与 TK138）之外，还有宋刻本（TK154~157）等抄本得以幸存。其中还夹杂着唐抄本与敦煌抄本（TK188、TK196、TK325 等）。

夏天盛四年（1152 年）八月，印刷了汉文（河西本）《注华严法界观门》。

TK241~242 是卷子装的刻本，分为上下两卷。卷上题名（缺上半部分）“注华”严法界观门序之后（缺）载有“州刺史裴休撰（住）持传法赐紫 遵式治（缺）”等字样。缺法界上一纸，从法界上两纸至二十八纸（含真空第二）残存。 卷下缺前半部分，从法界下十四纸至三十纸（含理事无碍观第二与周偏含容观第三）残存。刻本采取分科的体裁，上段分为科，下段正文（大字）与注（小字）并列。正文与注释的大部分都与《大藏经》No.1884 一致，但没有序。卷上十三纸右端残存“（圭）峰兰若沙门 宗密注”；十四张纸中载有“京终南山释杜顺集”字样，记述了杜顺的经历。

卷下的尾题与（三十纸）大正 No.1884 略有不同，注略为“法界观门”（载有 No.1884 注华严法界观门终），其后有“杭乌山沙门智藏注”的署名。在之后并列有押韵的七言一句的 12 偈，并在各偈处以小字七言一句、每四句一组的形式出现，而注释在各偈处，最后有稍长的题记和恭维的译文。译文为“若仅注释而不分科的话即为无网之网，若仅分科而不注释的话即为无网之网，因而将分科与注释置于他处为要点，相公裴公（裴休）造序，可谓赞此法门者皆入圣玄术”。

此佛典记述了邠州开元寺僧西安州归义刘德真在都城时，因圣节而筹资并召集工人雕版散施佛经的经历。最后记有“皇朝天盛四年岁次壬中八月望日（1152 年 9 月 15 日）沔道沙门释法随灌缘”的纪年。此文本也是私刻本。

西夏语译《注华严法界观门》也现存在科兹洛夫收集品中。（Cat.395 No.942）是一本精致的抄本，而刊本到现在还没有被发现。抄本共 1 册，其体裁与内容均和上面的汉文（河西本，大正 No.1884）不同。内容上虽并无太大差别，但没有分科，注释比上揭本更为详细。西夏语译本中，因缺失首尾部分，所以无法得知有关译者名、注释者名等信息。但是如果把此文本看作是西夏语文献之一的话，具有特殊意义，因而可以作为一种有用的研究资料。例如有[illegible]标（副标题）、[illegible]主伴、[illegible]交涉、[illegible]广容、[illegible]局、[illegible]以一望多等用法①。

与先前提到的《德行集》一起提及的是《贤智集》。虽然不知道其内容，但用一句话概括的话实为高僧的说教集。残存数种版本与抄本，主要是 No.2538、No.2567、No.120、No.71684 本。

No.2538（蝴蝶装）为刻本，并首次附有说教图，图中在放有法器的桌子前面绘有一个站着的和尚与六个因听法而鼓掌的听众，左肩的[illegible]“信毕②国师”4 字，与中央的[illegible]“法听众”3 字分别刻于双重围中。

信毕国师应是西夏的得道高僧，但是高僧传中却不见其名。在科兹洛夫收集品[illegible] sɨ（上 28）piĥ（平 11）国师集世劝（TG 428 No.3706）处批注有 3 行字，即乾祐戊十九年二月十五日的（1188 年）纪年和刻印发起者杨慧广、印面书者（[illegible]）罗鼓忠持的名字。

此二人为著名的西夏高僧，二人的名字在《贤智集》No.2567 的文本中也出现过，在序中写成信毕法显国师。

No.2567 也是刻本，仅残存 1 片（开本 2 页），以下是其内容：

四十三页［右］ 若能造心 则奚可成佛

四十三页［右］ 言辞謇吃与文相和而非矣

意义至少得之方才随劝众

说修顺 是之善圣帝之寿为万岁

实根为荣 法界之有情无余皆 成佛

《贤智集》

最后四十三页［左］ 有批注和纪年

四十三页［左］ 乾祐戊申十九年二月十五日（1188 年）

雕印发起者和尚杨惠广（[illegible]）

印面御前笔持 罗鼓钟持 rar（平 80）mbar（平 80）tụ（平 58）ˀǐeĥ（平 39）所书

《贤智集》No.7168 虽为抄本，但实为 No.2538 的手抄本（册子装），部分残缺。内容与 No.2538 一致，但在 No.7168 中仍可看到误写。

末尾虽缺但近乎完整③，开篇写道：

---

①此西夏文中使用有格助词，但动词的接头词没有与 A、B 形同时出现，视点文也没有。即笔者所说的简单文体，因用语复杂所以解读起来比较困难。

② 这个置换有问题。有的读为鲜卑，有的读为信壁，笔者亦信之（待考）。

③ No.120 也是刻本（蝴蝶装），从第 27 页到第 43 页（右）留存，版心略题写有“贤智”二字，页码在西夏字里是以汉字写的，应与 No.2538 为相同版本。

比丘和尚杨慧广谨序

皇城远见司承旨 祚嵬德进 谨才

两行并列，其后附有14行的序（与No.2538同），之后便是主题《贤智集》与作者名：

大渡众民宫　法显国师　沙门宝源　才（[illegible]）①

全文有九种辨（[illegible]）和两种颂（[illegible]），一文（[illegible]）和三种惊奇（[illegible][illegible]）②，最后附有自在正见之诗（[illegible]）。

九种辩之第一为，劝友善修之辩，内容如下：

于三更而独座善善审查世事，无夜间眠而于桌上萎默四季追之，日月甚暂休且无，八节易转，光阴甚少停且无有之于春时花群集，于秋时树为鸟，叶为郁苍，夏之初始则为敷衍，冬之中于灰色而枯朽，测贫富之难如水面之波浪，盛衰不定实为与空虚之闪光同。

至此让人联想起《碎金掌置文》与《夏圣根赞歌》，这两篇文章的重要性可谓大致相同③。

叙述有劝慢之辩、舌之辩、劝泣之辩、瓶宅之辩（No.2538至此结 束）、怨酒之辩、除色之辩、怨物之辩、除肉之辩，各辩之后附有七言或者五言的诗句和颂词，其中若干句押韵。之后，有安忍颂（五言共四十八句）、心患颂（五言共三十六句），后接“……汝等悟其，次问之，智者所说之俗（以下空白）”“俗女之文”“凡在家之俗女 罪过多，谓曰越诈谄佛语男……”。

---

①写完本稿后，2003年聂鸿音先生的《西夏文“贤智集序”考释》发表在《固原师专学报》2003年第5期，第46—48页。笔者想提出3个不同点：（1）笔者将[illegible][illegible][illegible]逐字译为“皇城远见司”（看不到除此以外的职位），聂氏认同皇城司，但应为“皇城检视司”。（2）笔者认为是神嵬德进，聂氏认为是成嵬德进。这是对应于šio（平57）的汉字的使用方法，所以不是大问题。陈炳应认为是叔嵬（《西夏文物研究》，宁夏人民出版社，1985年，第258页）。（3）聂氏将[illegible]译为“撰”，实际上或许是“撰述”，但笔者想看作“辩才”，内容应是宝源在法堂所讲的。将ŋɔɦ译为（上42）“吟”的话则与[illegible]（上42）“银”发音相同。

②将这两个字翻译为“惊奇”。

③ 关于《碎金掌置文》和《夏圣根赞歌》可参照拙作《西夏王国的语言和文化》，1997年，第131页、第352页。

三惊奇以第一、第二、第三这样连续排列，第三的内容与第二相同，以下缺失。有两个句子，例如有像“二惊奇为六趣众生千万部，若有乐之时，即无色 若有则无与不同之识为一样，怒时则噬日复捶缚，喜时游□□□，书为活夜为死，更时，担各自之尸而行之，此等而后停之不动摇 …… ”这样的文章甚是怪异，难以理解。在其后的“自在正见之诗”中写道“于见根处连见 严悟沙门释子正见之时且无，不惑即正见也为邪见，若悟则邪正皆同，或为清净，或为染著，于根处若为二则为一真……云云”。

《贤智集》应该是为亡父母供养的私刻本断片，笔者从已故文字学家中西亮先生处得到了数张西夏文照片，这些照片与《贤智集》已遗失部分相对应，是《识语》部分的小断片。到底是附于何经之后至今仍不得而知，但《识语》中记载着雕版印发的目的、施主与纪年，具体如下：

> 天庆丙辰三年　月　日毕（1196 年）（桓宗时代）
> 为父母与法界有情等之利　杨慧茂　谨施
> 发愿施行者　净信弟子　杨宝幢
> 印面　书　者　御前笔持　李阿现（[illegible]）
> 刻者　梁宝和（[illegible]）

这个经典是杨氏一族为亡父母供养而造的私刻本，是其子杨慧茂请已出家的杨宝幢所发愿施行的，现存西夏佛典中，这种《识语》是比较罕见的。除此以外还有五本调者说奏与写在其后的 5 个字，但破损严重已难以识别。

此实物原由某氏收藏，中西亮先生从某氏处得到了实物。后续因为曾抄写过，所以笔者从中西亮先生手中得到了数张。此外，还包含一张极其重要的断片，在西夏文字的行间写入了某种语言，但关于此种经典的存在，迄今为止，全世界范围内没有任何报道。这是一个极其珍贵的研究资料，但中西亮先生并没有提及此断片的拥有者，甚是可惜，笔者至今不知其实物到底藏于何处①。

在西夏刊发的河西本汉文经典中也有不少私刻本。如《圣六字增寿大明陀罗尼经》（TK135 M.155）②，其尾题后有 5 行后记“右愿印施此经六百余卷资荐

---

①西夏文经典名尚未确定，是个鲜明的刻本（残存 8 行下部缺），有相同内容的两片，其中一片的行间写进了其他语言。

②孟列夫著，王克孝译：《黑城出土汉文遗书叙录》，银川：宁夏人民出版社，1984 年，第 208 页，同中文译第 141 页。

/ 亡灵父母及法界有情同往 / 净方 / 岁大夏天庆七年七月十五日 / 衰子 仇彦忠等谨施”（西天译经三藏朝散大夫试鸿胪 / 卿传法大师臣 施护奉诏译），可以得知衰子仇彦忠为亡父母供养而雕印散施经典六百余卷，同经典之西夏语译文也所幸保留（TG 234、235，No.910、570 为写本；TG 236、No.8048 为刻本）。

3. 寺院刻本

寺院刻本将经典译为西夏语的事业从景宗时期（李元昊）开始，又经历了毅宗、惠宗、崇宗三朝。从 1038 年至 1140 年，在经过长达四代时间的翻译，其译经事业已相当牢固，西夏统治者特命国师白法信、三藏安全国师、沙门白智光等 32 人以《开宝藏》为首，开始了翻译的工作①，号称译出了大小三乘 362 帙 820 部 3579 卷的西夏《大藏经》，不可谓不快，且均为寺院刻本。

西夏的寺庙印经有两种情况，一种是为遂行皇帝重大的法事活动而印发的佛典；另一种则是作为寺院弘扬佛法而印发的佛典。但是印经的规模与数量有着较大的差异。

到仁宗时期，译经事业迎来了鼎盛。天盛十九年（1167 年），因仁宗皇太后的周忌，《佛说圣佛母般若波罗蜜多心经》再度印刷，蕃汉双语共两万卷。其西夏文的抄本与刊本共残存数种。No.4336 是抄本（TG70~77），载有“兰山觉行国师沙门德慧（𗏹𗗚 ）奉诏译”字样，并记载译者的名号。1999 年目录第 291 页 No.7036 是刻本（开本），载有“印面 雕起者罗鼓邪神瓦（[illegible]）书写印面者　罗鼓邪神瓦（[illegible]）天盛乙酉十七年八月朔一日（1165 年）”的字样②，可以得知雕版者、书写者和纪年。

---

① 关于西夏译经的事业，可参照史金波：《西夏佛教史略》，银川：宁夏人民出版社，1988 年。《史金波文集》上海：上海辞书出版社，2005 年（《西夏译经图解》其他同集所收的诸论考）与拙著《西夏王国的语言和文化》1997 年，第四章《西夏王国和佛教附记》等。

②河西印行的汉文《佛说圣佛母般若波罗蜜多心经》（TK128 M.82）比西夏文的晚 2 年刊发（天盛十九年亥五月，1167 年），附有同样的御制发愿文：

因此朕（仁宗）命沙门德慧逐字从文重译此经 纪念太后皇妣（即曹氏），开版印造此经，番汉共两万卷。 德慧等僧应作法华会，会诵读金刚般若经、般若心经、救生济贫、资住佛土，祝愿量六庙祖宗恒遨极乐，万年社稷，永享升平。

从这个发愿文可以得知西夏仁宗为皇太后（曹氏）的三周忌印发了此西夏文与汉文共 2 万卷，以德慧为首的高僧设法会一起诵读了此发愿文与《金刚经》等，祈愿一族的安宁与国家的平安等事。更重要的是，一直认为西夏佛经是由汉文、藏文翻译过来的，但现在可以确定，有时也会从梵文进行直译。西夏文 No.6796 的末尾处也附有类似的发愿文，但没有记录是从梵文翻译过来的（拙文佛《西夏语佛典目录编纂上的诸问题》可参照 1999 年目录），史金波，1988 年，第 259 页。

孟列夫原著第 229 页及中文译第 157 页。 另外汉文版《佛说圣大乘三归依经》（TK121 M.179）中也载有“兰山智昭国师沙门德慧奉诏译”字样，有乾祐十五年甲辰九月十五日的纪年，其中也残存有西夏文佛经，应该都是从西夏文译为汉语的（ 拙文《西夏语佛典目录编纂上的诸问题》1999 年，孟列夫原书第 226 页，中文译第 154 页）。

河西本汉文佛典的印刷中心应是位于贺兰山的佛祖院，佛祖院建在西夏都城西北，是贺兰山山麓上规模很大的寺院，西夏文佛典或许也在同一个寺院雕版印行。

在日本天理图书馆所藏的《高僧传》卷五（金崇源刊）的尾题处所记录的四行西夏文为我们提供了一个重要的依据，具体如下：

> 夏国贺兰山佛祖院（[西夏文]）摄禅圆（[西夏文]）和尚·李慧月（[西夏文]）平上重照（[西夏文]）禅师之弟子为报福恩，印发十二部《大藏经》及五十四部《华严经》，复金银字之华严一部圆觉、莲华、般若、菩萨戒经典，起信论而书之。

最后的两字[西夏文] naɦ-rar（平 82）是前缀 + “田”，没有实际意思，但如将其解释为以借用字的形式替代了同样发音为 rar 的[西夏文]（平 28）“写”字的话，其意则通。

有戴莲花台与莲华冠的四行西夏文能够很好地反应佛祖院当时的活动，从西安市文物管理处所藏的《大方广佛华严经》卷九的末尾处发现了与其内容完全相同的西夏文押记①。

像北宋的钱在西夏流通一样，起初宋刻本汉文佛典同样也满足了西夏知识分子与僧侣的需求。

在现存黑水城所出土的版本中，有 20 种以上的汉文佛典均为宋版，出自景宗、毅宗时期，河西版则一个也没有，而最古老的河西版则是在惠宗时期雕版印发的。

兴庆府是西夏政治、经济、宗教文化的中心，与此同时还建立了很多佛教寺院。上述书籍的印发虽多是由西夏刻字司负责，但均受西夏统治者的支持。法事活动中所需的大量佛典，则是由与刻字司相关的寺院进行印刷。汉文、西夏文佛典或许主要是由位于贺兰山的佛祖院雕版印行的，包含私刻本在内的书籍购置市场或许也应在都城兴庆府。

从黑水城发现的大量抄本西夏文献可知，此处曾是寺院的图书室，收藏有很多同样的书籍也是因为这个原因，如收藏有像《三才杂字》《同音》这样的

①史金波、白滨：《西安市文管处藏西夏文物考》，《文物》1982 年第 4 期。

工具书，也收藏有像《天盛旧改新定律令》这样的法律文书数本。科兹洛夫本《天盛律令》几乎接近完整本，斯坦因也从黑水城带走了一些断片，其中就包含有 2 种版本的残页①。

黑水城出土的佛典刊本大部分应是寺院刻本，记载着西夏语翻译者、雕版者、发愿者等具体名字的文献不在少数，当然记载纪年的也有很多。

下面介绍一下具有代表性的佛典信息：

1.《金刚般若波罗蜜多经》

斯坦因本除残存有大型版本的标题外，仅包含有大小不一的残片数种。与此相对，在科兹洛夫本（TG34-）中有大量包含发愿者与纪年的刻本、写本（1999 年目录第 278 页）。

No.3834 刻本（折本）白上大国大德台民渡之众官法显国师 沙门 宝源，将梵文与汉夏双语注释进行重新校对

姚秦三藏法师　鸠摩罗什（[illegible]）

No.101 刻书（折本）天盛戊子二十年五月朔一日（1168 年）

发愿雕版者　kĭɛ 人乐（[illegible]）

雕者　刘普司（[illegible]）

No.5382 刻书（折本）天盛甲申十六年八月十五日（1164 年）

印雕发起者　前内侍 kĭɛ tshɔ kaɦ（[illegible]）

罗鼓邪绅瓦（[illegible]）书

No.4099 刻书（折本）大渡众宫法显国师沙门信毕、宝源（[illegible]）信毕国师，在这里被记为法显国师 宝源（第 382 页）。

2.《佛说阿弥陀经》

均为刻本（TG .106-109.1999 年目录第 354 页）

No.4773 刻本（卷子本）惠宗时期译

白上大国大安十一年八月八日（1085 年）

记经典译义证经论法说典思和尚　赡部（[illegible]）

施书者　和尚　马智慧（[illegible]）

雕者　李实德刘奴 şịr ti lĭəw nu（[illegible]）书者、发愿者……

No.6761 刻书（折本）一帝师，三国师，二法师这样联着名：

①拙文《关于黑水城出土西夏文献》,《日本学士院纪要》2005 年，第 15 页。

贤觉帝师沙门　胜口（[illegible]）

五明国师沙门 dzaɦ yaɦ aɦ nda（[illegible]）

金悟国师沙门 法慧

普觉国师沙门 慧护

圆融法师沙门 智明

觉行法师沙门 德慧等 传

^{n}dzaɦ ˀyaɦ ^{2}aɦ nda 五明国师，是一个用汉字记载为“拶也阿难捺”的人物，在下面的 3 个经典中也会出现。西夏的僧侣称号中有国师、法师、禅师等。国师被置于诸王位与中书位、枢密位之间，在《西夏官阶封号表》中，国师之下注有“上品等位”，表示有很高的地位。《天盛律令》中规定国师位于朝廷诸司中的上品位，即与中书、枢密地位相同。史金波举出 24 名国师名①，国师之下有法师，另有禅师。但是这里又出现了比国师更有地位的帝师，第二帝师为慧宣帝师，第三为大乘玄密帝师，此事已十分明了。萨迦派的道果因法在西夏时期被翻译为汉文的《解释道果语录金刚句记》留存②，其后附有 3 行题款，其中可以看到这个帝师的名字，“北山大清凉寺沙门慧忠译 中国大乘玄密帝师傅西番中国法师　禅巴　集”，此处的北山大清凉寺是建在贺兰山中的“西夏五台山寺”之一③，与此相对应的西夏文以 TG251、No.913 留存至今。

《观弥勒菩萨上生兜率天经》的御制发愿文中记载的为大渡民寺做大法会的高僧中有定律国师、浮成国师之名，同时也出现了大乘玄密国师之名，此人后来可能升为帝师了。据史金波考证，三位帝师之所以没有同时出现在一个时期，可能是因为西夏王朝只会封授一个帝师的原因。以贤觉帝师、慧宣帝师、大成玄密帝师为序，共 3 名。西夏寺院中有在籍的西藏僧人，是《天盛律令》以后创制的称号，史金波认为元朝只是继承了此称号而已，因而帝师称号并非元朝首创④。

3.《圣观自在大悲心总持功德经依集》（TG369）

No.6881 刻本（折本）从藏文翻译过来的译文（hphags-pa-spyan-ras-gzigs

---

①史金波《西夏佛教新探》，《宁夏社会科学》2001 年第 5 期。

②拙文《西夏语佛目录编纂上的诸问题》（1999 年）中举了《道果金刚言集三解具记》，“言集”应改为“语录”，“三”是“之”的误印。貌似有些经书在西夏从相同的藏文译为西夏文继而被译为了汉文。

③ 这个汉译佛典已由陈庆英介绍了，参见《“大乘要道密集”与西夏王朝的藏传佛教》，《中国收藏学》2003 年第 3 期。王尧主编：《贤者新宴》，石家庄：河北教育出版社，2003 年。

④笔者赞同史金波的观点，但也有不同意见。张羽新：《帝师考源》，《中国藏学》2004 年 1 期。

dbang-phyug thugs -rje chen-po<u>hi</u> gzungs phan-yon mdor bsdus-pa-zhes-bya-ba)(北京 380)，缺经首，佛书残存 2~10 折，于经题之后附有传者名与西夏语译者名（ 1999 年目录第 480 页)。

西天大 Pandit 五明国师功德司　正受安式（[illegible]）

沙门 ⁿdzaɦ ʔyaɦ ʔaɦ naɦ nda（[illegible]）传

密显法师功德司副 受益利沙门 周 慧海，奉诏译 4 次 TG655 与 No.6821[①]中有相同的文句。

4.《顶尊相胜总持功德经依集》(TG655)

No.6796、No.6821 刻本（ 蝴蝶装)(1999 年目录)

《掺也阿难捺传》中有西夏人周慧海的译本。No.6821 缺开头，但有梵文 usnisa vijaya nāmā dhārani anuāsamsa sahito-sūtrat samgrhītā. 与西夏语《顶尊相胜总持功德经依集》并列的经题，很显然是从藏文翻译过来的，在接近经文末尾处使用着[illegible]（将要把我从大恐怖中解脱出来谓我曰）的受益者视点文，于尾题之后载有“贤造”(御制 ）二字，附有长文《圣自在大悲心总持并顶尊总持》之后序愿文。此文也存在于黑水城出土的汉文文献中，甚为有趣，具体如下：

……招匠而雕印，施夏汉一万五千卷，专读诵国土臣民心，须敬信顶受。

天盛己巳元年（1149 年）月 日

奉天显道 耀武宣文 神谋睿智 制义去邪 惇睦懿恭皇帝（仁宗）谨施

5.《三十五佛依忏悔要语》(TG103 No.880)

写本（卷字本，从藏文翻译过来的译文)(1999 目录第 353 页)。末尾缺落款，前后没有完结。虽由楷书书写，但各处均有破损。觉行法师沙门德慧造，此觉行法师沙门德慧之名在上述《佛说阿弥陀经》No.6761 中作为最后一个法师而出现。

向诸佛菩萨一切敬礼

---

①《观自在大悲心陀罗尼功德经》的断片出土于甘肃省武威县天梯山石窟（《考古与文物》1983 年第 1 期），松泽博对比其照片认为是从藏文翻译过来的。《关于西夏仁崇的译经——以甘肃省天梯山石宫出土 西夏经为中心》,《东方史苑》1986 年。

若善男子善女子等由初无而起 到今时则断五□若欲除罪恼一切则须在法堂香林静寂之宫中□清之（蘢 上 30）……取持国天等之语如将念声至高须于是之界而置记诵咒（緢좼緅）

远离魔害顺

守护东方之持国大天王持琵琶已将一切魔类伏之围绕无量之食香一切汝须将东方界记于今是之位

有关于四天王威力的赞颂与解说之后还有如下赞颂：

诵一遍咒文于东方各处散布香水口白若一周即东方之魔害远之随记界也

接着修求者赴南方……

守护南方之增长大天王手中持剑将魔类一切降伏之

围绕无量之签瓶一切 汝须将南方界记于今是之位

守护西方之多闻大天王手中持蛇绢锁将魔类一切降伏之

围绕无量之龙众一切汝须将西方界记于今是之位

守护北方之多闻大天王手中持幢将魔类一切降伏之

围绕无量之害施一切汝须将北方界记于今是之位

这些赞颂很明显是从藏文翻译过来的，可以看出译文中有藏语的直译体。持国天之食香（等香）为 dri-za（梵）乾达婆之直译，增长天之篋瓶（瓶腹）为 grul-bum（梵）鸠槃荼（像海中人的鬼怪夜叉）的直译，广目天王之龙众（龙王）为 klu-dbang 的直译，最后多闻天王之害施（施碍）为 gnod-sbyin（梵）夜叉（施害者）的直译语，若不假设成古藏语形的话很难理解。此外，从藏文翻译过来的还有下面的叙述。

6.《佛说如来一切皆悉摄持三十五佛忏悔法事》（TG513 No.6386 刻本开本）（1999 年目录第 529 页）

经首部分错置于末尾处，有“仁宗（尊号）贤校”四字，没有纪年，在两种敬礼文之后，在座于莲台上段的小佛像下面并列着 35 个佛名。

现存有河西本汉文《佛说三十五佛名经》（TK26），其中载有“唐三藏菩提流志奉诏”（译），与西夏文相比，佛名虽一致（汉文只剩下 26 个佛名），但整体内容则完全不同，西夏文大多应是藏译文的重译。

7.《九曜供奉仪轨》(Cat.404 No.82)

卷首部分散佚，但尾题处载有“九曜供奉养典一卷终”字样，因而可以推断其为藏文（北京 3950)“gzah–dguhi mchod–pahi cho–ga (Nawagrhā cama–vidhi) T.nags–kyi rin–chen ghon–nu dpal 林中宝造，一说童子吉祥造”(《藏汉对照目录》第 249 页）的西夏语译文（抄本卷子本)。但是，No.872 的顺序呈错乱的状态。

在此经典中，也有持国天、增长天、广目天、多闻天的赞颂，均为九言四句，其大体内容与上示《三十五佛依忏悔要语》相似，但是不算完全一致，《九曜供养典》中有如下内容：

持国天 第二句 身体色白手持琵琶，无量之香食
增长天 第二句 身体色蓝手持宝剑 无量之签瓶
广目天 第二句 身体色红手持塔 无量之腐烂
多闻天 第二句 身体色苍手持幢 无量之害施①

藏文的重译中记载有作者，除了藏译者与西夏文译者之名外还以连书的形式记载其地位。

《圣观自在大悲心总持功德经》(TG369 No.6881)《顶尊相胜总持功德依集》(TG655 No.676) 两种经典中都明确记载有同上述一样的《拶也阿难捺传》与“密显法师功德司副受益利沙门周慧海之夏译本”等字句，周慧海的名字作为译者而被记载。

8.《如来一切之百字要论》(TG292 No.716)

写本册子装（1999 年目录第 449 页）此处的“周夏译”与《九曜供奉仪轨》一样应指周慧海。

贤觉帝师与西天五明 pandit 等传
义释法师义干（缆緩翫 lu tsan wan）师　银（觧）梵译②

① 除此之外，在《四大天王护摩壇本》(Cat.214 No.820) 中也叙述有四大天王在护摩供奉之时的诵言。参照拙论《西夏语研究的新领域》,《东方学》2002 年。

②藏语 lotsha-ba（事）在西夏语中被音写为 A 缆緻翫 lu tsañ wañ 或 B 缆緩翫 lu tsan wañ。A 对应汉语的“咯拶瓦”，B 对应“路赞讫”。后者的音写应该是以西夏语为媒介而出现的。

另外，寺院在西夏语中以“众宫”来表示，写有①繗牝②繗氚两种样式，第二个的文字都读为 niñ，显示牝平声 14 韵与氚上声 12 韵的不同。

密显法师功德司副 周 夏译

出家功德司正普觉定师 李汉译

此处的“李汉译”难道与河西本汉文《念一切如来百字忏悔剂门仪轨》中所载“西天金刚座大五明传”上师李法海译中的李法海不是同一个人吗？

9.《圣胜慧彼岸到功德宝集》（TG37 No.598 刻本刊本）（1999 年目录第 43 页）

贤觉希师经论律说功德司正一院卷依提点（[illegible]）受具足（[illegible]）沙门 口罗 胜显，义测，西天大 pandit 五明密显国师，经论律说功德司正受益利沙门拶也阿难捺，自实，梵本，持，义证，义释法师义干掠硂薰）受 tšĭọn 吉，沙门银阿难 wur（[illegible]）□ tiɦ（[illegible]）梵译，密显法师功德司副史受利沙门周慧海 夏译，御前，净本，书者李三光（[illegible]）书。

此经典之西夏语译者仍为周慧海。

10.《胜住令顺法事》（TG391 No.810）

写本，册子装（1999 年目录第 490 页）此经典是藏文 Rab-tu gnas-paẖi cho-ga（善著仪轨）（北京 3960）的西夏语译文，这一点可以从如下的著者名及藏译者名一致的现象中得到证明。

著者　西天五明大师 sumatikīrti 造 [illegible]

御前义干（[illegible]）[illegible]　藏译

五明出现精舍释迦比丘 沙门 慧照　夏译

11.《菩提勇识学当道及果与一顺显释宝灯》（TG459 No.5129）

写本卷子本（1999 年目录第 513 页），沙门慧照（[illegible]）之名也经常出现。

西藏中国三乘知悟大秀智宝狮子法造

五明出现众宫经论律定沙门　慧照　夏译

经论律定是西夏语的表现方法？虽然还有些许差异，但是可以看作同一个人。

12. 那鲁瓦关系论（均为慧照所译）

（1）《念定害止要论》（TG606 No.282，写本蝴蝶装）（1999 年目录第 563 页）

那鲁瓦道次　沙门慧照 夏译

（2）《六法共圆道次》（TG685 No.6373，写本楷书册子装）（1999年目录第590页）

ˀya lĭɔn sɨ paɦ（[illegible]）集　沙门慧照 夏译

（3）《六法共圓道次》（TG684 No.2734，写本楷书卷子本）（1999年目录第589页）

ˀya lĭɔn sɨ paɦ 集　沙门慧照 夏译

（4）《欲乐圆融令顺要论》（TG593 No.5116，写本楷书卷子本）（1999目录第558页）

大师那鲁瓦传　沙门慧照 夏译

其内容，从以下四篇要论开始：

> 欲乐圆融顺要论第一
>
> 拙火与大乐圆融顺要论第二
>
> 梦境与幻梦圆融顺要论第三
>
> 睡眠与光明圆融要论第四

（5）TG594 No.2546（抄本楷书蝴蝶装）（1999年目录第559页）

那鲁瓦师道次　沙门慧照 夏译，有光定癸未年九月朔九日（1223年？）的纪年。

（6）《欲乐圆融令顺要论》（TG593 No.7164，写本楷书册子装小型本）

残存与上述No.5116的一部对应。

13.《菩提勇识之业中入顺》（TG400 No.4827）

写本卷子本（1999年目录第493页）中也有“五明出现　众宫沙门慧照”字样。“照”字虽被写为[illegible]，实际上写为[illegible]才是正确的，此经典应该是从藏文Byang-chub-sems-dpḫi spyod-la ḫjug-pa入普萨行翻译过来的译文（北京5272），而且，同样收入在TG118的No.944（刊本卷子书）中，所记载的著者名与藏文中所载的著者名一致。

西夏文著者名 [illegible]（šĭa ta ɦ nedɦ waɦ）造

藏文中所记载的著者名 Šāntideva

西夏语译者，被写为“译传义测主经论律说国师沙门德源（奉）诏 译”等字样。

关于德源，笔者想在之后另作解释，慧照的名字在《圣金刚玉能断胜慧彼岸到大乘经》（TG380）中也有出现。这个应该也是从藏文翻译过来的（北京739）。

在 TG380 No.2561（写本，蝴蝶装）

法师 su tĭen 𗼃𗽀（寂天）上尊 集 沙门慧明 夏译

14.《医药光之供顺》（Cat.24 No.2534）

外题《医药光海生金刚王文二类》，梵语 Amṛta prabha-sadhana 之后仅限的《吉祥呼金刚求顺》（梵文 Hevagira nāma sadhama）中写有“西天海生师造”的字样，末尾之识语中，写有“于西天大 Pandit Prajñāprima 之御前比丘宝贤 藏译，功德司正副使（𗏹𗏁）三学院提点 沙门慧照，李 夏译”等字样。此经典当初也被认为是从藏文（北京 4115）Dgves-pa<u>h</u>i rio-rje<u>h</u>i grub-thabs（喜金刚成就经）翻译过来的，但问题是藏译者名不一致（藏文中译为 Tshul khris rgyal-mtshan）。

15.《六法自体要论》（TG605 No.2542）

写本小册子装，写有“那罗巴道次，沙门慧明（𗥤𗑗）夏译”字样，在《心习顺次》（TG422 No.5923，写本卷子缺前部）中仍旧记载有“于三乘知悟 sĭuɦ mba（𗈪𗐗）上师之御前比丘慧明，译为夏（语）净本书者 僧戒慧（𗂧𗥤）”等字样。笔者认为前者或许是慧照的笔误，后者应为他人。

16.《等持集品》（TG409 No.816）

写本小型册装，与 TG410 No.2852 皆为刻本蝴蝶装，是内容几乎相同的写本与刊本，写本的首尾均在，刻本则卷尾处缺两页，可以确定这些是藏文 Ting-nge <u>h</u>dzin-gyi tshogs-kyi le<u>h</u>u zhes-bya-bā《三味粮品》（北京 5319）的西夏译本。卷首处写有“贤觉菩萨集”等字，这与藏文 byang-chub bzang-po（Bodhibhadra）一致。No.816 中有 4 行识语，与 No.2852 的 3 行识语为同一内容。No.2852 中在识语之后有𗹦𗏴（谛思）二字，在其前面写有如下识语：

是之等持集品为西天大师 Vinayacanda 与通事𗗙𗗦）藏比丘、法慧（𗌭𗥤）等 译之 。

夏国永平皇帝（仁宗）世 thaɦ ši xaɦ（𗑠𗽜𗗚）正法隆盛。

由于正法隆盛因而于众宫中将经典译之，义测法门事知渡脱三藏功德司正国师鹤善（𗡶𗣼）嵬名德源译为夏本。

这里也出现了之前所举的德源之名，应是与皇室相关的人。译为藏文的两个译者之名[illegible] Vinayacandra 和法慧与藏文中记载的 Vinayacandra 和 Chos–kyi shes–rab 完全一致。

（二）活字本（泥活字和木活字）

关于西夏文经典中有活字本的讨论是从京都开始的，具体而言是关于京都大学藏《大方广佛华严经》的刊本。关于该本《大方广佛华严经》的缘由，藤枝晃写了一篇名为《西夏经石、木与泥》的文章，载于1958年的《石滨先生古稀纪念东洋学论丛》。笔者在《西夏语研究》《西夏文华严经》中也有提及。此后史金波先生针对木活字问题撰写了数篇论文和一本专著①。笔者想高度评价上述研究成果，但笔者也想请诸研究者关注一下笔者先前提出过的重要问题。如像考察《华严经》一样，从刻本（或手抄 本）开始将活字本重新组版之时，有改变经典内文的可能性。如众生的手抄本[illegible]“有情”和[illegible]“群生”都由活字“有生”组合而成，[illegible]“心喜”的活字本被改为[illegible]“欢喜”。也就是说不仅仅是印刷技术的发展，随着技术的发展其用语也在进行着统一。笔者借此想再说一个问题，京都大学所藏《华严经》为木活字本之事，已作为事实被诸方承认。但是关于其被制作的年代则仍未得到解决。有学者认为其制作年代最早可追溯到西夏时期，但笔者并不太赞同此观点。暂且不论笔者是否具备某些关于纸的专业知识，到目前为止笔者也是亲眼见到过、亲手触摸过大量已被确认为河西本的科兹洛夫收集和斯坦因所收集的西夏经典之实物。在这种感触中我没有遇见过一次像京都大学本那样薄的纸。虽说没有什么科学依据，但笔者一直觉得其制作年代应该并不久远，严格来说至少是西夏灭亡以后的东西。克恰诺夫对科兹洛夫收藏本的纸质进行过科学判定，笔者希望对《华严经》等纸质也进行科学判定（参照追记）。

目前，除《大方广佛华严经》外，《维摩诘所说经》（泥活字）《大乘百法明

---

①史金波：《西夏活字版文献及其特点——世界上现存最早的活字印本探考》，《历史文物》1997年第3期，第22—39页。史金波、雅森·吾守尔：《现存世界上最早的活字印刷品——西夏活字印本考》，《北京图书馆馆刊》1997年第1期。《中国活字印刷术的发明和早期传播》，社会科学出版社，2000年。

关于宋朝毕升的泥活字、元朝王祯的木活字，参照庄威著，吉村善太郎译：《中国图书的历史》，东京：临川书店，1989年。张秀民、韩琦：《中国活字印刷史》，北京：中国书籍出版社，1998年。后者专门设有“西夏活字”一节，引用了日本京都大学藏《华严经》卷五的题记，但却把这个误认为是天理图书馆所藏，这个错误在他处也可见到，其原型好像是在《西夏文物》（史金波、白滨、吴蜂云编著，文物出版社，1988年）的图版第398的解说中。另外，李致忠在《古代版印通论》（上海：上海古籍出版社，2000年）中也设了“西夏的版印”一章，概述了西夏的印本。

镜集》《地藏菩萨本愿经》《三代相照言文集》(三世属明言集文)与上述《德行集》(甲种本)皆被确认为是活字本。

附录

另外，笔者觉得在世界各地还保存有少数西夏语佛典。因为对这种情况还没有充分掌握，所以笔者在此仅叙述了保存有大量文献的单位。在日本某处也收藏有数个佛典，本人以前曾调查过，但是现在已找不到那时的记录，因而在此处没有提及。

此拙论是在数年前所写原稿的基础之上，又添加注释而成的，虽然在尽可能地补充近年来新的研究成果，但还是有没能充分介绍的地方，对此笔者想日后再进行补充。

追记

在 2006 年 3 月，笔者从书店购入了林世田主编的《国家图书馆藏西夏文献中汉文文献释录》(北京图书馆出版社，2005 年)这本书。此书中记载了在灵武县出土的西夏文献，是对使用套子装订的汉文典籍(佛教文献和道教文献)的研究成果，除有 5 个宋刻本之外，其余均为明代刊本和抄本。此结果出乎意料地证实了笔者当初所考虑的应为明朝初期所刊发的假设。此书中附了白滨的《宁夏灵武出土西夏文文献探考》(第 115—131 页)一文。正就如白滨所述的一样，此事实为确定西夏文献刊行年代提供了进一步的佐证，与此同时又提出那些汉文典籍是在明代补修西夏文献时传入的吗？还是在明代印发西夏文佛典时被使用的呢？还是两者都有可能呢？须舍弃先入为主的观点，再对问题进行检讨。史金波说很多人认为很可能是在元代创造的，也或许是西夏时期的产物。活字印刷术是宋代毕升发明的，笔者也认为木活字本《华严经》为元代的印本(《现存世界上最早的活字印刷品》，载《史金波文集》第 396 页)。另外，白滨以同一论题也发表了论文(《宁夏社会科学》2006 年第 1 期)。

白滨的这篇论文认真详细地调查了当时关于灵武出土西夏文献的记录，并对此进行了准确地论述。出土年代为 1917 年，这虽然是正确的，但还是有几个问题：①不能确定出土地点到底是在城中，还是近郊的蕃寺或佛寺遗址中；②出土西夏文献的数量、种类与散佚情况不详，并叙述说有很多尚未解决的问题。其中大部分文献在 1922 年被收藏在北京图书馆(周叔迦在《辅仁学志》中写道：1930 年冬收入)，在这之前的 1922 年，《西夏文华严经》卷一至卷十由邵氏收藏，卷十六至卷二十一与残存的一页半由罗振玉收藏。

在罗福苌的《西夏国书略说》(初版，1914年)末尾处附录了北京图书馆藏《河西字藏经》，略目中载有“十，大方广佛华严经，八十卷本残存2部，甲种本卷，十一至卷八十中间三十四册，……乙种竹纸……”等字样，表示这些文献当时已被北京图书馆收录，因为在正文和参考书目中都收录了《西夏文专号》(1932年)、《西夏研究》(1932—1933年)，由此可以看作是1933年以后的信息。《西夏国书略说》中有数种版本，现在笔者手中的照片复制本究竟是以什么为基础的，现已无从得知（不是京都大学文学部藏本）。其标题是以西夏文字写的“夏国文字略说一卷福成”，封面背后同样有两行西夏文字，读为“由安治元年墨缘堂再度印发”，但具体是何时，从哪里印发的，无从得知（难道是1933年的再版增订本）。因为两页的序文最后与“宣统甲寅九日晦日上虞罗福苌（1914年）”相连接，所以应该是将初版的序言原封不动地使用了。若《西夏国书略说》改版的话，其内容的改订增加则甚为有趣，罗福成后来在《亚洲学术杂志》1—4期（1921—1922年）中进行了增补，但还未完成。

石滨纯太郎于1933年5月，在京都大学的言语学谈话会的演讲——《西夏语研究的故事》(《东洋学的话》，创元社，1943年）中叙述道：“最近《西夏国书略说》经罗福成之手出版了增订本。”其增订本应是1933年刊印。

接下来顺便说一下关于“碎”字的由来。维吾尔语专家庄垣内正弘先生对笔者说过，他对维吾尔木活字感兴趣。虽被称为维吾尔木活字，但其原本并不是作为活字被创造的，而是将现有的版木切断再进行活用。

即使对西夏的木活字，此看法也是十分对应的，《华严经》卷五末之题记中西夏人所说的[illegible] ndi（上10）–se（平33）“碎字”(碎的文字）是真正表现了“将版本凌乱碎之而造的文字”，因其题记取自“雕碎字”之意，而造出了单个的木活字。另外史金波发现，在卷四十中也有两行题记，是对某选字者的记载，无非是指拣字、排字工，说明当时确实有负责选字、组版的专业人员。

（2006年）

西夏语研究和《法华经》（四）

——论西夏文字的基本构造和双生字

一、西夏文字的基本结构

1. 西夏字诞生的背景

吐蕃王朝自唐朝兴盛，促进了藏传佛教与佛教经典（古典佛典语）的传播和普及，进而把在东北部居住的氐羌系诸部落（牦牛羌、白马羌、宕昌羌、多弥、苏毗、党项等）和西南夷系诸部落（白狼、附国嘉良夷、东女国等）收入旗下。这个举动一方面形成了藏语方言群，使东北氐羌系加入了安多地区的方言群，另一方面西南夷系部落也加入了卡姆地区的方言群①。因藏语的存在和普及，大部族嘉隆族和普米族部落也不被允许创作自己的书面语。在这种情况下，他们从本来的居住地松州（今四川松潘）开始北上，经夏州（今陕西横山）、银州（今陕西米脂）迁移到了以拓跋部为核心的夏州，直至1032年建立了西夏。

11世纪以后，组成西夏的部落——氐羌系统和西南夷系统的诸部落占据了

①关于笔者正在构想的藏语方言群的概念此处想提一下，从 Proto Tibetan（西藏祖语）中分离出来的各种各样的语言，在7世纪以青藏高原为中心广泛分布着。其中，嘉隆语及门巴语成为其核心语言群，因7世纪以后的藏语与东方交流形成了藏语方言群，但嘉隆语和门巴语在其范围之外得以留存，这对书面化古典藏语的创造有很大影响。

在青藏高原上，搞清楚氐羌系诸部落的彝缅语群与西南夷系诸部落的交流和发展并非易事，但可能是今后的研究课题。

有人认为13世纪左右，藏族开始出现像今天这样的民族融合（王尧、黄维忠：《藏族与长江文化》，武汉：湖北教育出版社，2005年），藏语在各地都有方言群。藏语的普及是通过寺院教育实现的。

西夏通过传播佛经，以及西夏语译各类名典，实现书面语的普及。

主流，形成多部族多元文化。西夏民众说着口语[①]，但是基于口语又创造了超越口语的书面语言。西夏建立政权四年后（1036 年），西夏语代替了当时使用的汉语和藏语，并颁布了能有效表达的西夏文字，这确实是一项大事业。西夏字是以汉字构成原理为模板创造的新的表意文字，是继契丹文字以后第二个出现在东亚的表意文字，所谓的疑似汉字的文字。西夏语与汉语类似，也是以单音节为主体的语言，所以与汉字相似的表意文字适合其表达意思。但是西夏文字与汉字也有不同，它不是在一定的时间里逐步完善的，也没有达到集合体。创造出的这 6 千余字，可以说是西夏人集体智慧的结晶。

关于字体的构造原则和每个字形的构成过程，并没有留下任何记载。整体的记录也未留存，只剩实践留下的结果——西夏文献，但创造西夏文字的过程确实是对新型表意文字的探索。

笔者在 20 世纪 60 年代就西夏文字的基本构造发表了论文。20 世纪 90 年代中期，笔者发现了关于西夏文字的新特性，并将这次新发现命名为“双生字”。

笔者觉得这个是表意文字的杰作，是比成为范本的汉字还要出色的表意文字。西夏文有在表意文字上加缀词的使用方法，并且有标记声调变化的方法，这是在其他文字中无法看到的特征。

这应该说是另一个表意文字的革命，它可以与日本人借鉴表意文字汉字创造出两种表音文字相媲美。1980 年，适合四川彝族使用的规范彝文标准正式公布[②]。

本文首先解读 20 世纪 60 年代对西夏文字基本结构的想法，其后解说 20 世纪 90 年代后半期对西夏文字基本结构转换了思考方式以后的成果，以及出

---

①此外，皇室贵族阶层中可能说其他的语言。笔者所说的与雅语层（注 12）之间的关系可能是今后的大课题。笔者对西夏的社会组成结构尚未完全了解，但普通民众中有“黑头”和“脸红”两个阶层的存在（在《新集锦合理》中两个词对照使用），“黑头”是鲜卑族，有着吐谷浑的习俗，很可能是北方来的游牧民族（《关于“西夏文的“黑头”和“红脸”》，《东方学会报》1989 年）。西夏的部姓和鲜卑族姓在很多地方有重叠（汤开建：《党项西夏史探微》，《允晨丛刊》2005 年，第 107 页）。

西夏的主要部族原本在松州（今四川松潘）一带居住，被称为党项羌。西北鄂尔多斯有吐谷浑。西部和西南部居住着自称哥邻羌（嘉良）的部族，冉州（今茂汶地区）居住着逋祖羌，坝州（今四川黑水）居住着南水羌。党项羌可能受到汉族的影响，开始进行农耕。虽然不确定是什么时候形成的党项，但其为羌族的一个分支——拓跋部无疑是实力最强的部落。

②整理了四川省的彝族至今都在使用的表意字形有 819 个，创造了规范性彝文，现在被广泛使用。

拙著《汉字文明圈的思考地图》。近年来，以贵州省彝族使用的表意性文字为标准，也开始尝试推进各地方言规范化。拙著《亚洲古代文字的解读》，2002 年。

发点，并展开简略论述。

2. 西夏文字的总字数

在1036年公布西夏字时，完全没有记载共创造了多少字。在12世纪初，在集录了全部标准字形的《同音》旧版（刊本1132年）里收录6100个字。其后修订的《同音》新版（刊本年代不详）前部和后部的数页缺失，但根据此后偶然找到的跋的断片记载，里面收集了5840个字[①]。据此可以认为总共创造了约6000字。常用字估计在一半以下，但是现有文献中几乎不被使用的文字数量也很多。

3. 西夏字母构成原则

首先，笔者将描述全部的概念和基本原则，这是一个基础的考察。这种文字的字形可以从汉字的构造类推，更容易理解。简而言之，由偏旁冠等成为文字要素的部分组合构成，如𗃮“头”是由左“彡”、中“䒑”、右“𠃍”三部分组合在一起的，但文字要素的提取在细节上存在问题，据此推断，有360种文字要素，这些文字要素有44种组合方式[②]。

因此，有约6000个西夏文字的字形由以下3个条件决定：

（1）选择文字要素种类的方法：如组成𗎁牢和𗎂狱的要素是a 𗎃和b 𗎄。

（2）选择文字要素的数量：牢和狱需要2个要素。

（3）选择文字要素组合样式的方法：牢和狱主要有2个要素，左右并列。

（4）1个组合样式内要素的具体组合方法：如牢和狱跟上面所列举的1和3条件完全一样，但选出来的要素是在左（偏）的位置对立，或□□或□□，同样的𗑗水和𗑘鱼是□□和□□对立排列。

在西夏文字字形对应的四个条件中，每一个条件都有差异[③]。

4. 西夏人的字形分解

西夏文字的字形分解例子记录在《文海》和《文海杂类》等韵书中，但不像上述字形的分析，而是以字形之间的关系为指示中心。比如《文海》平声31韵𗏁wun“柔、仁”，𗏂“持有”，𗏃“中”和𗏄“孝”以旁为指示，即𗏅和𗏁是派生字，可知𗏄也是孝和柔的派生字。该指示只不过展示了3个字形间的

①西田龙雄老师古稀纪念会编《西夏语研究新论》（1998年，第81页）。

②这44种组合样式在此不作重新说明。可参考西田龙雄《西夏语研究》Ⅱ，以及三省堂《世界文字辞典》所收“西夏文字”项目（《言语学大辞典》别卷，三省堂，2001年，第538页）。

③西田龙雄：《西夏文字——它的解读的程序》，纪伊国屋书店，1967年，1994年。

关系而已。如看到[illegible]孝，就知道其被表示为[illegible]心旁（右）和[illegible]柔旁（右），具有很强的指示性，西夏人认为柔和是孝行，该指示意义重大。西夏人提供的这种信息，在字形上很好地体现了西夏人的想法，是十分珍贵的，并暗示了西夏文字研究的另一个方向。但是，其解释不仅留在文字上，还表示了字形间的关联，但是没有联系到文字整体的组织。

该字形的文学研究应从分解字形的方向出发，对西夏人自身的分析进行重新评价，随后再详细叙述。

5. 西夏文字的单体字和合体字——文和字

西夏文字由若干单体字（文）和多个合体字（字）组成，单体字是不能分解的字形，合体字是指能够分解为 2 个及 2 个以上文字要素的字形。西夏文字是少数的文和多数字的集合字。

6. 单体字和部首

西夏文字中有如下的单体字，但为什么用单体字来表意，其原因现在不得而知。虽然相当于汉字的部首，但决不是象形字形。

[illegible] 素足　　[illegible] 禾　　[illegible] 苦
[illegible] 高，上　　[illegible] 枷　　[illegible] 树
[illegible] 小　　[illegible] 薄　　[illegible] 昆虫
[illegible] 人　　[illegible] 梯子　　[illegible] 腰
[illegible] 半分　　[illegible] 种　　[illegible] 辛
[illegible] 皮　　[illegible] 虫　　[illegible] 母
[illegible] 浊　　[illegible] 时　　[illegible] 迫
[illegible] 单　　[illegible] 牙

7. 合体字的分解和文字要素的确认

大部分的文字要素不是单独使用的，而是作为合体字出现，很多情况下，它表示本身特定的意义和关系。如[illegible]是作为文字的偏旁部首出现的，表示与马有关的意思，从汉字的偏旁部首看关于马的要素也没有错误。

[illegible] 马　　[illegible] 骡马
[illegible] 衔铁　　[illegible] 驰
[illegible] 乘马　　[illegible] 辔
[illegible] 家畜　　[illegible] 蹄
[illegible] 饲

不过，包含这个要素的字形并不都是用来表示马的，还有 ŋgu（上 1）–kaɦ（平 17）“中央” 和 mbĭuɦ（上 3）“大象” 等。但是，如果把一个文字要素假设为一个意思，就像部首一样，便于整理这些字符。因此，笔者把各文字要素当作部首，做了如下假设（上面单体字除外）。

017 木（冠）	020 之（冠）	026 石（冠）
028 金（冠）	030 山（冠）	033 虫（冠）
038 舌	041 非	045 歹
049 动	052 老	054 险
056 造	061 心	069 粪
072 转	080 马	083 招
086 卖	087 远	102 音
105 足	106 头	109 无
112 握	118 命	120 钵
123 齐	130 菜	132 伪
137 佑	138 昔	144 草
151 睡	152 鼻	153 门
154 语	155 击	156 齿
159 怖	159 速	161 熟
162 长	164 种	169 希
171 子	179 财	181 水
182 言	184 火	186 见
187 前	192 腹	200 遨
206 兽	210 土	216 气
217 虫	218 犬	226 赤
235 指	236 手	239 系
241 越	243 恶	255 口
256 离	260 圆	262 轮
269 肉	280 盗	285 鬼
287 数	289 教	290 习
291 幢	296 丰	303 目
304 夏	305 乌	312 讯
315 风	319 坐（底）	

这些文字要素的字形不是从象形字发展而来的。其中虽然也有与汉字部首相似的结构，但这不是借用汉字的部首，而是西夏人独创的①。最重要的是，我们从中发现了文字要素之间的意义及派生关系，继而明确了文字组织的特征。

8. 文字要素的字形派生关系

下面举若干反映创作者思维的文字要素派生关系的例子：

（1）代表动物的部首表示派生形式：

人　兽　虫　犬　鸟

另外，表示动物的身体部分也同样有关联：

指　手　皮　足　头

（2）表示前方的部首：

见　前　腹

（3）表示熟悉、长久意思的部首：

熟　长　族

（4）表示物的先端：

鼻　门

（5）联系行为和其进行的用具：

马　招

（6）表示越过就会成为恶的东西的联系（事情超过限度变坏）：

越　恶

9. 文字要素的特别组合和西夏人的想法

如上所述，从文字要素的派生可以看出西夏人的独特想法，并在各个字形的构成方面显现出来。

笔者想举一个简单组合要素的例子：

（1）是丨和的组合，本身没有被独立使用，但可将其他元素用作偏旁，创造特定的字形，表示某种器具。

ˀĭen（上 37）　　袋（布偏旁）

lĭu（上 2）　　瓶（水偏旁）

①虽然有和汉字的部首非常相似的字形，但这是极少的，也不能说是借用。如 017 木部艹字头，080 马部和马字旁，181 水部和三点水，182 言部言字旁，304 夏部和夏（汉字中不是部首），305 鸟部和鸟字旁等。

□ ndĭen（上 35）　　填（土偏旁）
□ lĭu（上 52）　　胃（腹偏旁）
□ laɦ（上 14）　　冢（歹偏土冠）
□ ni（？）　　囊（木冠土偏）

（2）□是□、□和□的组合，表现“插入”的行为。

□ ŋg^{w}iɦ（上 10）穿衣服（加了衣字旁）两手插进衣服
□ ŋg^{w}iɦ（上 10）穿（加上□冠表示动词①）
□ ŋg^{w}ị（平 67）着（加上人字旁）使役动词（紧喉母音）
□ ŋg^{w}iɦ（平 11）裘（加上皮字旁）
□ l^{w}ọ（上 62）衣衫褴褛（□加了丑字旁）
□ phon（平 54）怀（环抱的地方）（加上人字旁）
□ tan（平 24）单衣（加上薄字旁）
□ tan（平 24）（契）丹（加上单衣木冠）（音写语）

从插入物的行为发展到贴、补的意思。

□ nd^{w}ĭuɦ（上 3）贴
□ m̥vẹ（上 54）补（加上鼻字偏旁）
□ ɬị（平 69）补（加上上冠表示动词）
□ pạ（平 64）补、埋（加上土字偏旁）
□ mbĭʊɦ（上 6）总结、删、缩

从插入物品的行为延伸到钻孔行为。

□ tšh^{w}i（平 10）（穿）孔（挖）洞（加上手字偏旁）

---

①西夏语中有数个有冠的动词，下面举例：
□ ^{n}džĭɔɦ（上 44）长
□？（R？）经常作为表示长母音斑鱼的音写语使用。参考拙文《西夏语研究和法华经（一）》，《东洋学术研究》2005 年第四十四卷第 1 号。

□ thiɦ（平 14）雷　　□ tshu（平 1）脂肪
□ kĭẹ（上 60）雷鸣　　□ naɦ（平 17）变胖
□ sɛ（上 14）腥，腥臭　　□ ^{ʔ}ạ（平 63）武器
□ šĭaɦ（上 18）发出腥臭味　　□ ^{ʔw}ɛ（上 33）战

也有以下例子：
□ tšĭụ（平 69）守
□ ^{ʔw}ẹ（上 66）护　单独使用，但对应汉语的守护
□ lu^{2}（平 1）混（自）
□ hlụ^{2}（平 58）掺和（他）

tsʷɑn（平 24）（穿）孔挖洞的东西（加上金冠）

nu（平 1）锥（加上金冠）

sar_2（平 83）施针治疗（把患字写在中间，指金针）

10. 字形网的设定

这种字形的共同性和关联被发现，与文字网有重大的关系，下面举例几个关于文字网的例子：

［1］ 以黑祇为核心字的派生字网

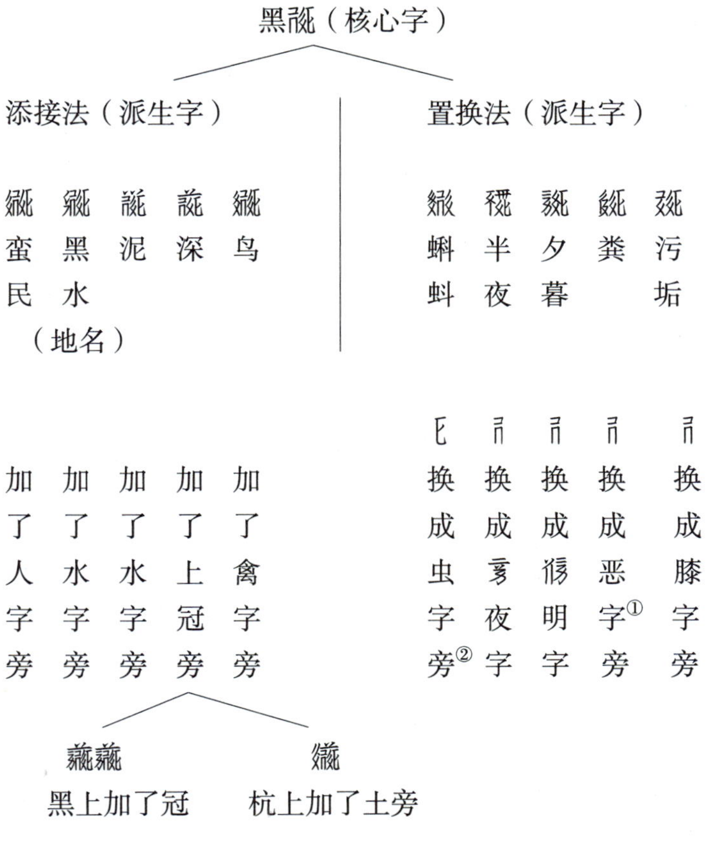

①关于"蝌蚪"请参考拙文《西夏、蒙古帝国》，香港：世界文化社，1969 年。

②西夏语中有很多关于粪便的字。藏语言群中没有这么多字形的语言。作者很惊讶，下面举例这些字：

wĭu（上 2）　pɜn（平 15）粪的借用　ṭị（平 65）（鸟的粪便）

tĭaɦ（上 21）　tsɪr（平 77）　ŋvẹ（平 61）

-ị（上 60？）　ŋgẹ（上 54）　ɬiɦ（平 29）

tšhen²（上 36）　mbĭeʸ（平 38）虫屎　ⁿdžĭɔn（平 56）虫屎

以“黑色”为核心字的意义有两层，一方面有黑暗、坑的地方；另一方面有蝌蚪、污垢、屎的意思。

（藏语：nag-po 黑，nags 密林，rmyog-po 污，chu-rnyog 污水，snyage-sryis 稳，缅语：a-nak 黑，nak 深、暗黑，a-myac 污垢、污物）

［2］①

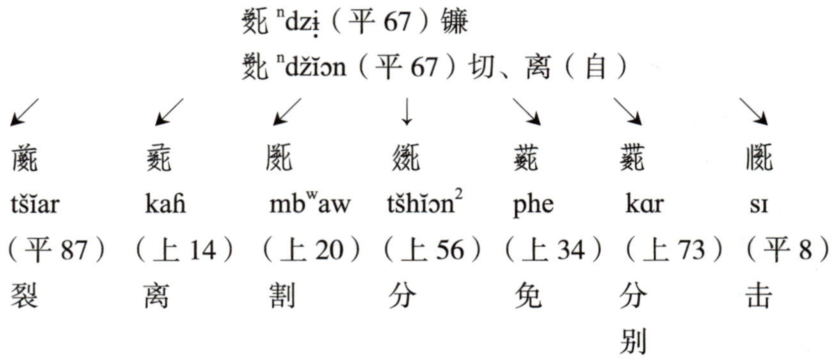

字义的差异待考。

［3］

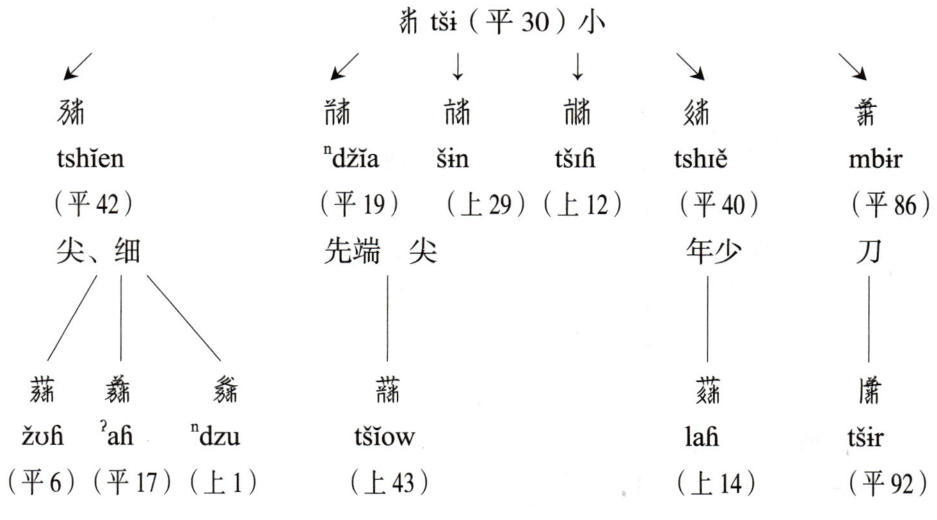

①这种字形网，只要是在限定的范围内都可以设定并追加。

ɬạ（平 63）手　kha（平 18）射　kĭɛ²（平 34）臂
ʔwaɦ（平 17）宝物　ži²（平 69）左　žẹ（平 61）著
pụ（平 68）中　nị（平 65）均　dĭər（平 93）据
hlịr²（平 69）打　tʷɪ（上 68）袭　war（平 87）切开
nɯr（平 84）缝　wịẹ（上 68）　抱 phoɦ（平 49）灌

都是[illegible]的派生字。

刺针尖梢　小　细（木）　削

↓

□

tsh^{w}aɦ

（平 17）

突刺

［4］

□ rĭur（平 76）　□ ʁzĭur ⟶ □ ʁzĭur（上 70）

扫　（上 70？）　扫星

↙　↓　↘

□　□　□

wɛ　šoɦ　hlĭɔn

（上 30）（平 48）（平 56）

扫　扫　扫清

11. 两种衍生顺序：添接法和代替法

从上面的例字中可以看出西夏文字有两种衍生顺序，即添接法和替代法。在基本字和衍生字之间：第一，以音形式为基础联系起来；第二，以意义为基础联系起来；第三，以音形式和意义为基础的联系（文字网选中的字，称为心字，与衍生字一般对立的字形称为基本字）。

A 添接法

在基本字中添接其他的要素产生的衍生字：

以音形式为基础的衍生（形声字）

□ liɦ（平 29）风　□ liɦ（平 29）松（木冠）

□ ^{n}dzị（平 67）立　□ ^{n}dzị（平 67）柱（木冠）

□ paɦ（上 17））切　□ phaɦ（20）切（人旁）

以意义为基础的衍生（会意字）

□ ^{n}dzĭeɦ（上 35）杀：　□ ^{ʔ}ew（平 44）学（加单人旁）[①]

---

①西夏语中有两个词汇层，雅语和一般语，偏旁有时表示其与词汇层有关。

Ⅰ雅语　Ⅱ一般语

□ kheɦ（上 33）　□ mbĭe^{y}（平 38）乐

□ khĭɔn（平 56）　□ ^{ʔ}iĕ（平 9）强，力

□ tšị（平 67）　□ tšị（平 67）苦

单人旁添接部分有词汇层的差异。如《月月乐诗》，参见拙著《西夏王国的语言和文化》，岩波书店，1997 年。另外《大宝积经》卷三有□□“卑贱”□□□和“下劣的人”。

[illegible] ^{n}džǐɔn$_{2}$（平 56）切：　　[illegible] kaɦ（[illegible] 14）离开（戴冠）

[illegible] mǐuɦ（上 3）动：　　[illegible] ndon（上 47）动（汉文借词）(戴冠）

以音形式和意义为基础的派生（形声、会意字）

[illegible] səw（平 43）明：　　[illegible] səw（平 43）照（加偏旁）

[illegible] lon（上 47）球：　　[illegible] lon（上 47）横卧（加偏旁）

[illegible] mbị$_{2}$（平 67）尿：　　[illegible] mbị（平 67）小便（加单人旁）

第一种是形声字，第二种是会意字，第三种是形声、会意字。

B 代替法

用别的文字要素代替基本字的一部分而衍生出新的字：

以音形式为基础的派生字

[illegible] naɦ（平 17）夜 ：　　[illegible] naɦ（平 17）明日（越过偏旁）

[illegible] rar（平 82）役所：　　[illegible] rar（平 82）远离（改掉偏旁）

基于意义的衍生

[illegible] ndiɦ（上 10）字：　　[illegible] ŋ^{w}u$_{2}$（上 1）笔（变换偏旁）

[illegible] ŋgǐon（平 72）：　　[illegible] ^{n}dz^{w}əw（平 43）襟（把偏旁放在上面）

[illegible] rǐẹ（平 74）马：　　[illegible] ʁzǐər（上 78）衔铁（口字偏旁）

基于形声和意义的衍生

[illegible] rar（上 73）流：　　[illegible] rar（上 73）泉（水字偏旁）

[illegible] ^{ʔ}yɨ（平 30）谓（N）：　　[illegible] ^{ʔ}yɨ（上 28）谓（V）(偏旁对立）

[illegible] ^{n}dzǐeɦ（上 35）教：　　[illegible] ^{n}dzǐeɦ（上 35）师（言字偏旁）

第三种很难辨别哪个是基本字哪个是衍生字。

12. 对称文字和否定文字的创作

下面举例西夏文字构成法的特征对称文字和否定文字。

对称文字

（1）将相同的文字要素放在左右对称的位置，如□□字形被称为对称文字，这种结构法的汉字有林、丝等。

[illegible] ndiɦ（平 14）分	[illegible] šow$_{2}$（上 46）双	[illegible] šar（平 82）棘
[illegible] ndʉr（上 76）比	[illegible] tšǐon（平 55）集	[illegible] mʉr（平 84）唇

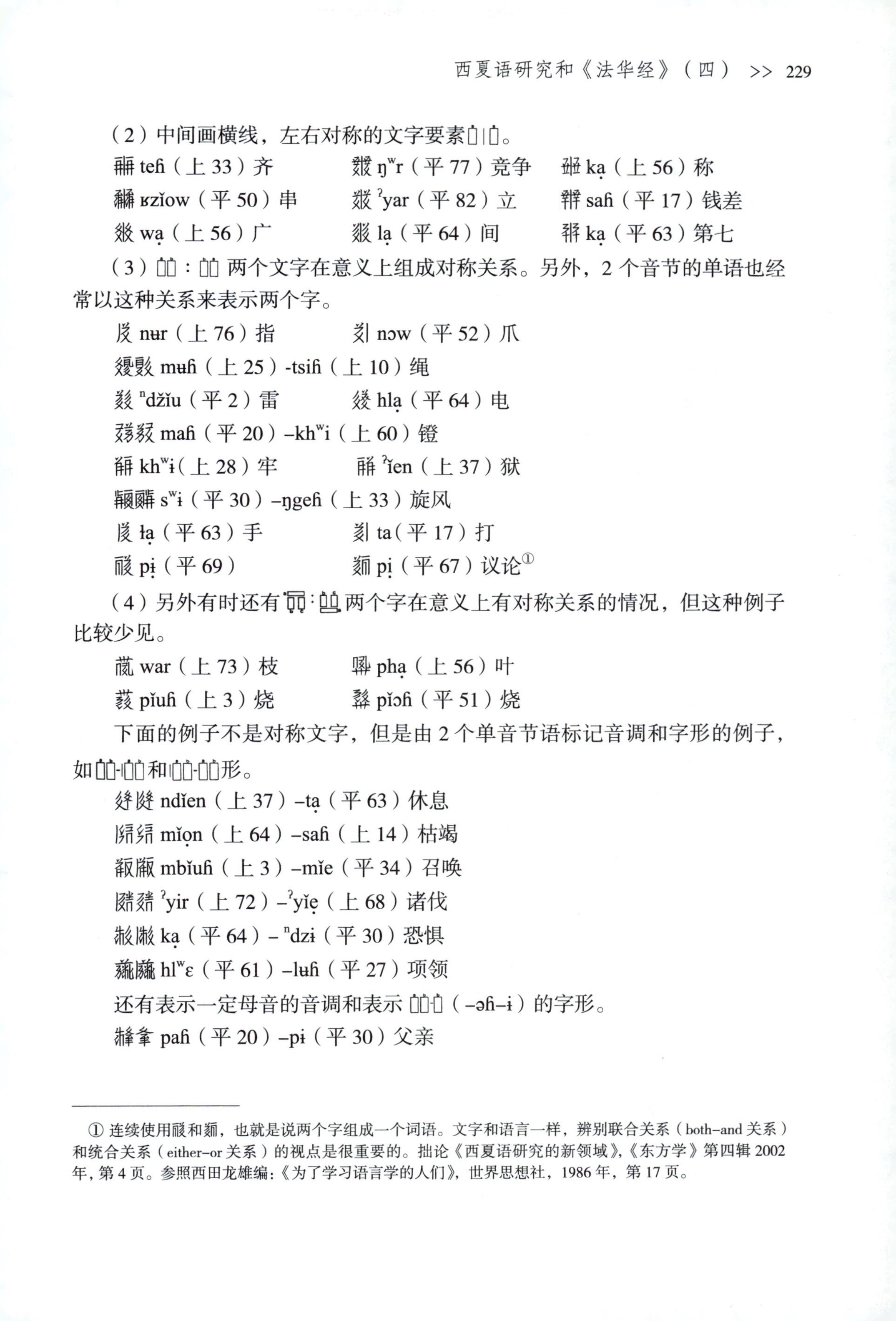

（2）中间画横线，左右对称的文字要素。

teɦ（上 33）齐　ŋ^{w}r（平 77）竞争　kạ（上 56）称

ʁzĭow（平 50）串　$^{?}$yar（平 82）立　saɦ（平 17）钱差

wạ（上 56）广　lạ（平 64）间　kạ（平 63）第七

（3）：两个文字在意义上组成对称关系。另外，2 个音节的单语也经常以这种关系来表示两个字。

nʉr（上 76）指　nɔw（平 52）爪

mʉɦ（上 25）-tsiɦ（上 10）绳

^{n}džĭu（平 2）雷　hlạ（平 64）电

maɦ（平 20）–kh^{w}i（上 60）镫

kh^{w}ɨ（上 28）牢　$^{?}$ien（上 37）狱

s^{w}ɨ（平 30）–ŋgeɦ（上 33）旋风

łạ（平 63）手　ta（平 17）打

pị（平 69）　pị（平 67）议论①

（4）另外有时还有：两个字在意义上有对称关系的情况，但这种例子比较少见。

war（上 73）枝　phạ（上 56）叶

pĭuɦ（上 3）烧　pĭɔɦ（平 51）烧

下面的例子不是对称文字，但是由 2 个单音节语标记音调和字形的例子，如和形。

ndĭen（上 37）–tạ（平 63）休息

mĭọn（上 64）–saɦ（上 14）枯竭

mbĭuɦ（上 3）–mĭe（平 34）召唤

$^{?}$yir（上 72）–$^{?}$yĭẹ（上 68）诸伐

kạ（平 64）–^{n}dzɨ（平 30）恐惧

hl^{w}ɛ（平 61）–lʉɦ（平 27）项领

还有表示一定母音的音调和表示（–əɦ–ɨ）的字形。

paɦ（平 20）–pɨ（平 30）父亲

① 连续使用和，也就是说两个字组成一个词语。文字和语言一样，辨别联合关系（both–and 关系）和统合关系（either–or 关系）的视点是很重要的。拙论《西夏语研究的新领域》,《东方学》第四辑 2002 年，第 4 页。参照西田龙雄编：《为了学习语言学的人们》，世界思想社，1986 年，第 17 页。

[illegible] ^{n}džaɦ（平 20）-sɨ（平 30）种族

西夏字有与对称文字并列存在的否定文字，汉字没有类似的构成法，这一特征使西夏文字更具特点。

否定文字

否定文字有两种：第一，关系否定，以[illegible] miɦ（平 11）“不”偏‖为代表；第二，存在否定，以 meɦ [illegible]（平 36）“无”旁为代表。

（1）关系否定字

[illegible] mbiɦ（上 10）低	[illegible] šan（平 25）山
[illegible] ^{n}dzeɦ（上 33）单	[illegible] t^{w}ɪěɦ（上 11）对
[illegible] šow（平 53）集	[illegible] san（平 24）散
[illegible] tsɨ（平 30）小	[illegible] ma（上 23）大
[illegible] nd^{w}i̤（平 69）捷	[illegible] lon（上 47）懒

（2）存在否定字

[illegible] khiɦ（上 10）精气	[illegible] mĭeɦ（平 39）尸
[illegible] maɦ（平 20）母	[illegible] wĭo̤n（平 72）寡
[illegible] nĭeɦ（平 39）心	[illegible] mi̤（上 61）忘
[illegible] ɣkɪě（上 59）音	[illegible] meɦ（平 36）寂
[illegible] $^{?}$war（上 73）物、财	[illegible] lṳ（上 51）贫

否定字特别能够反映西夏人的思维模式。如上面列举的没有气息的东西——尸体一样。又如[illegible]“因缘”存在否定[illegible]“譬喻”，虽有一定的参考价值，但并没有解释字形之间的因果关系。这反映出从《文海》《文海杂韵》等韵书中得到分解西夏字的依据，也是从这个观点产生了重新探讨各个字形成立的必要性的想法。

13. 西夏人使用的用语和分类

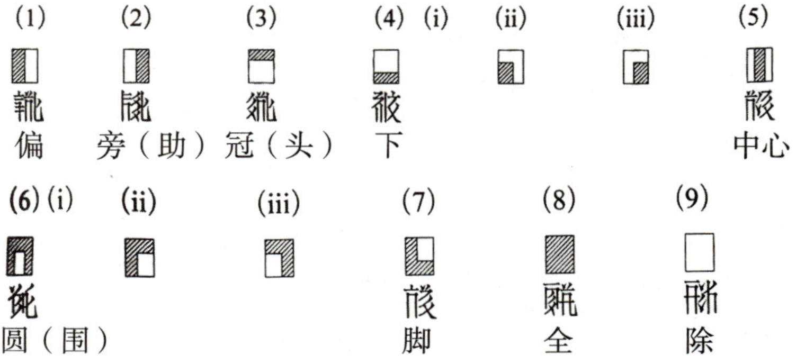

这些指示仅仅是大体上的指示，实际使用的时候会作适当的解释。

虽然翻译为偏、旁、冠等，但实际上与我们所知道的汉字常识（偏、旁、冠、脚）并不一致。不是指某一位置的某一个要素，很多时候可能同时有数个要素围绕着中心字形，这是一种特别的用语。整个字形删除特定要素后，有脚的例子很少，实际上⻏是用来指示与肉有关的偏旁[①]。有时候也能看到非常奇怪的解释，如𗠁 tĭen^{2}“钉子”、𗠂 š^{w}an（平 25）门栓（汉语借用词）和𗠃 nu（平 1）锥子下的分解难以理解。

特别是解释派生字到基本字、单体字到合体字的时候明显是不合理的，并且不拘泥于字间的联系，有可能存在看漏看错的情况。

𗠄在《文海》中有𗠅“死”、𗠆“言叶”、𗠇“遗留”三种解释。𗠄有垂死之际留下话语的意思，可以看出这个字形应该是浓缩了关键信息的一种表达。这个文字在《类林》和《大宗要选文》中没有使用上述意思。

另外，𗠈 wɯr（平 84）在《孔雀大明王经》和《十二缘生》中出现𗠉𗠈“夭、逝世”，藏语 ḫchi–bdag 用于“死魔，被死神抓到会早死”的意义。这个字形是组合了𗠊“寿”的偏上部和‖否定部及𗠋全的右半部。也就是说，没有充分使用寿命来传达关于死亡的信息。

再举其他的例子，如𗠌 kĭụ（平 59）“宝物”可理解为以 a ｜和 b 𗠍 c 𗠎 3 个要素组成，属于▯▯▯型。a 是𗠏“宝”的中心的 1 画，b 是𗠐“牛”的中心，c 对应𗠑“黄色”的旁。也就是说，表示黄牛的宝。西夏人的想法与藏族人关于黄牛的宝的想法是一致的。藏语中 nor 有牛和财物两个意思。

𗠒表示两岁的羊 ndrĭər（87），由𗠓“二”的偏和𗠔 nĭur（476）“小羊的圈”的旁组成。

𗠕 ta（平 23）颂，由𗠖“谠”的偏和𗠗“美”的偏、𗠘“助”的旁构成，意为“帮助赞美的东西”，𗠙 lɯf（平 27）障碍，由𗠚“上”的冠和𗠛“家”的偏构成，意为在家上有东西，表示障碍，这个解释让我们感到很意外。

𗠜 ŋg^{w}ọ（平 94）男子的偏是𗠝大字的旁。

𗠞 ^{n}džĭ（平 92）时的偏是𗠟日的偏。

𗠠 ɬ^{w}ọ（平 94）焰由𗠡“尖”的偏和𗠢“热”的偏、𗠣“火”的冠组成，表现为“火的尖端，炙热之处”。

---

①将⻏和汉字的“⻌”一样进行处理不是很好吗？

𘟂 ^{n}dźi̠（平 67）镰由𘟃“铁”的围和𘟄“秀”的旁组成，有“秀铁”之意。其派生字𘟅 m^{w}aw（上 20）“割草”偏旁画了一笔，在西夏人的意识中那一笔代表𘟆“手”。了解字形，并与其他的字形关联，其目的是方便人们记忆复杂的字形，以镰为核心的字形可参考上述。

在西夏人的解释中，以衍生字解释基本字，或者以合体字解释单体字是有些不合理的。如𘟇 ndɔɦ“毒”（平 49）以𘟈蝎为中心和𘟉蛇为旁，实际上蝎、蛇都是毒的衍生字。在可以发现单体字的情况下这种解释会更加不合理。

𘟊 $^{?}$yar（平 82）八是去掉𘟋“七”的冠之后的字。

𘟌 žu（平 1）枷是𘟍“枷”的冠和𘟎“绳”之下的解释也并不合理，显得过于繁琐。

𘟏 k^{w}ʉɦ（平 27）半是𘟐“全”的冠和𘟑“损”的旁组成，实在是不可思议的说明。

𘟒 si_2（平 30）种是𘟓“生”的冠和𘟔“母”的下部组成，也是非常坦率的解释。

虽然西夏人在解释的时候提供了重要的视点，但也有部分解释非常勉强，是无法全面采用的。

二、新视点的引进——双生字论

1. 书面语的创设和汉字的创作——超越汉字的特性

这种初期的表面分析，便是所谓的表意文字的代表，是西夏文字创作时期以汉字为模板继承发展的，以汉字的知识分析西夏字的时候，应该抛开汉字考虑其内部因素。西夏语究竟藏着多少秘密呢？首先叙述一下这种想法发生转换的契机。

笔者认为对于西夏来说，文字的创作和编定西夏语的书面语都是同等重大的事，但对后世来说，反而应该更重视后者。当然只通过西夏文字并不能完全了解当时的西夏语，但至少应该把这两个成果区别处理。

正如拙论《西夏语研究与法华经》中所写的那样，笔者对西夏文字的研究不仅是对文字组织的分析和解释，还致力于对这种语言体系统的复原。研究的时候需考虑两者之间的平衡，大致来说，两者的关系可以概括为单对单、多对单、单对多 3 种。任何语言单对单是理想型，但是西夏语中多对单的情况比预想得要多。也就是说两个以上不同的字形与同一个语言单位对应的情况有很多。

最先出现的是音调差异上的例子，现举两三个例子来说明：

	文字的水平	语言水平
字形 1	毹 tšhi（上 9）	同样一个西夏语单位
字形 2	毹 tšhi（平 10）	tšhi（上）相当于“根，根本”

tšhi（上）在某种情况下会出现从上声到平声的变调，西夏人相应地增加了笔画创造了专用字，反映出与语言水平密切相关的字形。

	文字水平	语言水平
字形 1	绨尾 mbiɦ（上）	mbeɦ（上）同样一个西夏语单
字形 2	繖尾 mbiɦ（平）	mbeɦ（上）mbiɦ–mbeiɦ 相当于“高低，上下”

低高（高低），上下是上声—上声的连续，有些情况下会连续变平声—上声，字形 2 记录着变调形，后者的例子在《番汉合时掌中珠》中有记载“人有高下”䍐繖尾緪的口语形式。此外，《法华经》《禅源》《大宝积经》中也有这个旁的字形，《天盛律令》中还出现了独特的字形 1。

同样“问”“得”等也会引起一个语言单位的变调现象，西夏人为此创造了专用字。本来各只要有一个字形就够了（后述例子）。

这种语言变形专用字形的创作，不只是上述声调的变化，还关系到西夏语的词根，笔者把这些讨论统一概括为“双生字论”，并展开了以下新的论证。这个论证可以说是从语言的方向转到看字形的方向。

2. 双生字的发现

西夏文字的创作者创造了意义或者字形上具有密切关联的两个语言单位的字形，笔者把这一字形称为“双生字”。在很多情况下，西夏文字对应的字形也是一个汉字。

有如下种类的双生字，但笔者想先举出最重要的词干形态的例子，这并非由环境所致，而是由西夏语的根本问题决定的。

（1）词干变形双生字

西夏语中的动词有一部分把词干形式变得不自然了，如“见”有 A 莪 leɦ（上 33）和 B 菔 li（上 9）两种字形，“悟”也有 A 緘 tseɦ（上 33）和 B 緘 tsiɦ（上 10）两种字形。

作者把动词称为词干 A 形式和词干 B 形式，他们都与后面的人称代名词接续（先行语照应形），但 B 形式的行为者（主语）构成了照应行为者视点，在与此相对的词干 A 形式的情况下，人称接续词与现行目的语相对应，组成了被动和受益人（目的语）视点文[①]。

A、B 两种词干形式除传达意义以外，也可以传达语法信息。因为冠形的对立或再加一画，表现了这个意思，这种关系的第 2 个字形被称为“词干变形双生字”，能相互关联类似的字形。这种分开书写的大多是表音文字，笔者认为可能是从藏文的字形中获得了灵感。下面举几个典型的例子：

词干 A 形式	词干 B 形式	意义
瓻 wi（平 10）	㼵 wǐɔɦ（平 51）	送
豨 wi（平 10）	絣 wǐɔɦ（平 51）	造
豵 khǐɔn（平 56）	豥 khǐen（平 42）	给
繻 ^{n}džɛɦ（上 32）	蕟 ^{n}džǐɔɦ（上 44）	持

（2）平声、上声双生字

西夏语动词因某种条件引起变调现象，如平声的动词在上声前缀词后变为上声，在西夏文字组织中，这个变调形式与原来字形相似，但又有细微的不同以示区别。瓻 ^{ʔ}yɨr（平 86）“问”在接续词豨 rir（上）和蘵 ndaɦ（上）之后写着瓻 ^{ʔ}yɨr（上），这样的例子被称为平声、上声双生字。䋫 laɦ（平 17）“织”和䋫 mɪ（上 14）“织”、肠 mɪ（平）贯和膨 mɪ（上）贯都是同样的双生字，如同上面所讲，名词也有相同的变调现象，并创造了双生字。

上述的词干变形双生字和平声、上声组成的双生字会出现 4 种变形。事实这 4 种变形被称为“复双生字”，同样可以把一个动词“有”分为四种字形：

可能	词干 A 形式	词干 B 形式
平声	豨 rir（平 79）	䨑 rǐor（平 90）
上声	豨 rir（上 72）	䨑 rǐor（上 81）

嫌、恶也有 4 种形式：

嫌	词干 A 形式	词干 B 形式
平声	豯 khɪě（平 9）	豯 khǐow（平 50）

①此处省略已论证的动词词干 A、B 照应和具有不同关系的 2 种视点文，作者已发表的论文如下：

《西夏语研究杂考》，《 西夏语研究新论》，西田先生古稀纪念会，1998 年。

《西夏语文法新考》，《国家图书馆馆刊》（西夏研究专号）2002 年。

《西夏语研究的新领域》，《东方学》2002 年第四辑 。

《西夏语译法华经》，《东洋学术研究》2002 年第四十一卷第 2 号。

《西夏语语法新探》，《汉藏语研究》2004 年。

上声　　□ khɪě（上 8）　　□ kǐow（上 43）

上声形式因为某种原因会变成无声无气音。

《六韬》中有□□□□ ^{n}dz^{w}ɨ（平 30）maɦ（平 20）khǐow（平 50）–naɦ（上 17）“帝嫌恶（汝）”（行为者视点文）的例子，使用词干 B 形式。没有人称接续词的 A 形式。

在《六韬》中，也出现了下面的形式。□□□□□□ teɦ（平 36）^{n}dzǐ^{w}ɔɦ（上 44）sɨ（平 30）khɪě（平 9）wɪěɦ（平 12）^{n}dzu（平 1）“凡人怕死乐生”，即在平声韵的情况下出现了词干 A 形式的平声字。

《孙子》中也有上声韵的例子。如□□□□ kạ（平 63）kɪě（上 8）tsɨ（平 30）tǐaɦ（上 18）“非恶寿也”，也在词干 A 形式平声的情况下出现了上声韵形式，因为“嫌、恶”本来是上声韵，所以表示平声时已变形。平声的词干 A 形式的使用例中有□□ pǐɔɦ（平 51）khɪě（平 9）等。

（3）名词、动词双生字

西夏语中，名词平声变动词上声的形态很多。西夏人根据声调的变化创造出与其词性、声调对立的字形。有写的酷似的两个字，笔者把这些称为名词、动词双生字。

名词（平声）	□ ʁzị（平 67）	鞋
动词（上声）	□ ʁzị（上 60）	穿鞋
名词（平声）	□ ʁzar（平 80）	羞耻
动词（上声）	□ ʁzar（上 73）	耻
名词（平声）	□ tšǐɛ（平 34）	笠，冠，伞
动词（上声）	□ tšǐɛ（上 31）	笠，顶冠，打伞
	□ tšhǐow（上 43）	B 形式
名词（平声）	□ ndʉr（平 84）	敌
动词（上声）	□ ndʉr（上 76）	竞

下面的例子虽没有声调的对立，但是在音形式上有微妙的差异，从反切来看，这类应为双生字。

□ mbị$_2$（平 67）尿　□ mbị（平 67）撒尿

mbi 是羌语系语形，现代羌语（桃坪）bie241、（麻穷）bi、道孚语 bi、普米语（箐花）sbiɛ55、（桃巴）bǐ53 等都是同源语。

（4）主格、斜格双生字

西夏人创造了指示代名词“他”和疑问代名词“谁”的主格形（平声）和

斜格形（上声）双生字①。

他　　　　　　　　　　谁

平声 thaɦ（平 20）　　　　主格 s^{w}ɨ（平 30）斜格

上声 thaɦ（上 17）　　　　主格 s^{w}ɨ（上 28）斜格

平声、上声各形式的功能有如下关系，以“谁”为例：

谁（平声）　　　→谁，谁

谁（上声）N　　　→谁的 N

谁（上声）V　　　→谁做 V

即上声韵形式与平声韵＋属格、对格助词的字形和功能相同，𗶅和𗶅𗗙 s^{w}ɨ（平）^{ʔ}yeɦ（平）是一样的，𗀔和𗀔𗗙 thaɦ（平）^{ʔ}yeɦ（平）也是一样的。上声调与现代缅语的第 3 声调形态一致。在此省略具体对应的例子，可参考拙文《西夏语文字新考》②。

（5）自动词、他动词双生字

西夏人创造了自动词形（有声无气音）和他动词形（无声呼气音）相对立的双生字。

自动词　　　　　　　　　　他动词

𗖵 ^{n}dž^{w}i（平 10）溶　　　　𗖶 tšhi（平 10）溶

𗖷 ndʉr（上 76）燃　　　　　𗖸 thʉr（平 84）燃

𗖹 ^{n}dzɨr$_2$（平 86）切　　　　𗖺 tshɨr$_2$（平 86）斩、杀

𗖻 ^{n}džĭɔn$_2$（平 56）离、切　　𗖼 tšhĭɔn$_2$（平 56）离、切离

自动词、他动词的对立，一部分根据有声无气音和无声出气音辨别出头子音③。但是像𗖽 mblĕ（上 8）“开”和（上 8）𗖾 phlĕ“解”一样的自动、他动

①西夏语的指示代名词、近称代名词和远称代名词辨别模糊，远称𗀔 thaɦ（平 20）经常作为近称代名词被使用。另外地点代名词有𗖿 thĭuɦ（上 3）、𗗀 thaɦ（上 17），后者与𗀔 thaɦ 同形。

𗗀 thaɦ（上 17）𗗁 thaɦ（平 17）　那个佛，那里的佛（慈悲）

𗖿𗗀𗗂𗗃　彼此和合

𗖿𗗀𗗄𗗅　那里和这里（慈悲）等的使用例子。参照拙文《西夏语文法新探》，《汉藏语研究》2004 年。此外在𗗆𗗇 thɨ（上 28）–lĭẹ（上 68）这（这个方向）、𗗆𗗈 thɨ-tị（上 68）（这个地方）中使用过。

②《西夏文字新考》，载《东方学会创刊五十周纪念东方学论集 》，东方学会，1997 年，第 1339 页。

③例如笔者把𗗉牙音独字（上 42）作为平声韵 10 小类 khɔɦ，在“韵书残卷”中却附有𗗊𗗋（疑母上 42）的反切。因为声母为 ŋg- 所以对应 11 小类 ŋgɔɦ-，证明𗗉是自动词，𗗌𗗉是“退热”，𗗉𗗍是“挪开”，𗗎𗗉是“除掉、黑暗”（法华），𗗎𗗏𗗐𗗉是“消除所有幽冥”（大宝 12）。他动词是𗗑 ^{ʔ}wọn（平 71）形，是双生字。

词的关系也有不被标记为双生字的例子（参照后述）[①]。根据出头子音辨别自动、他动词，如下面的例子，紧喉母音化构成使役动词的顺序和藏缅语系的形态法是一致的[②]。

（6）使役、非使役双生字

西夏语中有非使役动词紧喉母音化后构成使役动词的情况，双生字中有很多两者对立的例子：

非使役动词	使役动词
散 kuɦ（平 4）缓	𗗙 kụ（平 58）使缓慢
𗂧 thiɦ（平 11）喝	𗂰 tị（平 67）让喝
𗄈 lu$_2$（平 1）混	𗄉 hlụ$_2$（平 58）使混乱
𗅉 ŋg^{w}iɦ（上 10）穿衣服	𗅊 ŋg^{w}ị（平 67）让穿衣服
𗆋 ŋgĭɔɦ（上 44）其 B 形式	

上述双生字是采用了添接法或置换法形成的派生字。此外固有的单词和借用语之间也创造了双生字。

（7）固用语、借用语双生字。

西夏政权建立之前，主要有米（mi）族和米纳克（minyak）族，他们经常和汉族进行文化交流，借用了大量的汉语。因为借用语经过了数个阶段的发展，虽然出现了单纯的对应法则，但不能处理复杂的局面。在 11 世纪以后，文献中有对应的汉语和主要部族姓氏，并使用音写注释记录汉语、记录读音，如𗇋 k^{w}ạ（上 58）的注释为𗇌𗇍𗇎𗇏，汉语 tšhĭu^{2} 读“锄”（《文杂》），像这种形式的注记有很多。11 世纪以前西夏语就受到了汉语的影响，在创造西夏语时已融入了汉语，并创造了专用字形。到 11 世纪初，可以看出西夏人混用固有语和借用语，固用语为基础，字形相似便可以说是双生字。前者是“夏汉双生

---

①有如下的 3 种形式：

𗈀 ŋg^{w}ɨ（平 30）折

𗈁 k^{w}ɨ（平 30）折

𗈂 kh^{w}ɨ（平 30）折

第一、第二是自动词对立，第三是其他动词的对立，第一、第二是代表了部落语之间的差异吗？

𗈃𗈂 phu（上 1）kh^{w}ɨ 伐木（《观心论》）

𗈄𗈅𗈆𗈂 p^{w}ẹ（上 65）^{n}dzị（平 67）khiɦ（平 11）kh^{w}ɨ 剪掉头发和指甲（《十二生缘》）

𗈇𗈀𗈈 s^{w}i（平 10）ŋg^{w}ɨ-kĭɛ（平 34）缺牙齿（《庄严》）。

②参见《语言学大辞典》卷二（中），1989 年，不确定应该叫作自动词对他动词，还是自主动词对不自主动词（待考证）。

字”，后者是“汉夏双生字”，应叫作“固用语、借用语双生字”①。

夏汉双生字（固用语→借用语）

□ fīụ（上 52）粪	□ pən（平 15）粪
□ kĭəw（平 45）年	□ š^{w}i（平 10）岁
□ ^{ʔ}ɨ（上 28）睡	□ mɪ（上 7）寐
□ ŋɪɦ（上 12）望	□ ^{ʔw}on（平 54）望
□ kuɦ（平 4）衣服	□ ^{ʔ}yɨ（上 28）衣
□ nd^{w}ʉɦ（平 27）知	□ tši（平 10）知

汉夏双生字（固用语→借用语）

□ ndĭen（上 37）休、定	□ tạ（平 63）休
□ ši（平 10）始	□ ^{ʔ}yuɦ（平 4）初
□ x^{w}ɪ（平 8）灰	□ laɦ（平 17）灰
□ ^{ʔ}ih$_{2}$（上 10）易	□ leɦ（平 36）改
□ ^{n}džĭəw（平 45）腰	□ kir（上 72）腰
□ šɨɦ（平 29）拭	□ šĭa（平 19）拂

（8）字形网与借用语

根据意义来创造字形的话，大多情况下，汉语借用词都会被作为固用语使用。两者有相同的意义，但不一定能创造出上述的双生字。双生字借用语可以说与旧有固用语有着相当密切的关系。下面举例说明不能用双生字标记的旧有固用语：

固用语	借用语
□□ ŋ^{w}ʉ（上 1）泣、哭	□ tšhi（平 10）泣、哭
□ mbị（平 69）泪	□ l^{w}i$_{2}$（平 30）泪
□□ neɦ（平 36）–lɔɦ（上 47）亲戚	□□ ^{n}dziɦ（平 11）–^{n}dziɦ（平 11）亲戚

①另外，还存在对应混合成多个固有词形（重复数的）、借用形的例子。

（1）□ wɛɦ（平 35）往：□ kɔɦ（平 49）车 藏语 hkhor–lo：□ tšhĭa（平 19）车（汉语借用词）

（2）□ siɦ（平 11）树：□ phu（上 1）树 藏语 shing，缅语 sac–pang：□ šĭu（上 2）树（汉语借用词）

（3）□□ ŋ^{w}wɛ（上 30）^{ʔ}iɦ（平 11）和众（Skt. sangha）：□□ x^{w}aɦ（平 17）šĭɔn（上 49）和尚（汉语借用词）藏语 hwa–shang，grwa–pa

□□ ^{ʔ}a（？）šʉ（平 28）和尚（道人）：□（平 15）僧（汉语借用词）

（4）□ ŋ^{w}ʉr（平 84）山：□ rar（平 80）藏语 ri，□ šan（平 25）山（汉语借用词）

《大悲心陀罗尼经》中有□□“山树”的使用例子，ŋ^{w}ʉr 和 phu 可能是一样的羌语系词汇。

西夏语的数词“十”有 3 个字形：

①敁 ^{ʔ}a̤（上 56）②贏 šĭa（平 19）③孊 ^{n}dzị（平 69）

①是固用语②是汉语“十”的借用语③是汉语正书纪年中使用的“拾”的借用形。

蘵鼦 mʉn（平 31）^{n}dzị（平 69）“失火”和③一样同样是借用词。

3. 剩余字的创作与记忆负担的增大

西夏文字的创作者们宁愿增大记忆的负担，也想提高语言表达的效果，由此创造了多余的字体：

（1）“水獭”的西夏字为豜豩 ʁzịr（上 85）–vaɦ（平 17）。第一个字是“水”，第二个字事实上与豵 vaɦ（平 17）“猪”相同。西夏语中，此时除了没有契语的獭豰 šĭɔn（上 48）（与藏语 sram 是同源语）以外创造了有契性的“水的猪”的表现词形①。只是没有直接使用“猪”的字形，而把偏旁换成了“水”，创造了专用字。这种造字法也是西夏语文字组织的一大特征。

（2）不知为什么，对应西夏语中“语”的文字却相当多，其中每一个都是汉文借用语。

“语言”在《同音》中记载为彨豥 ŋ^{w}ʊ$_2$–na̤（平 5– 上 56），《维摩经》中记载为蓏豥 ŋ^{w}ʊ$_2$–na̤（平 5– 上 56），《番汉合时掌中珠》中为彨豼 ŋ^{w}ʊ$_2$–neɦ（平 5– 上 33）。彨和蓏一样都是平声 5 韵，是同一个音节。表示汉语彨豥、西夏语豤豥时都会使用豥字。其上声字豲有对称字形双生字（平声、上声双生字），像豷豼豲“同义词”一样记录了先行的上 42–、上 38 韵的变调形式 ŋ^{w}ʊ$_2$（上 5）。彨作为动词使用，如豗彨“不声不响”，除了平声 5 韵还有豖 ŋ^{w}ʊ，汉语翻译为“曰”“云”。如《论语》“子日”常翻译为豟豖 nɔɦ–ŋ^{w}ʊ^{2}。也有加了口字旁的豘 ŋ^{w}ʊ（平 1）。ŋ^{w}ʊ$_2$（平 5）是“曰”rĭwăt>jĭwĕt 的对应字，ŋ^{w}ʊ$_2$（平 1）是“语”ŋĭa>ŋĭo 的对应字。

---

①关于记号无契性和有契性的表现，参照《语言的构造 10：记号的特质》，载西田龙雄编《为了学习语言学的人》第 10 页。

在西夏语中，语形的选择并不一定有确定的标准。经常可以看到无契语以有契语的方式表现，下面举几个例子：

《大宝积经》卷一有动物的名字狮子、虎狼、麒麟、熊，这些名字的西夏文为豨豯、豱豲、豴豵、豶豷。狮子 kaɦ（上 14）– tšeɦ（上 32）、老虎 ɬɪ（上 7）、狼 lịn（平 32）、熊 rĭen^{2}（上 37）、罷 ^{ʔ}yĭɔn（上 49）分别是 2 音节，1 音节为无契性词，不过，虚构的动物麒麟与 kĭɛ^{2}（上 31）tsẹ（上 54）“有装饰的骏马”创造了有契性词汇。

《六韬》中的龙、虎和并排出现的彲（彲 / 雨龙）等虚构动物，西夏人为其创造了无契性专用字豸，其发音属于牙音类，其他不详，大概是汉语的变形。

（3）[illegible] kh^{w}ɨ（上 28）–^{ʔ}ĭen（上 37）“牢狱”、[illegible] thi（上 37）– ^{ʔ}ĭen（上 37）“地狱”与[illegible] ^{ʔ}ĭen（上 37）“家，舍”为同一词素。为了字形上强调“狱”的痛苦，以[illegible] rĭẹ（上 68）“痛苦”为偏旁与牢组成对称字形。另外[illegible] ^{n}dzon（平 54）“囚犯”也以[illegible]（平 67）“痛苦”为偏旁，是戴木冠的会意字。^{n}dzon 与藏文 btsom–pa“囚犯”同源或为藏语借用词。

（4）太阳[illegible] 1ɛ̣（上 54）–sɔɦ（上 42）太阳

太阴[illegible] 1ɛ̣（上 54）–thɪ̣（平 65）太阴

阴和阳组成阴阳 thɪ̣–sɔɦ，但标记其他字形时会使用不同的字形，如[illegible]，这两个字很明显是剩余字，作为“上阳”“下阴”时，特意创造了与上下的要素相配的字形。

（5）“上”“下”在字形上表现为“比水平高”或“比水平低”。

上　[illegible] mbɨ（平 30）mbeɦ（上 33）

下　[illegible] mbɨ（平 30）mbiɦ（上 10）

第一个词素 mbɨ 肯定是高水平的词汇，不仅是上下共通的同一词素，还协调第二个词素和偏旁的位置，分别为“高”和“低”创造了不同的字。其中一个是完全多余的字形。

（6）[illegible] naɦ（平 17）“夜”和[illegible] naɦ（平 17）– rɒr（73）“明日”的第一词素是完全相同的字形，“明日”可以表达为“越过夜晚”。但是“明天”和“晚上”用不同的字形来表达。过了晚上，置换[illegible]的偏旁变成明天，这也可以说是多余的字形（缅语：nya^{3} 夜、nak 黑暗、mak–phra 明天，逐字为“消除黑暗”）。

西夏语特有的造字法是汉语中看不到的，这可能是西夏文字创造者针对具有压倒性优势的汉语发起的一项挑战。

4. 字形分配的错位

必须在此提一下西夏文字组织不合理的方面。笔者发现了西夏语词素之间的关联和标记字形之间的关联，并发现一种“错位”或者有目的的“位移”现象。也就是说，文字水平关联和语言水平关联之间的错位。

动词词干变形双生字，如“说”创造了相似的字形 A [illegible] thĭeɦ 和字形 B [illegible] tshɪɦ，记忆方便又容易理解。但是同样的词干变形中有一部分动词有明显的偏离。如“听”的 B 形式是[illegible] mĭɔɦ，与 A 形式[illegible] mĭɔɦ 没有任何关联，是另一个词干[illegible] niɦ（上 1）的派生字形。另外，miɦ 是从[illegible] ndrĭər（上 78）“觉”中衍生出来的字形。

同样，𗤋 dʒɛɦ（上 32）“有，持有”的 B 形式𗤋 dʒĭɔɦ 被标记成词干𗤋 ndĭuɦ（平 3）“有的”的派生字。

听 $_1$ 𗤋 niɦ ←	𗤋 nĭuɦ	有，持有 $_1$ 𗤋 ndĭuɦ ↘	
字形水平 ↘	（平 3）耳	字形水平（派生字）	
听 $_2$ 𗤋 miɦ →	𗤋 mĭɔɦ	有，持有 $_2$ 𗤋 dʒɛɦ →	𗤋 dʒĭɔɦ
↑（A 形式）	（B 形式）	（A 形式）	（B 形式）
𗤋语言水平（词干变形）		语言水平（词干变形）	

如果不从字形上理解分配的“偏差”，从意义上看的话“错位”到底是什么意思呢？

像西夏文字这样复杂的文字，需要耗费大量的记忆力，不得不考虑表达的效果。如上述为增强效果创造的多余字，不仅效果一般还有一定的偏差或错位，下面再举一个错位的例子：

I　mbɪĕ（上 8）𗤋　解开　　phɪĕ（上 8）𗤋　解开

II$^{\times}$　ləw（上 38）× 变自由　　hləw（上 38）自由

西夏语的“解”和“自由”有上面举例的关系。

这与缅语的 I prei：phrei- 和 II lwat-：hlwat 是同源语。hlwat 是藏语 glodpa = lhodpa“放松”的同源语。如果把 I 分开使用，记忆的负担会减轻，传达效果也会变得清晰。如“解脱”是𗤋𗤋，但是实际上 mbɪĕ- 创造了和𗤋“孵化”有关的𗤋，译为“解脱”𗤋𗤋 mbɪĕ-hləw。

西夏文字在部分语言结构上没有按顺序造字，像是很难掌握的神秘文字。配合偏、旁、冠等文字要素组合的方法确实是以汉字为模板，但是设计方案与汉字有所不同。

5. 文字的统合关系联合并关系

作为文字组织的一个问题，笔者想在此解释一下统合关系和联合关系。

语言各单位可以概括为统合关系和联合关系。前者是 both-and 关系，后者是 either-or 关系。关于文字也是同样，其中双生字只在联合关系中成立。在统合关系中也出现了“对称文字”这一看法。如上述𗤋和𗤋是 ab 和 ba 形式，虽然偏和旁是对称的关系，但是有“越过”这一个动词的变形，仅在联合关系中出现是不能作为统合关系的。同为“问”的𗤋 ˀyɨr（平 86）和𗤋 ˀyɨr（上 77）也是同样关系的双生字。如𗤋 ŋgɨ（上 61）和𗤋 ŋgɛ（平 61）是以加冠来表现对称字的，但是《番汉合时掌中珠》《三才杂字》中都作为“星宿”来使用，所以两者不是双生字。还有𗤋和𗤋也是对称字形，但是《文海》平声 67 韵和平声 69 韵的注释中却连续当作“议论”使用，所以不能说是双生字。

识别统合、联合两种关系，不仅要在语言结构上寻找，还要考察文字的组织。

6. 错别字、对应字

错别字不是字体组织的问题，而是字形在运用中出现的问题。

要识别西夏文字繁琐的字形，正确使用文字，就需要简便实用的字典、公开标准的字形。于是西夏政府发行了文字检索字典——《同音》，可能因当时的需求量多，因此发现了大量不同版本的《同音》片断①。在《同音》之外，可能就没有更便利的字典了，所以经常能在佛典翻译作品中发现错别字、对应字，也许日后年轻的学者们遇到这个问题的时候会感到困惑。下面举几个关于错误字、对应的例子，并论述如何转换成正确字的方法。

（1）《慈悲道场忏法》卷七中 □□被翻译为“顶脑（爱）”，对应脑字的是“部姓”的字形，读 nɔɦ（上），但其意思说不通。很明显，□ nɔɦ（上）对应的是汉语的“大”（与缅语：u^{2}– hnɔk 脑，普米语（箐花）：ne^{55} 等是同源语）。

（2）《维摩诘所说经》中“为众生荷负”被译为□□□□□□，第 4 个字读 w^{w}ạ（上 56），是表示地名的文字（“韵书残卷”中有“地名”的注释②）。当地名讲的话不能理解这篇文章，如《大宝积经》有 ˀwụ–w^{w}ạ（上 56）□□“担负”的用法，换成后面的文字并将其解释为对应文字，才能正确解读文章。再者□ w^{w}ạ（上 56）为上声，有对应词□ w^{w}ạ（平 63）“肩膀”（名词）。

（3）西夏语中的“寺”在许多经典中都表示为□□ ˀyiɦ（平 11）–mɪɦ（平 14）“众宫”。但是从藏文翻译的《聚轮供养作次第》（TG182 No.812c）中有“色黑大师 造 大庶民（□□）中国觉照国师法狮子 传”使用了 ˀyiɦ（平 11）–mɪɦ（上 12），用平声、上声字替换了本来的平声字。

这是因为发音随着字形而改变，不改成原来的平声字，也就不读“众宫”。

（4）西夏选刊的《新集慈孝记》（Cat.31 No.160）便是所谓的《孝子传》③，其收录的 43 个字中，有 24 个字作为动词化的形态被使用为□ wi（上 9）。

---

①因《同音》和《三才杂字》的重新出版，黑水城出土品中有（斯坦因、科斯罗夫藏品）多种类形的残片。参考《英藏黑水城文献》书评，《东方学报》2005 年第八十七卷第 3 号；《东洋学报》2007 年第八十八卷第 4 号。

②关于“韵书残卷”，参考西田龙雄先生古稀纪念会编：《西夏语研究新论》，1998 年，第 25 页。

③《新集慈孝记》（《西夏孝子传》）的原文是俄罗斯的西夏学者整理的，其用□ wi（平 10）代替了□ wi（上 9）。

[illegible] 把财宝分给亲戚

根据西夏语的正确写法，平声字[illegible] wi（平 10）意为“做”，有时错误地使用上声字。

在《法华经》中也有一处同样的例子，在其他经典中没有看到。

（5）斯坦因收藏本《妙法莲华经》（No.3956）中[illegible] niɦ（上 10）“闻”误写为[illegible] niɦ（上 10），都读为 niɦ（上 10），所以有可能误写，也就是错别字、对应字。

（6）日本天理书馆藏《高僧传》（五卷）的尾题后有 4 行西夏文押记中使用了对应字。另外，在西夏官方刊物《天盛改旧新定律令》中也出现有几处理解困难的地方①。

笔者认为那是为了反映西夏语的口形格式而产生的现象，这对西夏文性质的探讨有重要的意义。

三、结论

西夏文字组织的特点如下：

（1）西夏文字是以单音节为基础的西夏语为了有效地表达而设计的表意文字的杰作，这个不仅传达意义信息还传达语法信息，是比汉字更出色的组织，创造了约六千个字。

（2）西夏字外表上模仿汉字，采用了偏、旁、冠等方法，从独自构想文字到设计要素，为了包含必要的信息创造了很多会意字形，并出现了很多有独创性的否定对称字形。

（3）西夏字内部组合出汉字中完全看不到的字形，忠实地反映了在一定条件下变形的西夏字形，并创造了相似的字形和很多有联合关系的字形，并总称为双生字。双生字有词干变形双生字，平声、上声双生字，名词、动词双生字，主格、斜格双生字，使役、非使役双生字。实际上承认了词干变形和平声、上声组合的设置（复双生字），创造了超越汉字的复杂组织，语法信息的传递、意义的有效辨别、声调变化标记等都是其特点。

（4）将这种语言的变形字体分开书写的方法，很可能是参考了表音文字藏

---

①关于《高僧传》尾题可参考《西夏语研究Ⅲ》，《东洋学术研究》2006 年第四十五卷第 1 号，第 26 页，注 57。关于《天盛改旧新定律令》的对应文字可参考《西夏语研究的新领域》，《东方学》2002 年第四辑，第 7 页。

文字的组织。

（5）西夏文字从 11 世纪开始了创作阶段，为大量的汉语借用语创造了专用字。在这种情况下，以固有语为基础创造了衍生字，对应借用语则是相反的情况。后者是以借用语为中心，可称为借用双生字。

（6）西夏文字的创作者们为了达到更好的表达效果，创造出了很多多余的字形。

（7）另外，西夏语的形式和字形分配有些不合理或错位，因此西夏文字很难读懂，展现出其神秘的一面。

（8）有着繁琐字形的西夏文字，在运用方面也有很多问题。西夏在出版了发音字典《同音》后确立了标准字形，在各种各样的佛典中，虽能被准确地使用，但仍无法避免地出现了错别字、对应字。若能转换为正确字形，便能把还未解读的文献解读出来。

（9）还有很多文字并没有在文献上找到使用的例子，也有很多文字不能准确地表述其特殊含义和功能①。

（10）西夏文字与日本人创造的假名可以视为表意文字系统的变革，也可以把它看作汉字的延伸。但是西夏文并没有深入理解汉字的文字组织，不得不从别的方面做出探讨，很可惜，这种文字并没有被传承下来，但所幸用文字写下的文献现已大量出土。不得不佩服，西夏人能在极短的时间里创造出了这样的文字。

最后想强调的是，只有汉文的功底是无法解释在这个文字组织中遇到的所有问题的，不得不从别的角度去思考。还有，只能读懂个别字形的意义也很难解决语法方面的许多问题，在这个问题上，多年的经验是不可或缺的，想要更准确地理解应该注意下面的两点：

Ⅰ把握单词形式（词）的字形和意思

Ⅱ辨别部族语言形式

Ⅰ先举出 2 个单词形式的例子，只在西夏语中遗存的“近住八齐戒文”中有以下记载：

①有时候会出现意想不到字形，《同音》中有喉音类带木冠的夌“时”（新版 44B7，旧版 44B1），其注字为夌 ʁzĭọn（上 64），有时候意表示“时，时候”。夌与敠一样，音形式共同对应藏语的 tshe。萋 ˀyĭɔɦ（上 44）在《中华传心释门师资承袭图》中当萋𢞐 ˀyĭɔɦ–łĭeɦ（上 35）“失时”使用。同样这两个字也在《景德传灯录》中出现，汉语的意思是机会要消失了。

行善者𗰗𘟙𗟲（除狱薄外） 犯法者𗰗𘟙𗗙

𘟙 ⁿdžɛɦ（上 32）是𗎆 tụ（平 58）的中心和𘓐 ɬʷi（平 67）“人”的旁，表达“关进监狱”的意思。还有𗤶𘟙“军纪”(《文海杂类》)和𘟙𗹦𗥃“主簿者”(《类林》)都是此类用法。另外，也有𘟙𗹲 ⁿdžɛɦ（上 32）–kạ（上 56）“纲纪”的表现形式（《六韬》)。可见“八齐戒文”中“狱薄”说的是“魔簿”的意思。𗟲“除外”的原意是“折”(上述)，𗗙“留”的原意是存在动词“有，持有”。

《佛顶心观世音菩萨陀罗尼经》中有一句“小沙弥与官人共坐在船上”，“官人”是西夏文𗡡𗂧𗥃的翻译，逐字逐句翻译的话是“收税的人”žɛ（上 54）tạ（平 64）mĭẹ（上 68），创造的新字之间的搭配（组合）也成了新的问题。

和汉文一样，西夏文中对虚词的研究也很重要，虚词很多时候都当兼用字来使用，是多功能词。如 ˀa 𗌽、niɦ 𗅋、məɦ 𗧓都有多种功能。

Ⅱ西夏众多部落的语言也有借用语，表面上是同样的形态，无法区别。例如下面的 2 个单词，与藏语比较之后发现是藏语借用语。

𗟻𗣼　下颚 mɨ（上 28）neɦ（上 33）　　Tib mabe，mane（Amdo）

𗧯𗵒　上颚 khɨn（上 29）kaɦ（平 17）　Tib rkan~dukan

下面举例的是“死亡”和“奴婢”的两种形式，都是第二音节完全相同，但是形态不一样的字体，之所以如此，是因为把单词本身认定为另一个部落的形态。

部落语：

𗣫𘓷　死亡 sɨ（平 30）–meɦ（上 33）

𗌮𘓷　死亡 sị（平 69）–meɦ（上 33）

meɦ 与𗍫 meɦ（平 36）“无”是相同的形态素。

𗥻𗸒　奴婢 phɪɦ（平 14）–kĭɛ（上 31）

𗳾𗸒　奴婢 phiɦ（平 11）–kĭɛ（上 31）

下面举例几个有关部落语形态的形态词，“神”是西夏语中有多种形态素的词：

1. 𗍊 nạ（平 64）　2. 𗐯 nʷɨ（平 30）　3. 𗗿 si（上 10）

4. 𗢶 thɪ（平 65）　5. 𗣼𗪲 ˀu–šĭo（上 1– 平 57）

如果能大胆假设的话，1 很有可能是彝族语 nat 的传承系统；2 是彝族部落熟知的纳坦神，如傈僳语 ni³¹、彝语（巍山）ni²¹、拉祜语 ne⁵³；3 是羌语形，如麻穷方言 khsi、土地神 zəmɔʂ、山地神 zɔkhsi、曲谷方言 xsə、地神 zəxsə、彝语（喜德）sɿ³³zɯ³³、(武定）si³³zu³³、普米语（箐花）ɕe⁵⁵ 等；4 和 5 是种其他部落的语形（基诺语 tʃe[55]thɛ[33]）。西夏语 thị 是阴阳的“阴”。

韵书《文海》中有关于□的“□□□（神也）”（平 64），□的“□□□ □□□（陆神 = 地神也）”（平 65），□的“□□ 神也，天神，地神之意”等解说，用一个部落的语言形式来说明各个部落的语言形式。

西夏语中没有藏语系代表 lha。现代纳西语（西部）phy[33]la[21]、阿依语 phɯ[31]ia[33] 都是藏语中 phura[2]（佛）的对应形式。18 世纪后，缅甸语 B rase<rasi 仙（词汇号 347）是 khsi 的传承形态。

笔者在考察了西夏文字的多个语言体系后有了结论。西夏语的书面语本身具有均匀的特质，是一种部落词形的复合体或混合体，是固定口语模式和其他多元文化的缩影。有除皇族贵族以外的部落——某氏羌系部族和西南夷系部族，并附有各种特征的书面语。

根据笔者发现，西夏语文献的表达有时有很大的分歧。某文献中如笔者所说用了很多视点文，但在其他文献中却完全不使用。如《大方广佛华严经》和《地藏菩萨本愿经》相比，两者之间就有很大的差距，后者使用了许多复杂的表达法。可能会根据文献编纂者（或者翻译者）的意志，把某个部落的语形放在优先的位置。

党项羌人族源的考究对西夏语的论述具有重大的意义。13 世纪，西夏书面语与西夏政权一起灭亡（实际上存续到了 16 世纪）。但其口语（党项语）至今仍保留在中国川西地区。

补注

笔者想再举一个衣服的例子。衣服在西夏语中有 4 种形式：①□□ theɦ-hlu ②□□ ŋgwiɦ-ɬəw ③□ tshɨ ④□□ ŋgwiɦ-ɬəw，②和④ ŋgwiɦ □相当于藏语的 gron-pa 穿。笔者还想研究一下①和③，①西藏语口语形（拉萨）与 thuk[13]lo[51] 相对应的借用语。‘clothes’ dug-log（C.A.Bell, English-Tibetan Collo-quail Dictionary 2 版, Calc-utta: Bengal Secretariat Book Depot 1920），dug-log ‘clothes’（H.E. Richardson, Tibetan word book, Oxford Univ. Press 1943），dug-pa 或 dug-po “旧衣服”（杨质夫编《新编藏汉小辞典》1993 年），dug-log “衣服”（西藏口语）（西北民族学院预科藏文教研组编《藏汉词典》，甘肃人民出版社，1979 年），dug-log “衣服”（于道泉主编《藏汉对照拉萨口语词典》，民族出版社，1980 年）。dug-log “衣服，衣物”（西北民族学院藏文教研编著《藏汉对照常用词汇》，四川民族出版社），多个藏语词典中都没有记载的 dug-log 为口语形式。

西夏的谚语集《新集锦合道理》中有“不敬智者敬衣服，不爱信徒爱财”的表述，其中的衣服为絣蘢。可能在指有钱有势的藏族僧侣或官吏。让人惊讶的是当时西夏境内藏语的口语形式流通程度很高。

③上载 tshɨ“羊”在不同的彝语方言中没有对应形式，不过，属于彝语的阿昌语中保存着该词的对应词，如（龙川）tse^{21}、（梁河）$ts\varepsilon^{31}m\varepsilon^{31}$、（仙岛语）$tsi^{31}$，并且在西夏语中有 tshɨ -ŋ g^{w}iɦ 的使用示例，与西番语群的木雅语 tse^{33}-$ngua^{53}$ 很好地对应，西夏语保持其古有形式，因此，贵琼语 $tsh\varepsilon^{55}$ $w\varepsilon^{55}$ 是旧 $tsh\varepsilon^{55}$ 和新 $w\varepsilon^{55}$<*wat<*ŋwat 的结合形。

后记

综上所述，笔者认为西夏文字保留了数种部族方言的形式，因此推测西夏语自身是若干部族方言体系的混合体或复合体。这个结论是研究西夏文字和剖析西夏语语法的必要性结论。11 世纪后，在使用约 1 千年的党项语（ 川西走廊语言）和其周边的彝缅语中，西夏语作为传承语肯定包括了各部落的语言形式，对其的探索也是当务之急。笔者相信今后西夏语的讨论会有飞跃性的进展。

中文译《西夏语研究》序文

拙著《西夏语研究》自1964年出版以来，已过了44个年头。为了以《西夏语再构成与文字组织》为本书的副标题，笔者从一开始便以解读西夏语的再构成与文字组织为目标之一。笔者的研究主要以手里的《同音》(重印本)为基础，再以《文海》《文海杂类》作为补充，也就是说基于西夏人自己的整理，并附于其一种体系，进而尝试去复原西夏语之语言体系。

若以今日之眼光来看，靠上述这种研究所得的仅仅是停留于初步阶段的研究成果而已，但是在资料极度匮乏的情况下，所取得的这些成果，还是可以作为基础的研究资料的。

20世纪后期，西夏语研究经过各国研究人员的共同努力，已取得明显进步。尽管如此，对其语言结构的了解仅为冰山一角，并没有复原其全貌，西夏语的研究整体上还处于初级阶段。

笔者在本书（1966年）中虽分析了西夏文字基本结构的概要，但在20世纪90年代中期，笔者又发现了西夏文字结构中的新特点。笔者认为此文字可以说是表意文字中的杰作，在表意文字中添加缀词，从而丰富了语法内容，又对声调变化进行记录等，都是在其他表意文字中没有见到过的一种新特点。

20世纪90年代以后，笔者改变了之前的研究思维，取得了一些新的研究成果，下面笔者想对当初的出发点，以及以后该如何开展研究工作进行简略叙述。

对于西夏来说，创作西夏语的书面语及一种可以用来记录的西夏文字，都是非常重大的工程。虽说二者紧密相关，但实际上研究者需要在两个层面进行掌握。

通过西夏文字虽然可以了解当时的西夏语，但也需要区别地去看待这两个工程。这正符合笔者当初的构想，将语言的再构成与文字的分析二者分开研究。

若将二者之间的个体进行分类的话，大概可分为如下三种：①文字单对语言单；②文字多对语言单；③文字单对语言多。对于任何语言来说，①类型是最理想的，但实际上，西夏语中②类型比想象中得多，也就是说，有着两个以上不同的字形，与其对应的语言单位仅为一个的情况很多。以下举几种分写声调之间异同的例子：

例 1	文字层面	语言层面
字形1	□ tšhi（上9）	tšhi（上9）根，根本
字形2	□ tšhi（平10）	（同一个语言单位）

例 2	文字层面	语言层面
字形1	□□ mbiɦ（上10）–mbeɦ（上33）	mbiɦ（上10）–mbeɦ（上33）
字形2	□□ mbiɦ（平11）–mbeɦ（上33）	低高（高低）上下

高低上下本为上声—上声之连续，但是在口语的某情况下会有平声—上声的连续变化。字形 2 是为了记录其变调形式而创造的新字。字形 2 在《番汉合时掌中珠》中有“人有高下”的使用例子，因而字形 2 是口语形式这一点已经很明了了。

这种为语言变形而创造的专用字形，不仅仅表示声调变化，而且已经波及至与西夏语的词根相对应的部分，这种情况已被逐渐知晓。这种想法实为以当初的字形来看语言的方向，继而转换为以语言层面来看字形所带来的结果。

西夏文字的创作者想出了将意义上或者是语法上有着紧密关联的 2 个语言单位在字形上用近似的形式来表示的一种方法。很多情况下，西夏文字中的一对字形，即双生字仅与汉字的一个字对应。

西夏语的一部分动词语干进行了变形，比如在“看”中有 A 词干形式□ leɦ（上33）和 B 词干形式□ li（上9），“与”有 A 词干形式□ khĭɔn（平56）和B 词干形式□ khĭen（平42）。虽同时接续人称代名词（先行语对应形），但相对于B 词干形式与行为者（主语）相对应，A 词干形式则是将人称接续词与先行的目的词对应，从而构成了被动受益者视点文。

代表性的例子如下：

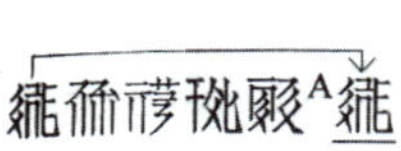　　将赏赐予之于我　<u>于我</u>

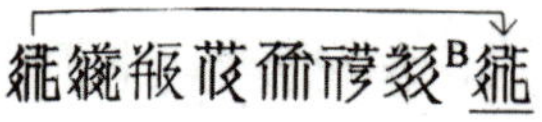　我将赏赐予之于庶　<u>民、我</u>

A、B 两种词干形式虽传达了其意义信息与语法信息，但实际上是以添加或替换偏形或冠形等来表示其语法信息。笔者想把这个叫作词干变形双生字。除此之外，西夏人还创制了名词、动词双生字，主格、斜格双生字，自动词、他动词双生字，固有词、借用语双生字等，最后还创制了部族语双生字。总之西夏语是一种变异形式（variant）甚多的语言。

不得不佩服西夏人在极短的时间内创造了书面语和能够很好地记录其语言的文字，最后笔者想重点强调的是，仅仅通过延长关于汉字的知识是不能够解读此文字的组织的，因而必须从别的层面上去考察此文字。

这篇拙著能够收入《西夏研究》，实在是笔者的荣幸，非常感谢李范文教授的关照，同时也非常感谢不辞辛劳而进行翻译的诸君。

笔者今年已经 80 岁了，今年除了接到将本书作为笔者八十寿辰的纪念文集之外，还接到了要为笔者的寿辰策划会议的消息，笔者内心无比喜悦。

近年来笔者的身体状况不是很理想，在 2002 年11 月做了心脏搭桥手术和右内颈部动脉剥离手术，侥幸保住性命，但在 2007 年2 月，笔者在接受左内颈部动脉狭窄手术时不幸并发肺炎，在生死线上徘徊。2008 年1 月6 日凌晨，笔者突发心绞痛，被送进急救室抢救，之后便是反复入院和出院，虽说已接近生命的终点，但笔者想将剩余的精力全部奉献于西夏语的研究。

另外有关双生字的论文请参考拙文《西夏语研究与法华经》。

（2007 年 11 月）

西夏语的诞生和它的谱系

一、西夏语的诞生

从 11 世纪开始，在东亚西北部出现的西夏语笔者有如下思考。

西夏语准确地说是西夏文语（西夏书面语），它以分布在川西走廊地区的唐古特语[①]（党项语）为基础。西夏语属藏缅语族羌语支，以藏文化为基础，诞生和发展过程受藏语影响较多。虽然很难准确判断具体年代，但可以认为从 8 世纪开始就已在青藏高原上传播。

随着吐蕃王朝的建立，藏族文化及藏语传播到了中原地区，与中原地区有接触的各部族语言也得到了发展，不断融合了羊同（象雄）、苏毗（孙海）、多弥等部族语言[②]。像嘉隆族、普米族等大部落很长时间没能创造出自己的语言，因为 7 世纪以来，藏语已作为书面语普及至嘉隆族、普米族。不久，唐古特部族全部从青藏高原北上，后李元昊建立西夏，通过与归化的汉人接触，其语言发生了很大的变化，因此创造了西夏政权与书面语。

原来在东亚地区有三种通用语言：汉语、藏语、契丹语，继而诞生了第 4 种书面语——北方游牧民族使用的突厥语，以及南方的骠语。西夏人在 1036 年前后受契丹语的启发，当时的契丹大字已经问世 920 年，数年后又创造了契

---

①笔者把构成庞大的藏语、缅甸语派（藏缅语派）的诸多语言核心语群进行如下分类：

A 羌藏语支 i）西藏语群 ii）西番语群（川西走廊语言）iii）羌语群（川西走廊语言）

B 彝缅语支 i）缅甸语群 ii）彝缅群 iii）独龙、怒语群：景颇语群

另外，西夏语言（死语）属彝缅语支，和西番语群的语言为同源语，拥有类似的形态结构。

参照拙著《东亚诸语言的研究》（京都大学学学术出版会，2000 年），其他参照《西藏、缅甸语派》，收录于三省堂《语言学大辞典》上卷，1988 年。

②随着吐蕃王朝势力的不断扩大，其统治范围包括青藏高原的大部分，663 年，自吐蕃攻灭吐谷浑，吐谷浑的可汗逃到凉州后，青海一带为吐蕃所据。吐谷浑王室是鲜卑人，但百姓是羌人，吐蕃统治吐谷浑后，它们和羌人逐渐融合。《康巴文化简论》（李绍明：《藏缅走廊历史文化》，北京：民族出版社，2008 年。）

丹小字（准确的年代不详），后受到藏语及汉语的影响，西夏人意识到了创造民族书面语的必要性。

西夏语的基础结构是单音节，在这一点上与汉语、藏语一致。西夏人也仿照汉语和藏语整理声母、韵母、声调，并展开韵书的编纂工作，继而创造了《文海宝韵》。《文海宝韵》的底本是北宋真宗大中祥符元年（1008 年）由陈彭年、丘雍等撰写的《大宋重修广韵》。西夏文韵书《文海宝韵》的全貌还不清楚，但在编纂过程中汉人无疑起了较大的作用。

二、西夏文字组织的新思考

西夏语创造了大约 6000 个结构不相同但字形跟汉字相似的西夏文字，并于 1036 年公开了与口语相区别的书面语，此后逐步发展①。

西夏语在与汉语的融合中借用了很多词汇，之前也借用了大量的藏语词汇。乍一看，很难识别西夏语、藏语、汉语，但实际推敲时会发现受汉语的影响很大，虽然唐古特语的基本语言构造没有变化，但出现了和汉语一样的搭配关系，创造了大量的汉语直译词。另外，通过翻译汉文古籍、佛典，创造了特殊的佛教用语，其中汉语译文和藏语译文并存。在现存的西夏语体系中，很大程度上还保留着羌语的旧形态。

西夏语口语本身虽然发生了蜕变（单纯化），但一直保持着蜕变以前的旧形式，即两种视点文并存。

用新创造的西夏文字写文章，或者将汉文、藏文翻译成西夏文，就会出现没有专用字的情况，所以只能借用其他专用字来表示，这些字用于表意文字的表音。如𗅋、𗑗、𗉘等，就是被创造出来的多功能字。这一事实反映出一般文字的发展不能与书面语进展的方向相反。西夏文字作为表意文字，其发展成了卓越的模板。

从 2000 年开始，笔者意识到应该更重视研究西夏书面语的制定的新想法②，重新对组成语言的标准和解释文字组织的标准进行了考察。当然，如果不以西

①如果西夏语是用藏语书写的，其形状和托马斯所写的南语资料相似，可能看起来会很麻烦（F.W.Thomas，Nam：*An Ancient Language of the Sino–Tibetan Borderland*，1948 Oxford University press，London《中泰边境语言》，伦敦：牛津大学出版社，1948 年）。如𗑗𗉅 khi-thı 写成 gdi，𗐱𗅋 rir wi 会写成 rwi，所以说西夏语创作是很难的。

②拙论《西夏语研究和法华经 IV》，《东洋学术研究》2006 年第 45 期，后来合并为《西夏语研究和法华经》I—IV》（东方哲学研究所，2007 年）。

夏文字为媒介，这项研究是无法进行的。

西夏时期的文人为了用唐古特语代替藏文和汉文，整理出其对应的 6000 种专用单词，在这个过程中值得一提的是，为了照顾到各个部族的语言，还特别考察了部族的字形。

此后，西夏人致力于书写语的推敲、新字形的创造，以草稿的形式留下的韵书残卷中就包含了许多《同音》里没有收录的新字。如果西夏没有在 1227 年灭亡的话，这版韵书或许会作为活字本出版发行①。如果西夏再存续百年的话，这种韵书肯定会继续流传。

这个韵书残卷实在难以判读，并且仅残留了一部分，应进一步详细研究。

近年来，笔者在黑水城出土的文献（科兹洛夫 Tang.186《秘密供养典》）中发现了西夏语《六十四卦》，并发现在这些文件的后面写着[illegible]“六旬空亡日”②的字句。

当初不知道是何意，但[illegible]直译为“空亡”也是可以理解的，[illegible]字读“旬”(数字)，不知其意。幸运的是在西夏文《六韬》中该字被翻译为“旬”。这个字 hl^{w}ĭụ 在《文海》中为平声 59 韵，注释为“广平也，松弛”，有缓慢的意思，没有“旬”的意思。另外，《大宝积经》中也有同样的例子，意为“巍峨、高大”，也没有“旬”的意思。《六韬》中也记有“城攻邑围旬过电雨必过”。其中，《文海》中对“旬”的解释是后世最常见的一种。

创造一种新的文字，是反映一个政权力量的伟大事业。记住文字直至熟练使用并不是件容易的事情。

笔者在《西夏语研究Ⅱ》及《西夏文字》中叙述了关于西夏文字的基本结构及概要，后至 20 世纪 90 年代中期，再没有发现新的特性。笔者认为西夏文是表意文字的杰作，是比汉文还要出色的表意文字。西夏文能在表意文字中加上缀词，再加上语法，并且另外标记声调的变化，笔者认为这是其他的文字中无法见到的独创。

---

①参照科兹洛夫和斯坦因的收藏品中的韵书残卷，文字的排列与《同音》(新版)的顺序一致，一个字一个字与《文海》一样做了文字分析、有意义的解说和反切；与《文海》不一致的是《同音》把注释的东西再做一遍解释。虽然把这个文本称为“韵书残卷”，但是正式的书名仍不详。拙文《死语言的复原及表意文字的解读》(《月刊言语》1996 年)，后收入西田龙雄先生古稀纪念会编《西夏语研究新论》，1998 年。

②参照拙论《西夏语译六十四卦和针灸书》，载《三笠宫殿下米寿纪念论文集》，刀水书房，2004 年。

西夏文字有着在汉字中完全看不到的字形组织和架构。西夏人在极短的时间内创造了这样的书面语，是很值得佩服的。在此想强调的是，只有汉字知识是无法解释西夏文字组织的，必须从不同的角度去认识。如果只能解读个别字的意义，也很难准确判读全文，在语法方面还会有许多不能解决的问题。

三、西夏语是多元语言体的综合体

西夏语是混合了许多语言形式有多元语言特征的综合体，其多元性是隐藏在西夏文字外衣下的，其语言形态不是很明显①。为此，要分析在《同音》里收录的语言形态，须探寻各个形式的起源。《同音》是以每个音节发音的语形进行分类的词典，也是根据声韵（调）序列排序的单词集，其价值很高。找出同音节的起源，可解读各个词的正体。《同音》前后有多种版本，现留存 2 种版本，分别是 1132 年版和新版②。

《同音》作为最重要的资料，至今仍能从中发现各种重要的信息。

四、《同音》的正体——语源考察的若干例

《同音》作为单词集对语源进行了考察，下面举例说明：

1. ndon：大腿、熊、移动

当初，笔者把菽、㲋分别读作 mǐuf、non，认为二者是双生字。原以为二者是同义词，后来推定出 non 和景颇语 non^{31} 是同源语。尽管道孚语的“动” ma mu、“移动” ma mu 与嘉戎语的 ka^{22}mə^{33}nmo^{33} 和 mǐuɦ 是同源语，但 non 对应阿昌语的 n̥om^{35}、载瓦语的 num^{55}，因而笔者认为有必要改正㲋的构音。把反切上字从 n- 改为 nd- 比较合适。其结果是㲋成为 ndon，汉语“动”的借用语。菽和㲋都有“动”的含义，事实上是夏汉双生字。

此次的修改将引出如下问题：

㲋属于《同音》舌头音类的第 52 个小类（旧版），它的小类没有以下 3 个字。

（1）龍䅐 ndon –rǐe 大腿 注字 小腿

（2）豨祇 ndon–nǐaf 黑熊 注字 黑

（3）蘵㲋 ndaɦ–ndon 动 注释 ndaɦ- 接头词 新版 注（左）豨

①参照拙论《西夏语研究和法华经 IV》。

②我看到过《同音》前后发行的五种版本。参见拙文《西夏语研究与法华经Ⅲ》，《东洋学术研究》2006 年第 45 号，2007 年合刊本。

（1）是羌藏语系的词汇，已明确拉坞荣语中的观音桥方言 vdam^{53}、业隆方言 vdom^{55} 对应汉语的“大腿”[①]。（2）dom 是藏语借用词，注释“黑色”，对应“黑熊”，作为固定用语 rĭen$_2$（上 37）“熊”和[illegible] yĭɔn$_2$，（上 49）“人熊”使用。（3）和如今说的一样，都是汉语借用词，表示“动”，以[illegible] mĭuɦ 为基础创造了夏汉双生字。旧版中指示方向前缀的词 ndaɦ- 在新版中做了改动，成了 wi（移动）。

一类三字中有两个字都是借用语，但是，这种借用语形并不容易辨认。下面举几个例子。

2. nduɦ：赌、杜梨、塔、肚脐

舌头类第 6 小类，旧版中为八字一类，新版中 8 小类成为六字一类，可以看出是汉语“赌”的借用语。因为《文海》平声 7 韵[illegible]的解说和平声 53 韵[illegible]的解说中有“[illegible]（lĭuɦ 也，不是□，置财结束）”，之前解释为“量”，实际上是“赌”的借用形[②]。

不仅如此，已知《同音》新版舌头音 8 小类为 6 字，除去一字母姓，剩下的都是汉文借用词。

（1）[illegible] nduɦ（上 4）-wi（平 10）	赌	注（左）
（2）[illegible] paɦ-nduɦ（上 4）（注字）	部姓	跋奴
（3）[illegible] nduɦ（上 4）-li（平 10）	杜	梨
（4）[illegible] mbʉɦ-nduɦ（上 4）	塔	浮屠
（5）[illegible] mbnʉɦ-nduɦ（上 4）	袜肚（腰巾）（《番汉合时掌中珠》）	
（6）[illegible] mba（上 15）-nduɦ（上 4）	袹（《番汉合时掌中珠》）	

3. seɦ：今天早上、明年、明星、血

再举《同音》齿头音类小类 2 的例子，这个小类在旧版中为 8 字一类（平声 36 韵 7 字，上声 33 韵 1 字），但在新版中改为（小类 2）7 字一类（平声 36

①再次想谈一下拉坞戎语（黄布凡：《拉坞戎语研究》，北京：民族出版社，2007 年），这种语言名是根据黄布凡教授命名的，目前已知观音桥土语和业隆故话土语两种土语。业隆土语最初自称 ndʑa^{33}ʐo^{55}，被认为是藏语（尹蔚彬：《业隆话概况》，《民族语文》2000 年第 6 期）。笔者一直关注有关动词的形态与西夏语的联系方面的研究，并写了《西夏语文法新考》一文，载于《国家图书馆学周刊》。

据黄布凡介绍，虽然业隆土语的使用者认为不能和近乡的四种土语相通，但据说能理解观音语的三分之一。这说明了道孚语和嘉绒语的关系，道孚语（格西）、观音桥语、嘉绒语（卓克基）从词汇数值来比较，观音桥语、道孚语和嘉绒语似乎在同一水平上，但从基本语的异同来看，观音桥语和道孚语的关系比和嘉绒语的关系更近。顺便列举几个基础词汇，观音桥的 2 个地点（观音桥镇和俄热）和道孚语的 2 个地点（格西和格代扎）同源，与嘉绒语的 2 个地点（卓克基和金川）很明显是不同源的。

②参考西田龙雄先生古稀纪念会编：《西夏语研究新论》，1998 年，第 7 页。

韵 7 字上声 33 韵 1 字），排列如下：

（1）𗁅𗈪 pɨ–seɦ（平 36）今朝　　　藏文 deng–sang

（2）𗈪𗇋 seɦ（平 36）明年　　　藏文 sang–lo

（3）𗈪𗄊 seɦ（平 36）–rǐur 岩明星　　　藏文 pa–sang

（4）𗇐𗈪 pu–seɦ（平 36）脓血　　　缅文 swei²<suy²

（5）𗈪𗄴 seɦ（平 36）–tsiə̣r 心性　　　藏文 sems

（6）𗈪𗆐 seɦ（平 36）–ɬʷɔk 潮湿　　　藏文 gsher–ba，rlon–gsher

（7）𗏁𗏁 ɬʷɜɦ2–seɦ（平 36）偏斜　　　藏文 gseg–pa

这些西夏语 seɦ，分别对应藏语的 sang、gsher–ba、gseg–pa 和缅甸语的 suy²，笔者认为𗈪 seɦ 很可能是 sems 的借用词，也可能是同源词。

4. seɦ：庶民、智慧、细、犀、心灵

齿头音类 74 小类，旧版 7 字一类（上声 33 韵 6 字和平声 36 韵 1 字），但在新版中 84 小类为 7 字一类（上声 33 韵），但是替换了内容。虽然都是西夏语 seɦ，但可以再组成，下面根据旧版排列：

（1）𗈪𗄊 seɦ（上 33）–ˀǐu 庶民　藏文 mi–ser（民众）

（2）𗈪𗄊 sɨ–seɦ（上 33）智慧　藏文 shes–pa si 智性，知道

（3）𗈪𗄊 tshu–seɦ（平 36）粗细　藏文 zhib–po（细）tshu 是粗

（4）𗈪𗄊 ŋgʷɨ–seɦ（上 33）犀　藏文 bse，注字（右）ŋgʷɨ 坚，坚固

（5）𗈪𗄊 ʁžǐu–seg（上 33）龟　藏文 chu–srin，𗈪𗄊龟蛙

（6）𗈪𗄊?–sei（上 33）不详

（7）𗈪𗄊 nef–sef（上 33）农具名 藏文 shal–pa 芭能（耙耙农具）（掌）266

除了庶民、智慧之外，犀和龟可能都是借用语。

《番汉合时掌中珠》中，𗈪𗄊“龟蛙”两个字连着出现，“蛙”在藏语中 rus–sbal 对应“骨、蛙”（有骨头的青蛙）。《大宝积经》中有𗄊𗈪𗄊𗈪𗄊𗈪“如龟掉入网中”的使用例子。西夏语“龟”“犀”“海老”的区别不明显，发音都是 seɦ，但都和硬甲壳的东西有关。

5. tšhi：肉、耻、根本、啼泣

正齿音类旧版 35 小类为 2 字一类（平 10），不是 36 小类的 4 字一类（平 10 韵 2 字和上声 9 韵 2 字），新版中前者（46 小类）是 4 字一类（平声 10 韵）后者（47 小类）是 2 字一类（上声 9 韵），显然都做了改动。但是西夏语可以再构成 tšhi，笔者想把旧版的顺序排列如下：

（1）𗈪𗄊 肉　　　藏文 sha，缅甸语 sa，šǐu 是雅语层的语形

šǐu–tšhi（平 10）

（2）絁緋羞耻　　汉语“羞耻”的借用西形

saw–tšhi（平 10）

（3）禱钆 根本　　藏文 rtsɑ–bɑ 根本

mʉr–tšhi（上 9）

（4）钆緺根源　　藏文 rtsɑ–bɑ 根本

tšhi（平 10）–kɛ

（5）緌緣緕数遍　藏文 rtsi–bɑ 数

tšhi（平 10）–wi–ⁿdžǐɔn

（6）䑃䶊啼泣　　借用汉语“泣”

swiɦ– tšhi（平 10）

很明显除了“羞耻”和“泣”是汉语借用形，“肉”sha、“根本”rtsa–ba、“数”rtsi–ba 都是藏语同源语。

五、西夏语与其他语言的关系

西夏语和其他主要语言的对应关系，西夏语和具有代表性的藏语、缅语有一定的对应关系。首先须辨明西夏语 –i、iɦ 与缅语 –*a、ii，以及西夏语 –a、–ɑ 与缅语 –*a 的例子。

1. 对应例子

西夏语	汉语	藏文	缅语	嘉戎	景颇	独龙
牋 tšhi（平 10）	肉	shɑ	sɑ^{2}–	ɕɑ^{55}	ʃan^{31}	ɕɑ^{55}
䶜 ⁿdzi（平 10）	吃	zɑ–bɑ	cɑ^{2} –	kɑ–zɑ	ʃa^{55} dza^{55}	（kai^{55}）
聓 mbiɦ（平 11	薄	（phrɑ–bɑ）	pa^{2}–	kɑmbɑ	phɑ^{31}	bɑ^{53}
緂 niɦ（上 10）	问	（nyɑn–）	nɑ^{2}–	kɑ–rəŋnɑ	nɑ^{31}	（tɔ^{55}）
䅀 nɪɦ（上 12）	鼻	snɑ	hnɑ–	tɘɕnɑ	lǎ^{55}ti^{51}	sɯ^{31}nɑ^{55}

缅语 –*ɑ 部分，很明显有变成西夏语 –i、iɦ、ɪɦ 的情况，举例如下：

西夏语	汉语	藏文	缅语	嘉戎	景颇	独龙
䅂䅁 rir（平 78）（上 72）	可能	rɑg–pɑ	rɑ^{3}	kɑ–rɑ	rɑ^{ʔ31}	
䋄 ʔyir（上 72）	百	bragɑ	rɑ<rja	pərja	lǎ^{31}tsa̱^{33}	ti^{55}ɕɑ^{55}
䋅 wir（上 71）	雨	chɑr	rwɑ	təmuwɑ（雨点）	mǎrɑŋ^{33}	nǎm^{53}dzɑ^{ʔ55}

关于主要母音的辨别，作为西夏语音韵组织的问题，为什么制定像平声 97 韵和上声 86 韵这么多的韵类，不得不重新思考其辨别标准是什么。

2. 对应例子

西夏语	汉语	藏文	缅语	嘉戎	景颇	独龙
□ ŋaɦ（上 14）	我	nga	ŋga	ŋa	ŋai^{33}	ŋa^{53}
□ khaɦ（上 14）	苦	kha-ba	kha^{2}-	kəsakha（辛苦）	kha^{55}	ka^{55}
□ laɦ（平 20）	来	la-				a^{31}blǎ^{ʔ55}
□ lʷaɦ（平 20）	舌	lce	hlya	təɕmiɛla（舌面）	ʃiŋ^{31}let^{31}	pɯ^{31}lǎi^{53}
□ wǐə（平 9）paɦ（平 20）	父	a-pha	a-pha^{3}	tapa	wa̱^{51}	a^{31}pǎi^{53}
□ waɦ（上 14）	何	bha			pha^{33}	
□ kha（平 10）	射	packhat			khap^{31}	ap^{55}

西夏语的 -aɦ、-ɑɦ，对应缅语的 -*aC（末尾带有闭锁音）形式，前舌（平 20，上 17）和后舌（平 17，上 14）低母音的对立，在比较语言学范围来说是无效的。

西夏语	汉语	藏文	缅语	嘉戎	景颇	独龙
□ saɦ（平 20）	杀	gsod-	sat-	kasat	sat^{31}	sat^{55}
□ tsaɦ（平 20）	热	tsha-po	pucha	pətsar（热天）		
□ naɦ（平 17）	深	zab	nak-	kərnak		rɯ^{55}nǎ^{55}
□ ʔaɦ（平 17）	针	khab	ʔap	takap		wǎp
□ vaɦ（平 17）	豚	phag	wak	pak	wa^{ʔ31}	wa^{ʔ55}
□ nǐaɦ（平 21）	黑	nag-po	nak-	kənak	na^{ʔ31}	na^{ʔ55}

再举三个其他的例子①：

①另外，与之相关的□ rar（上 74）“迹” 对应缅语的 a-ra，比对应的缅语中 pup-sou-（食物等）“腐烂” □□ phʉɦ（上 25）su（平 1）“肉变烂” 两个音节的单语构成的例子好理解。

□□ mʉn（平 31）ʁzǐur（上 70）　　缅语 mi^{2}hru^{2} 火炬

□□ mʉn（平 31）lu（上 1）　　缅语 mi^{2}-lɔng 燃火

□□ tsụ（平 65）tshǐuɦ（平 3）　　缅语 chei^{2}-chou^{2} 染

西夏语		汉语	藏文	缅语	嘉戎	景颇	独龙
□	^{ʔ}yar（上 72）	鸡	kark		pkatɕu		ka^{ʔ55}
□	^{ʔ}yar（平 82）	立	zhab–	rap–	<karjap	tsap^{55}	pɯ^{31}rĕp^{55}
□	^{ʔ}yar（平 82）	八	brgyad	hrac<hrjac	wurjat	mătsa̱t^{55}	ç̆at^{55}

下面例子中除了 –a（平 64，上 57）和 –a（平 63，上 56）的辨别无效，证明西夏语的紧喉母音转为闭锁音。这个现象表示西夏语比藏缅语系保持着更古老的语层。

西夏语		汉语	藏文	缅语	嘉戎	景颇	独龙
□	ɬạ（平 63）	手	lag–pa	lak	tajakl	ă^{31}ta̱^{ʔ55}	（ŭr^{55}）
□	mạ（平 63）	女婿	mag–pa	samak	tənmak	ta^{31}ma^{ʔ55}	
□	pạ（平 64）	掌	（spar–mo）	lakpatwa^{2}	tajakpa	ta^{ʔ55}lă^{31}	phan^{31}
□	hlạ（平 64）	闪电	（glog）	hlyap	tabja	mji^{ʔ31}	phrap^{31}
□	kạ（平 64）	可能	skrag–pa	krɔk–	herəm	khirt^{31}	a^{31}kră^{ʔ55}
□	lạ（平 63）	惊	bu–glog			kă^{31}la^{31}	
□	phạ（上 56）	叶		phak	tajwak	pha^{ʔ31}lap^{31}	（ɕiŋ^{55}lăp^{55}）（茶叶）
□	pạ（平 64）	泽		apat		pha^{ʔ31}pa^{31}	

西夏语是从一般方言彝语和纳西语而来的，总结为西、彝、纳语。这个看法在 1916 年由 Laufer 提出，大致在预想之内。但是由于 Laufer 提供了不正确的西夏语形，所以失去了其参考的价值。

西夏语与缅语有很多同源语，但是彝缅语系的解读现在还很薄弱。虽然其词汇形式和彝缅语很相近①，但确实也跟羌语西番语等保持同样的形态。

彝语系的语言，包括纳西语言在内，用一句话概括其历史的话，音形式的历史很短，其如何复原，以及辨明哪个部分对应哪个西夏语是比较语言学的研究课题。如“足”和“犬”保持闭口韵和合口韵的对立，西夏语和缅语、景颇语中保存得很好，但在彝语群中已经消失了。

①对比西夏语和彝缅语的对应关系就能发现，如□ k^{w}a（上 57）“丑”(《五音切韵》韵图 67，No.622)，此形式对应纳西语的 ʂu^{53}khua^{21}、德语的 khuo^{33}。还有□ hliɦ~hl^{w}iɦ（上 10）“旧” 和纳西语的 lṿ^{21}、德语的 lu̱^{30} 同源语。

西夏语		汉语	藏文	缅语	载瓦语	亚希	纳西	武定
□	khɨ（平 30）	足	krag–	khrei<khriy	be^{44}	tɕhi^{22}	Khɯ^{33}	tɕhi^{33}
□	kh^{w}ɨ（平 30）	犬	khyi	khwei<khuyt	thz̥^{11}	tɕhi^{21}	Khɯ^{41}	tɕhi^{33}

但从羌语群语言中可以发现对应的痕迹。

	桃坪	麻穷	曲谷	浦溪
足	dʑi^{55}	dʒaqu	guapa	dʑi
犬	khuə^{55}	khuə	khuə	khue

虽然不知道西夏语为何保持着复杂的韵母组织①，但其复杂性的产生主要是因为过去的 –VC 形式从末尾消失了，因此不得不创造了新的 –VC 形式。

西夏语和彝缅语中有很多相似的词汇，并且有密切的关联。譬如“死”和“杀”，“树”和“木”，举例如下：

西夏语	汉语	藏文	缅文	嘉戎	景颇	喜德	武定	维西
□ siɦ（上10）	死	shi–ba	sei<siy	kəɕi	ʃi^{51}	sɿ^{33}	ɕi^{33}	ʂɿ^{33}
□ saɦ（平20）	杀	gsod–pa<gsad	sat–	kɑsɑt	sat^{55}	tɕhi^{33}	xu^{33}	sy^{55}
□ siɦ（平11）	树木	shing	sac–pang	ɕekphu	sik^{55}	Sɿ^{53}–bo^{33}	si^{2}	ndzər
□ siɦ（上10）	肝脏	mchin–pa	a–sǎn	təphɕiɛ	siŋ^{21}	si^{21}	sɿ^{55}	sər^{55}

如果将西夏语与西番语系、羌语系进行比较的话，会产生这些语言是极端变形的印象。其中记录了西夏语的形式，特别是有不少关于暗示声母复原的例子。如“忘记”“尻尾”“名字”“梦”都是以 m 辅音开头的。

□“忘记”属于重唇音类，我虽认同其为复原音 mi（平 30），但从相对应

---

①笔者从整理的反切字中归纳了 38 种西夏语声母，此外还确认了子音结合的存在，并且认为关于流风音类的声母需要重新思考一下。

关于音韵组织的重组、重出小韵的问题和上韵独字的处理，笔者作为 1981—1983 年以来最重要的工作留了下来。

《文海》的韵类划分得很细致，如分平声 63 韵和 64 韵。

笔者分别做了 -ɑ、-a 的分析，马学良从散尼彝语中分别做了回答，从藏语、缅语的对应关系来看，这样的辨别是完全没有必要的。西夏人自己是根据什么辨别西夏语的韵类，还是根据本身来分类的，无从得知。

的拉坞戎语和羌语的形态来看，其声母很可能是 im– 或 m–。

□ mǐeɦ（平 39）“尻尾”、□ mǐeɦ（上 35）“名字”、□ mǐeɦ（平 39）“梦”也是一样的。

□ nu（平 1）观音 ʁmno^{53} 业隆 ʁmno^{55}（名）nu

□ nu（hnu）（平 1）通过、凿也、凿穿也（动）hnu

	观音	业隆	嘉戎	格什扎	曲谷	蒲溪	藏文
遗忘	lmə^{53}	rmit^{55}	kɑjməs	lmə	dæʐmə	teʐm	rjed–pa
尻尾	lmi^{53}	lmi^{55}	tɑjmi	rŋama	suku	sua	rngɑ–mɑ mjug–mɑ
名字	rme^{53}	rme^{53}	tərmɛ	lmə	ʐmə	ʐme	ming
梦	rmo^{53}	rmo^{53}	tɑrmon	tshoima	ˀuʐmu	ʐmu	rmi–lɑm

这些情况也暗示西夏语 m 的声母是 ʐm（rm–）或 lm，同样“穗”的声母也是 sn–。

□ non（上 63）“穗”、观 音 snəm^{53}、业 隆 ɕnam^{55}、嘉 戎 khəɕnam、景 颇 n^{55}si^{51}、格什扎 sŋolma、格西 sŋolne、藏文 sňe –ma、缅文 hnam^{2}

前面讲的不仅仅是为了论证黄布凡教授的观点，笔者的目标是把西夏语形式定位在藏语语言群里，前面的论证是准备工作之一①。

这里不是要对西夏语展开系统的论述，关于这个问题可以参考笔者所写的著作②。

然而，将西夏语与西番语系、羌语系的语言进行比较的话反而会觉得西夏语的框架变得极端变形。但是笔者在 20 世纪 60 年代以西夏语的音组织为背景，以《番汉合时掌中珠》中的汉字表音和藏文表音文字为基础重新组合，之后以反切上字的区别作为制定西夏语声母的根据。但和拉坞戎语的音形式大致符合，这是必须要承认的重要事实。如“哆则”2 字表音的情况和拉坞戎语的 ʁrz– 对应。

□ ʁzǐər（上 78）豹　观 ʁrzaɣ^{33}　业 ʁrzək　格什扎 razp　格西 rzo
嘉 keɕtɕik　藏文 gzig　缅文 sac　曲谷 sə

①本人以西夏语为中心的藏语、缅语研究的构想或许能实现。

②《多续译语的研究》（松香堂，1973 年）第五章第三节，西夏语和多续语，第 20—57 页；《倮罗译语的研究》（松香堂，1980 年）第五章第四节，西夏语、倮罗语和莫索语，第 266—282 页。

《西夏语》三省堂《言语学大辞典》第二卷（1995 年，第 408—429 页），《藏、缅语派》第 791—822 页，第五卷（1989 年），《西、倮、莫诸语》第 194—195 页，《川西走廊语言》第 197—198 页，“奴文”第 263—280 页，“特 苏语” 第 241—245 页。

[illegible] ʁzɨr（上 85）水　观 ɣde^{53}　业 ɣrə^{53}　格什扎 wrə　格西 ɣrə
嘉 tetɕi　藏文 chu　缅文 rei〈riy　曲谷 ʁze

[illegible] ʁzɨ̆u（上 2）鱼　观 ʁde^{33}ju^{55}　业 rop^{55}jo^{33}　格什扎 ɣje　格西 ʁje
嘉 tɕiwjo　藏文 nya　缅文 nga　曲谷 ʁʐe̥

[illegible] ʁzɨr（上 77）胝　观 ʁjer^{53}　业 ʁjer^{53}　嘉 ʂtʂa　格什扎 ləʂtsa
格西 ʂtsa　藏文 rtsɑ–rgyud　缅文 swei^{2}–krɔ

[illegible] ⁿdʑɨ（平 30）皮　观 dʑə^{33}dʑu^{55}　业 dzi55dʑa　格什扎 dʑədʑa
格西 ɣɬə　嘉 təndʐi̥　缅文 rei<riy

[illegible] ʁzi（平 67）鞋　观 ɣzi̥　业 ɣzi^{33}　格什扎 wzi^{55}　格西 ɣzi
[illegible] ʁzi̥（上 60）穿鞋

汉字来母和藏文 ld– 对照中，笔者设定为 ɬ。

[illegible] ɬa̧（平 63）“手” 和[illegible] ɬa̧（平 63）“厚” 都同样使用反切，是一样的音形式，不管是拉坞戎语还是嘉戎语都对应相同的形式。

	观音	业隆	嘉戎	格什扎	格西
手	jaɣ^{55}	jə^{ʔ}k^{55}	tajak	ʑa	lla
厚	jaɣ^{53}	jək	kəjak	wʑɑ	ɣllaɣlla

表示和 ɬ– 不一样的对应系列中，如果制定为 lj– 可能会更好，羌语中还保存着两个单词不一致的情况。

	曲谷	浦溪	麻窝	桃坪	扎巴
手	japa	ji	dʒəpa	i^{55}	ja^{55}
厚	lie	lieka	li	la^{33}	ʐdui^{55}ʐdui^{55}

六、西夏文献中能看到的两种文体

很久以前，笔者认为西夏语在文献中的表现形式有时候大不相同，将其分为简单文体和复杂文体。如比较《大方广佛华严经》和《法华经》的话，两者间有很大的差距，后者用了很多较复杂的表达法。《法华经》是推敲最多的文本之一。

关于语法的特征可参看拙文《西夏语文法新论》做出的四项总结①：

1. 西夏语在 11 世纪上半期明确了动作行为的主体和客体，创造了不知以

① 《汉藏语言研究》，载林英津篇《龚煌城老师七秩寿庆论文集》，2004 年。

什么为中心的两种视点文。它与动词保留的两种（时而四种）词干形（A 词干和 B 词干形式）密切配合。连接 A 词干的代名词，照应受益者、被动者，而连接 B 词干的代名词，对应行为者。

2. 动作、行为者与其他成员的关系：①主格 taɦ 表示“与”②除对格、与格、属格（三者同形）用 ʔyeɦ 表示以外，还把重点放在了场所格、道具格的表示上。特别是将动作、行为和场所的关系表现出来。另外，行为者强调的主格（……为行动）带有被动文。

3. 动作、行为计划的方向（前缀 A 类）、说话人的意志和愿望（前缀 B 类）都用 6 种前缀表示，尤其是后面的工作，进一步增大了语言的表现能力。

4. 西夏字在基本形的基础上出现了变调形式（声调变化）和变异形式（形态变化）。它们的各种变异创造了西夏人熟悉的基本形和专用字形（很多情况下指双生字），这些变异形的认识对于正确理解西夏文至关重要。

从以上总结来看，要从目前谈论羌藏系语言和彝缅语系言语中找到关联不是件容易的事情。语言情况复杂，解析西夏语和其相关的顺序是极其困难的。确实，综上所述的 4 个特点，现有的语群中至今留存有与第一和第三类类似的形态语言群。先前提及四川省西部地区使用的就是所谓的川西走廊语言，因而笔者把西番语群定为这个语言的名称。就算只是人称接续词、前缀词等，现在的西番语群语言中也有很大的变化。

西夏语的分布地在西番语群的北端，可以认为西夏语保存着比他们的语言更古老的形态。

西夏语的研究到了 20 世纪后半期，通过各国研究人员的努力，取得了很大的进展，但在语言结构方面还没有完全地掌握和复原，西夏语言的研究还在发展阶段①。

七、关于本书的出版经过

当初笔者只打算翻译重要的部分——注释解说。后经反复校对，最终决定

①在西夏文字背后的西夏语中，还隐藏着未知的部分，例如动词的复数表现形式等。

藏缅语到某个阶段时失去人称接辞，某语言群中，把居首的动词词干扭曲中和。那是视点文消失和直接连接的现象，独龙语和怒语在中间的状态，笔者将这种变化叫作蜕变（参照《言语学大辞典》“怒语”及拙著《东亚诸语言的研究 I 》2000 年，第 28—313 页。

关于西夏语，动词词干也许发生在 12 世纪，《法华经》表示从第二人称引起这个现象。参照《西夏文〈妙法莲华经〉译注（上）》，东方哲学研究所，2009 年，第 69 页。

全译。虽然注释也都写进了书里，但全部统一时可能还会有缺少的地方。

先从序言开始，再到卷四《见宝塔品》依次进行翻译。西夏语《法华经》翻译的是姚秦三藏法师、鸠摩罗什的汉译本。但是，汉译文与西夏译文之间有微妙的差距。笔者自认为能正确地把握西夏文的意思，但是可能也有搞错的地方。

近年来，笔者的身体状况不是很理想，2002 年 11 月，接受了心脏搭桥手术和右内颈动脉剥离手术，幸而保住了性命。但 2007 年 2 月，在接受左内颈动脉狭窄手术时引发肺炎，到了生死的边渊。2008 年 1 月 6 日凌晨，笔者突发心绞痛，此后反复进出医院。但笔者还是想把所剩无几的生命都献给西夏语研究。

本书得以出版，在此要对东方哲学研究所所长川田洋一、事务局长小关博文氏，以及书稿进行校对的宫川美法、藤井由纪氏表示感谢。

参考文献

孙宏开:《羌语简志》，民族出版社，1981。
孙宏开:《独龙语简志》，民族出版社，1982 年。
陈士林等:《彝语简志》，民族出版社，1985 年。
和即仁等:《纳西语简志》，民族出版社，1985 年。
多尔吉:《道孚语格什扎話研究》，中国藏学出版社，1998 年。
刘光坤:《麻窍羌语研究》，四川民族出版社，1998 年。
黄布凡、周发成:《羌语研究》，四川人民出版社，2006 年。
黄成龙:《蒲溪羌语研究》，民族出版社，2007 年。
袭群虎:《扎巴語研究》，民族出版社，2007 年。
徐悉银等:《景汉辞典》，云南民族出版社，1983 年。
黄良荣、孙宏开:《汉嘉戎词典》，民族出版社，2002 年。
黄布凡主编:《藏缅语族语言词汇》，中央民族学院出版社，1992 年。

（2009 年 10 月）

读林英津著《西夏译〈孙子兵法〉研究》

一

近年来，随着科兹洛夫所获西夏文献资料的陆续公布，对西夏语文献的研究呈现出一派奋起直追之势。

1979 年，俄罗斯的西夏语研究者克萍教授首次刊布了西夏语译《孙子》的原文影印件，这是初期阶段的创举①。此后，各国研究者们从各个角度开始对西夏文《孙子兵法》进行研究与探讨。1994 年，由林英津博士编著的《西夏译〈孙子兵法〉研究》（上、下册）出版。林女士曾经发表过多篇关于西夏语研究的论文，她是中国台湾历史语言研究所内一位朝气蓬勃的后起之秀②。

笔者不仅高度称赞克萍教授的研究实践，同时认为林女士这部书也是一部较为出色的著作，较克萍教授的俄译本更胜一筹。值得称道的是，此书印制精良，装帧考究，字体大更便于阅读。

全书分上、下两册，上册含简要的说明、正文及注释；下册含索引及总词汇表。正文以复印件为基础，右侧是逐词直译，下端为摘自汉文《孙子兵法十家注》中相应的文字，并加以对照③。除正文以外，其他的西夏文字均为书写体。因为笔者只是大致浏览了一下，故不能妄加评论。

---

① КБ.Кепинг：*СуньЦзьс в Тангутскоцперевояе*，Москва，1979，578р.

②已出版《孙子兵法西夏译本中所见动词词头的语法功能》《史语集刊》等 58 篇。

③《孙子十家注》，上海书店，1986 年 。

二

可能是从语言学的角度分析《孙子兵法》西夏译文的缘故，作者对西夏语译《孙子兵法》的残存部分研究有疏漏，未做明确揭示。兹将其详示，补充如下[①]：

1.《军争篇》第七，开篇缺失，“军争之难者，以迂为直……此用兵之法也”尚存，此后的均缺。

2.《九变篇》第九，“孙子曰：凡处军相敌……令素行者，与众相得也”均存。又书“孙子兵法三注·中卷终”字样。

3.《行军篇》第九，“孙子曰：凡处军相敌……令素行者，与众相得也”均存。又书“孙子兵法三注·中卷终”字样。

4.《地形篇》第十，开篇缺失，“(远形者，势)均难以挑战……胜乃不穷”均存。

5.《九地篇》第十一，“孙子曰：用兵之法，有散地……于廊庙之上，以诛其事”尚存，其中“威加于敌，则其交不得合”，原无西夏译文。

6.《用间篇》第十三，篇首缺失，“相守数年，以争一日之胜……非圣智不能用间”尚存。由此往后均缺，其中“不知敌之情者，不仁至也”原无西夏译文。

后又把《孙子本传》译作《孙子名记(名传)》，“孙子武者齐人也…… 与其轻锐，倍日并行逐之”均存。

三

把《孙子兵法》西夏译文与《华严经》等佛经译文进行对比，确实有明显的差异，前者是相当随意地将原文直译为西夏语，究竟要如何准确理解其内容还是个问题。笔者虽然不是研究《孙子兵法》内容的行家里手，然亦摭取几例，试笔如下：

1. 把《军争篇》开始的“迂直之计”部分应译为：“军 争之难者，以迂为直，以患为利。故迂其途，而诱之以利，后人发，先人 至……。”

林译：利争难者，远者近一为，患者利一为。地程(途)远示，利以

①以下为《孙子兵法》正文文本及解读，摘自金谷治译注《孙子》，岩波文库。

（▽）欺一为〈诱〉则（▽），后方足举〈发〉，人于（▽）先为。（▽表示语法功能不清楚的助词，△表示附在动词后面的前缀词）

显然，林博士一味地逐词对译，并未意译。

拙译：利争之难者，以远为近，以患为利。故远其途，而诈之以愿，出师于后，疾至于先。

此处把“迂”理解为“远”，“诱之以利”译为“诈之以愿”，“先人至”变通地译为“疾至”，这是解释时间上领先，并非指速度之快。

笔者多年以前撰写《关于西夏语译（论语）》一文时曾经阐明过，要尽量多收集西夏字，把每个字逐个地同汉语对照翻译，这种对译手法并不是在任何情况下都能适用的。应视其哪些要直译，哪些要意译，鉴别清楚西夏语的原意究竟是什么之后方能变通地操作，乃是研究西夏语的一个重要的方面[1]。笔者至今依然坚信这种考证方法。

笔者认为[illegible] ŋɪɦ（上 12）的原意是“愿望”，而不是“利”，推定[illegible] $^{n}dzɨr_{2}$（平 86）是急速的“疾”的意思[2]。还有[illegible] wị（上 60）在科兹洛夫 No.4781 韵书残片中注释为“诈”的意思[3]。

再则，“迂”应直译为[illegible] kor（上 82）–kwẹ（上 66）。

2.《军争篇》中有“故不知诸侯之谋者，不能豫交”。

林译：故人国之（▽）谋略不知则（▽），战力结合处无。

此处笔者的译法与林博士略同。

拙译：故人国之（▽）谋略不知则（▽），战力结合处无。

此处笔者的译法与林博士略同。

拙译：故不知他国之谋略者，无处结合战力（不能结集）。问题是“不能豫交”，并不是“不能以先前同盟”的意思，而是“不能结集战力（本国的？）”的意思，所以其翻译要点就在于此。[illegible] $th^{w}ɨ$（上 28）–ḷị（上 60）在佛经中当“结合、合成”使用。

3. 与上述《军争篇》中的“后人发，先人至”进行对比，杜牧注《行军篇》中有以下两句：

---

①《吉川博士退休纪念物论集》，筑摩书房，1968 年。

② 本书中的西夏语重构音全部参照龚煌城教授所拟，在以下的讨论中，请允许全部使用笔者的重构形式。关于笔者的再构形参考《西夏语韵图“五音切调”之研究》（上、中、下），载《京都大学文学部研究纪要》，1981—1983 年，第 20—22 页。

③[illegible]“欺骗、变幻”。

（1）叕兝𗹭𗗚𗌭𗌭𗖴𗌭（2–4）（秦间来）

林译：秦▽间谍使一△遣

（2）𗧓𗖻𗑗𗏁𗏁𗹭𗗚𗓁𗍫（23B–4）（没有相应的原文）

林译：我　阴间谍者遣

笔者译法与林博士逐词对译的结果不同。上面的（1）笔者译为“秦放了一个斥侯 人”；（2）译为“我在暗中放了斥候”。在此笔者要提出两点异议：

第一，译为“间谍”未必确切。以上列举带有下画线的两个字在《六韬》的西夏语译中相当于“伺候”（斥候）（即伺候鸡犬义）这个词。从文章的脉胳推敲，用“斥候”较为恰当。再则，𗹭 ˀyĭəw（上 40）科兹洛夫收集的韵书残片 No.4781 中有𗹭 sIɦ，在其右侧的注释中也有此字，注释为：𗫂𗼃𗖻𗗚𗹭𗗚𗹭𗹭（下线由笔者所画，下同）。试解为“斥候侦察敌之地域”，开头有在《掌中珠》中为𗹭𗗚𗗚“巡检司”（282）的词语，看来其原意似为“调查”[①]。

第二，译为“遣”（派遣）也未必妥当。𗌭 wɛ̣（上 54）𗍫 wạ（上 57）的对称字的原意皆是“放”[②]，可能因为还不甚明确两者有何区别，所以把𗌭 žĭəw（上 44）当作“遣”使用，这里译为“放斥候”则十分贴切。

4. 对于《军争篇》中的“倍道兼行，百里而争利”，李筌注曰：“（一日一夜行 三百里）诸葛亮以为强弩之末……。”林博士把与之相应的西夏文“𗖴𗖴𗖴𗖴𗖴𗖴𗖴”直译为“如韂弓箭攻力断”。假使笔者译为“强弩射出之箭，使攻击力挫锐”，林教授译文中出现的“韂”与《掌中珠》中的𗖴𗖴 maɦ（平 20）–kʷị（上 60）后面的字相同。那么我们就能推测出画线的两个字是指一种飞行器，但不知实物是什么形状。幸而在西夏语译《六韬》中现出过与其二字极为相似的文字，在其“农具”项里罗列了各种武器的名称。这份资料未曾公布，林博士可能未见。其中𗖴𗖴 maɦ–hɫị（平 69）相当于汉语的“绞车”，同连弩，所指的大概与《孙子》中是同一种武器。将其两者的头两个字合成后即成为上述的“韂”。据此推断，该飞行器可能是安装有脚踏滑轮装置，能连续发射，如同现在的速射炮之类的武器。

5. 需要求证注 35 和注 42 中的如下句子：

（1）𗖴𗖴𗖴𗖴　卷甲　注 35

①词汇编码在《西夏语研究》Ⅰ中有收录，根据附录Ⅱ《番汉合时掌中珠解读》，其中的再构形式有必要修改。

②譬如，𗖴𗖴𗍫“放光明”、𗍫𗖴“放牧”、𗖴𗖴𗌭“放马”。

（2）[illegible]　甲著裾卷　注 42

[illegible]和[illegible]都与汉语的“甲”对应，前者为甲胄，后者为头盔。而把[illegible] tṣ̌ị（上 60）翻译成“卷起”则解释不通，因为有“乘、载”的意思，有紧接指示方向的前缀词，意为“运送铠甲之士”。原本就是“辅”的借词，[illegible] tṣ̌ị–tṣ̌iọn 相当于汉语的“辎重”。

[illegible] seɦ（上 33）本为“海老”的意思，能否也当“甲”解释？在《类林》中 seɦ 相当于“犀”，难道不使人联想到其原意是独角犀吗？考虑到可能是汉语 xi 或藏语借用词①。[illegible] ^{n}dzəw（平 43）不是“裾”，其原义很显明就是《番汉合时掌中珠》（251）中含有“衣服”和“上”的合成字“襟”。[illegible] ɫɨn（平 32）是“制予、摄取”的意思，所以例 2 的四个字便是“着甲整襟”之义。例 2 是《军争篇》，原文“卷甲而趋”后面紧跟着西夏译语“[illegible]”（争利）而已。在注 43 中林博士把这两个字考证为“竞、争”，其实佛经中为“倾刻、疾速”的意思，显然在此表示了“把着甲整襟的士兵，疾速运送到战场”的意思。

6. 关于《地形篇》注中的一句“未能行令”的翻译。

[illegible]

林译：兵马中检校未能。（下画线为笔者所画）

注 326 中，林博士认为画线的两个字 hlĭaɦ（上 18）–phɪɦ（平 14）与佛经中的“检校”相合，是个政治军事用语。不妨再看这两个字在《六韬》中[illegible]，[illegible]的用例，解读为“里之吏，官之长”。暂且把上述这一句解释为“凡军之长官（命令者）”②。

尚且《六韬》中把[illegible] hlĭaɦ（上 18）“口”当作权力的意思，即[illegible]“帝则失权”。

索引 670 中[illegible] tẹn（上 55）被译为“政令”，应当译为[illegible]“军令”。《黄石公三略》中这两个字与“号令、军权”的意思相同。

7.《九姿篇》中的“是故屈诸侯者以害”，要用西夏文逐词对译。

[illegible]，[illegible]

林译：故国相屈欲，害处想一为。

曹操注中也有此句，译为：[illegible]“敌恶处想一为应”。

---

①本书下册文字索引 1157 是犀的译语。3–6–2 中看不出来《孙子》中是否也有这种对译关系。

②但是，比起 hlĭaɦ（上 18）–phɪɦ（平 14）是“口头传达”这个解释，“密探”“情报员”更为贴切。其实这个词出自《贞观玉镜将》（军事法典），克恰诺夫译为“检察官”“密探”，其实并不准确。

问题就在画线的两个字上，笔者觉得把“若欲制服邻国，乃击中要害”的原意注为“须射穿敌之恶处”是逐字的解释。

[illegible] tshaw（上 20），林博士认为是“鹄”（弓之的）的引申义，指行动目标。如《禅源》称①[illegible]“具有两种意义”，[illegible]“佛意”、[illegible]“密意”都用了这个字，此外还有[illegible]“提纲”等例子。所以《孙子兵法》中难以找到对应原文的解释。这种事物名称与单纯表示行动的词语不同，均属于无法与汉语一一对应的有特定含义的词语范畴。

8. 譬如[illegible]（平 30），《文海》解释为“患病、遭遇”，对照《孙子兵法》的例子，与其均不吻合。林博士在索引 237 中注此二字为汉语的“开”。

汉文：（杜牧曰）示以生路，令无必死之心

西夏文：[illegible]

林译：过路开一为　必死不生令（13A–5）

汉文：小挺缓令得逃亡

西夏文：[illegible]，[illegible]

林译：小许△缓　走处开一为（13B–1~2）

很难断定这个 th^{w}ị 的原意是“开”，那么翻译为“指出活路”岂不恰当？还有《禅源》中有把[illegible]当作“若是言状”的例子，由此可以设想，它与“话语”这个词有吻合之处。总之，这是一个复杂的句式。

[illegible] thị（平 30）也没有明确对应的汉语，其原意为“损、摸”，倒是与上述 th^{w}ị 有非常相似的用例。林博士在注 151 中解释为“释放、释出”之意，而在下卷的索引中却用“开（示），驱使、厉、求索、微致”来解释。

[illegible]（所以示生起也）

林译：故过路释一为也（13A–3~4）

《文海》解释这个字的第一个意思是“解开”；第二个意思与《类林》中的解释“脱（衣）”符合。《孙子》中的[illegible]为“振奋战（斗）力”之意，林译为“战力 激使”，这与“驱遣伏兵”也不相同。

四

多数人认为同义词、类义词的解释问题是西夏语研究最重要的课题之一。

---

①指西夏文《诸说禅源都序》，俄罗斯圣彼得堡目录 No.227，上卷完整。请参考《西夏文华严经》I（京都大学文学系出版，1975 年）的解释。

起初同义语的种类为借词，另一种为土著语词，如𗱕 tsɨ（平 30）“亦”和𗧓 ʔɨ̣（上 60）“亦”，很明显后者是从汉语“亦”借来的。

还有下面的情形，在某些条件下，西夏语动词干后面跟人称代词时，需要变形。原来，这是词干和人称代词中间插入的特定接续词融合成的词干形式，这种融合形式作用于其创造的西夏文字。如“得”rir（平）𗗙若附加在第一人称 ŋaɦ（平 17）*rir–o–ŋaɦ>rĭor–ŋaɦ 后，即成为𗗚，注为带冠的𗗚 rior“我得”。所以两者的意义都是“得”。

笔者将其变形称为动词的 B 形式①。看来，林博士忽略了这种关系，她把本来是 rir“得”（索引 1138）的词错误地注为了 rĭor“能”（1149）（把平声 90 韵误为上声 61 韵）。

𗈪 khĭɔn$_2$（平 56）和 khĭen$_2$（平 42）是相同意思的词，但是林博士也未顾及这一点，在注 86 中称“两者是相关的近义词”。这并不是近义词，而应该是具有同义且互补的变形才对。

𗫂 wi（平 10）　𗫶 wĭɔɦ（平 51）“做，造”

𗥃 wi（平 10）　𗥄 wĭɔɦ（平 51）“送，遣”

𗥑 phiɦ（平 11）　𗥒 phĭɔɦ（上 44）“使……做”

这些都是同意词，右边为 B 形式②。

笔者以前就注意到西夏语还有一个不同的变形，《孙子》中出现了问的𗗂和𗗃两种形式。前者是 ʔyɨr（平 86），后者是 ʔyɨr（上 71），即两者的音形式相同，但是声调对立③。虽然两者的辨别未必很严密，但至少可以判断出上声的形式仅限于伴随前缀𗅋、𗆫（都是上声）的使用，也就是说西夏语有一种变调形式④，可以把它看作是“问”的两种形式。那么，上述“得到”的另外两个上声声韵形式也一定程度上反映了相同的变调现象。

𗗙 rir（上 72）　𗗚 rịor（上 81）B 形式“得”

𗏁 ʔyɨ（平 30）　𗏁 ʔyɨ（上 28）谓

---

①关于西夏语动词的变形，可参考《西夏文华严经》Ⅱ（1976 年）、Ⅲ（1977 年）后记、《西夏译经杂记》及《西夏语〈月月乐诗〉的研究》附录、《西夏语动词短语结构的考察》。另外，龚煌城教授在第十六届国际汉藏语学会（西雅图，1983）提交的论文 *Phonological Alternations in Tangut* 中介绍了笔者的观点。

② B 形式也有表现命令之意的时候。《六韬》中的𗪺𗆫𗫶“齐戒”,《论语》𗦻𗫶“制造勿扰”中出现的 wɔɦ 形式，与藏文词形 byed-pa“做”的命合形 byos 对应。

③最近注意到龚教授在上述论文中也提到了这个事实，但解释却截然不同。

④西夏文《维摩经》中，𗋕𗅋𗗂𗧊𗏁“汝去疾问!”在前缀 ndaɦ– 之后使用了平声形。

[illegible] mị（平 65）　　[illegible] mị（上 58）贯

这都说明西夏语的变调现象是值得研究的①。

五

关于同义词的研究，笔者在此文中并没有过多地涉及前面提出的有关双重词汇层的问题②。现在还要阐述关于第一人称代词的形式。平常使用的第一人称代词有[illegible] ŋaɦ（上 14）和[illegible] mĭɔɦ（上 44），在《论语》《孟子》和《孟子》等中国古籍的译著中曾多次使用后者。

ŋaɦ 是藏缅语族多数语言中通用的词形，对于 mĭɔɦ 的词源不甚明了。此外，[illegible] $^{?}$ɪr$_2$（平 86）在《孙子·本传》中与吴王的自称“寡人”相对应，若置换为一个汉字就是“联”的意思，其词源仍不详。另外《孙子》中还使用了[illegible] su（上 1）^{n}dzu（上 1）两个字。林女士的解释是“自己”的意思。

[illegible]　吾居高而处之

[illegible]　吾为铁镫

[illegible]在《文海宝韵》（上声 1 韵）中用草书体作注，能判读为[illegible]“（西）夏人（弥族）黍自也”③。笔者认为这两个字很可能是汉字“私自”的借词，并且两字经常一起使用。但《黄石公三略》中 su（上 1）也有单独使用的例子。

[illegible]

外患内江国则必亡

这里的第一人称代词肯定反映了西夏社会的人际关系，至于深入阐明乃是今后的课题。

六

以上仅阐明了笔者的几点见解。当然，林女士的这本书是值得称赞的，无疑是一部出色的著作。

---

①因此，笔者认为西夏文字是一种特殊类型的表意文字，参看西夏学国际学术研讨会《西夏文的特性和西夏语的声调变化—— 西夏文字新考》（1995 年）。

②上列（注 13）请参考《西夏语〈月月乐诗〉的研究》。

③画线的 ŋaɦ（上 17）–miɦ（上 10），在《孙子》中也作为第一人称代词经常出现，大概相当于缅甸语的“我自己”。

西田龙雄博士生平简略

1928 年（昭和三年）11 月 26 日，出生于日本大阪市。

1948 年（昭和二十三年）3 月，毕业于日本大阪外事专门学校。

1948 年（昭和二十三年）4 月，就读于京都大学文学部。

1951 年（昭和二十六年）3 月，京都大学文学部文学科言语学专业毕业。

1951 年（昭和二十六年）4 月，京都大学（旧制）大学院（文学部）研究生。

1956 年（昭和三十一年）3 月，京都大学（旧制）大学院（文学部）研究生 结束学业。

1956 年（昭和三十一年）4 月至 1958 年（昭和三十三年）6 月，京都大学文学部外聘讲师。

1958 年（昭和三十三年）7 月，京都大学文学部副教授。

1958 年（昭和 三十三年）10 月至 1959 年（昭和三十四年）5 月，出访缅甸。

1959 年（昭和三十四年）5 月，获得日本学士院奖。

1962 年（昭和三十七年）3 月，被授予文学博士学位。

1963 年（昭和三十八年）5 月，出访欧洲各国。

1964 年（昭和三十九年）9 月至 1965 年（昭和四十年）2 月，到泰国学习。

1968 年（昭和四十三年）5 月，《西夏语研究》获得日本学士院奖、恩赐奖。

1970 年（昭和四十五年）3 月至 1971 年（昭和四十六年）1 月，作为文部省驻外研究员出访苏联。

1972 年（昭和四十七年）2 月，京都大学文学系教授。

1976 年（昭和五十一年）1 月至 1978 年（昭和五十三年）1 月，京都大学学术评议员。

1978 年（昭和五十三年）1 月至 1979 年（昭和五十四年）3 月，京都大学文学部长兼评议员。

1979 年（昭和五十四年）4 月至 1981 年（昭和五十六年）3 月，日本语言学会会长。

1985 年（昭和六十年）7 月至 1988 年（昭和六十三年）6 月，第 13 期大学学术会议成员。

1986 年（昭和六十一年）4 月至 1989 年（平成元年）3 月，京都大学附属图书馆馆长兼评议员。

1986 年（昭和六十一年）4 月至 1992 年（平成四年）3 月，日本国立大学学图书馆协会副会长。

1986 年（昭和六十一年）4 月至 1992 年（平成四年）3 月，学术信息中心（现国立信息学研究所）运营协会会长。

1989 年（平成元年）4 月至 1992 年（平成四年）3 月，京都大学学附属图书馆长，再任评议员。

1992 年（平成四年）4 月，京都大学名誉教授。

1992 年（平成四年）4 月至 1994 年（平成六年）3 月，学术情报中心教授、副所长。

1992 年（平成四年）12 月，获得大同生命地域研究奖。

1994 年（平成六年）1 月，获得朝日奖。

1994 年（平成六年）6 月，学术信息中心名誉教授。

1999 年（平成十一年）12 月，日本学士院会员。

2001 年（平成十三年）1 月，开讲“西夏文字研究的新阶段”。

2003 年（平成十五年）11 月，授予瑞宝重光章。

2005 年（平成十七年）1 月，获得日本放送协会奖。

2008 年（平成二十年）11 月，获得“文化功劳者”称号。